정신분열증에 대해 나누고 싶은 이야기 | 개정판

정신병인가
귀신들림인가?

정신과 전문의 김 진

생명의말씀사

정신병인가 귀신들림인가? (개정판)
구제목 : 정신분열증에 대해 나누고 싶은 이야기

ⓒ 생명의말씀사 2006

2006년 12월 15일 1판 1쇄 발행
2022년 1월 27일   8쇄 발행

펴낸이 | 김창영
펴낸곳 | 생명의말씀사

등록 | 1962. 1. 10. No.300-1962-1
주소 | 서울시 종로구 경희궁1길 6 (03176)
전화 | 02)738-6555(본사) · 02)3159-7979(영업)
팩스 | 02)739-3824(본사) · 080-022-8585(영업)

지은이 | 김 진

기획편집 | 김정옥
디자인 | 정혜미
인쇄 | 영진문원
제본 | 보경문화사

ISBN 89-04-09041-5 (03180)

저작권자의 허락없이 이 책의 일부 또는 전체를
무단 복제, 전재, 발췌하면 저작권법에 의해 처벌을 받습니다.

정신병인가
귀신들림인가?

정 신 분 열 증 에 대 해 나 누 고 싶 은 이 야 기 | 개 정 판

자연과 성경을 통해 당신의 모습을 드러내신
창조주이시며 구원자이신 하나님께,

내가 그분에게서 지음을 받았으며,
그분의 은총을 통한 그분과의 관계 속에서 살며,
이제 곧 그분에게 돌아갈 것을 믿으며 그리고 소망하며!

이 작은 몸짓 역시 인간을 사랑하는
그분의 섭리적 은총 가운데서 나왔음을 고백하며!

일제 시대와 6.25 등 문화적 생활이 아니라 생존을 위한
긴 시간의 여정을 걸어 오시면서,

당신들의 삶의 회한을 마음속에 주어 담으시면서,

물론 두 분 모두
학생들을 교육하시는 보람된 일을 하시며 살아오셨지만
한편으론 자식들에게 당신들보다 나은 생을 살게 하시는 것을
인생의 중요한 목적으로 삼아 살아오신,
그리하여 세상에서 가장 가치 있는
사랑과 희생의 삶을 몸소 보여주신
사랑하는 아버님, 어머님께.

이제 이 책의 도움으로
잃어버릴 수 있었던 존엄한 인간의 삶을 누리게 하는
보람 있고 기쁜 일들을 바로 자식을 통해
당신들이 하시는 것임을 아시고 기쁨을 누리셔서,
평생 살아오신 희생과 사랑의 생에
둘째가 드리는 조그마한 위로와 감사가 되기를 간절히 바라며!

정신분열증을 앓는 형제자매들에게,

이 작은 책이

이 잠깐의 생 속에서도

하나님께서 허락하신 인간의 존엄한 삶을

조금이라도 더 깊이 있게 향유하는 데

조금이라도 도움이 되기를,

같이 아파하는 마음과

가진 것을 함께 나누기를 소원하는 마음으로!

개정판을 내며

．
．
．

초판이 나온 뒤 책을 읽을 때마다 좀 더 자세히 다루고 또 수정하였으면 하는 내용들이 계속적으로 보였습니다. 초판의 원고를 쓸 때가 거의 10년이 되어오는데, 그동안 많은 경험을 하면서 인간 정신세계와 신앙세계에 대한 깊이가 조금은 깊어졌다고 할 수 있는데, 그렇게 조금은 깊어진 눈으로 보니 예전의 글에서 미숙하게 처리한 것들이 보여서 개정의 필요성을 느끼게도 하였습니다. 또 독자들의 반응을 접하면서 더 다루고 싶은 내용들도 생겼고, 조금이나마 그들의 반응을 실으면 좋겠다는 생각을 하였습니다. 그래서 개정판을 내게 되었습니다.

다른 부분도 손을 댄 부분이 적지 않지만, 특별히 <6장 정신이상-'정신병인가 귀신들림인가?'> 부분에 대한 작업을 제일 많이 하였습니다.

제목을 '정신병인가 귀신들림인가?'로 바꾸었는데, 이 제목이 책의 주제에 훨씬 더 가까이 서 있다고 생각하였습니다. 이 책은 우선은 그리스도인들이 당하는 '정신이상'에 대한 혼란- '정신병인가 귀신들림인가?' -을 다루는 것을 제일의 목적으로 하고 있기 때문입니다. 초판 때 이 제목으로 하지 못했던 것은 너무 자극적으로 느껴졌기 때문인데, 돌이켜 보니 일반 그리스도인들은, 제가 느낀 것보다는, 그래도 많이 익숙하게 받아들이는 것 같았습니다.

개정판을 나오는데 수고하신 '생명의말씀사' 관계자들 모두에게 감사드리며, 이 책을 통해 '정신병인가 귀신들림인가?'의 주제에 대한 그리스도인들의 인식이 더 깊어져, 어려움을 당하는 환자들에게 조금이라도 더 바른 치료적 접근이 있어지게 되기를 바라는 마음 간절합니다.

2006년,
하나님의 진리의 세계가
더 깊이 드러나게 되기를 소망하며!

김 진드림

여는말

·

·

·

　언니의 입원치료를 위해 가깝지 않은 곳에서 차를 몰고 병원을 찾아온 부인이 있었습니다. 그 부인의 언니는 수년전부터 정신이상을 보여 왔었습니다. 주위 사람들에게까지 알려지니, 사람들은 귀신이 들렸다고 하기 시작하였습니다. 귀신이 들렸다는 이야기에 부인은 가까이 가면 귀신이 자기에게 옮길까봐 언니를 방문하지 않게 되었습니다. 아이들에게 전염되지 않도록 이모를 모르고 자라도록 마음을 썼습니다. 본인의 지식의 수준에서는 당연한 조치라 할 수 있지만, 사실은 언니가 정신이상을 보여서 주위 사람들, 심지어 남편을 비롯한 가족들로부터도 따돌림을 받았기 때문에 언니를 더욱 적극적으로 도와야 했는데, 잘못된 지식으로 도움을 주는 것은 차치하고 피하기만 하였던 것입니다.
　언니의 증상은 귀에서 사람 말소리가 들리는 환청과 이상한 할머니들이 자기를 감시하고 미행한다는 증상을 비롯한 여러 망상들이었습니다. 그렇기 때문에 바깥출입을 거의 하지 않았는데, 아주 열심히 다녔던 교회에 나가지 않은 지도 1년 이상이 되었습니다.

  교회에서 신령하다는 분들이 와서 축사기도도 여러 번 드렸으나, 회복은커녕 기이한 언행들은 더욱 악화만 되었습니다. 그러다가 어떤 분으로부터 저의 졸저 '그리스도인과 함께 나누고 싶은 이야기'를 추천 받아 읽게 되었습니다. 그 책은 정상적인 그리스도인을 위한 내용을 담은 것이지, '정신병인가 귀신들림인가?'라는 주제를 다룬 것은 아니었습니다. 다만 정신분열증을 귀신들림으로 오해하여 일어난 에피소드를 하나 다루었는데, 그분이 그 부분을 읽고 언니가 귀신들린 것이 아니라 '병'일 수 있다는 생각과 '병이라면 병원에서 치료를 받게 해야겠다'라는 생각을 하게 되었습니다. 그리하여 귀신이 옮겨질지도 모른다고 하여 출입을 끊었던 언니집을 용감하게 찾아가 형부와 언니를 설득하여 병원에까지 데리고 오게 되었습니다. 병원에 올 때는 아이들과 함께 왔습니다.

  언니는 사실상 수년전에 발병한 만성환자였지만, 감사하게도 호전이 빨리 왔고 증상에서 거의 회복하여 퇴원하게 되었습니다.(물론, 그 뒤로 통원치료를 받으며 약물복용은 계속하였습니다.) 잘못된 지식에서 돌이켜 언니를 회복시키게 한 동생이 얼마나 기뻐하였는지 모르겠습니다.

이 글을 쓰고 있는 중에도 떠오르는 가슴 아픈 일을 간단히 말씀드리고 싶습니다. 고등학교 여학생입니다. 물론, 지금은 휴학 상태에 있습니다. 아주 전형적인 정신분열증의 증세를 보이고 있습니다. 그녀의 아버지는 시골에서 목회를 하시는 목사님이셨습니다. 그분은 귀신들림으로 생각하여 처음엔 병원을 찾지 않고 축사기도만 하였습니다. 그러나 시간이 지나도 호전이 없었습니다. 병원을 찾아왔습니다. 병원을 찾은 것에 대한 근거는 하나님께서 일반 은총으로 의학을 주셨으니 기도도 하면서 의학의 도움을 받는 것이 가장 좋은 태도라는 것이었습니다.

첫 진찰을 한 정신과의사는 당장 입원을 권하였습니다. 그러나 그 분은 병원에서는 약만 타서 먹으면서 기도를 받게 하는 것이 가장 좋은 것이라고 생각했기 때문에 거부하였습니다. 2-4주에 한 번씩 오는 통원치료에서는 여러 부작용이 있는 항정신병 약을 치료적 용량만큼 충분히 사용하기가 아주 어렵습니다. 왜냐하면 용량을 높이면 부작용이 나타나 환자나 환자 보호자가 '정신과에서 주는 약물을 복용했더니 환자가 더 나쁘게 되었다' 라는 오해를 하여 그 다음부터는 정신과 치료를 받지 않으려 하기 때문입니다. 치료적 용량을 복용하지 못하는 그녀는 점점 악화되어 갔습니다. 그 의사는 아버지에게 말을 하는 것이 벽에다 대고 말을 하는 것임을 뼈져리게 체험하면서, 그리스도인인 저에게 환자를 의뢰하게 되었습니다.

저도 당장 입원을 권하였습니다. 장시간에 걸쳐 여러 설명을 하였습니다. 전문가를 인정할 줄 모르는, 전혀 말이 통하지 않는 분이었습니다. 일반은총을 인정한다는 것도 자기가 생각하는 식입니다. 올바로 인정한다면, 정신의학 영역의 문제라면 정신과 전문의에게 맡겨야 할 텐데 말입니다. 자신이 기도를 하면 어떤 때는 좋아진다는 것입니다. 정신분열증이 좋아진다는 것이 진정 어떻다는 것을 정확히 알지 못하고 자신의 관점에서 그렇게 판단하는 것이지요. 나중에는 "아버님이 따님을 죽이고 있습니다. 어떻게 근거 없는 판단으로 치료를 받지 못하게 하여 하나님께서 주신 가장 기본적인 인간 존엄성도 잃게 만들고 있습니까? 치료가 지연되어 만성화가 되면 될수록, 회복의 정도도 점차 떨어질 것인데…… 나중에 하나님을 어떻게 뵈올 것입니까?"라는 식으로 의도적인 위협까지 하였습니다. 그럼에도 그분은 전혀 동요를 보이지 않고 자기 식으로 가겠다는 것이었습니다. 자기 아이니 자기가 더 잘 알고, 영적인 현상이니 목사인 자기가 알아서 하겠다는 것이었습니다.

솔직히 저는 선진국과 같이 아이들을 그런 식으로 학대하는 부모를 고발할 수 있는 법령이 우리나라에도 있다면, 고발하여 아버지의 손에서 구출하여 치료를 받게 하고 싶은 마음이 굴뚝같습니다. 마음속에서 견딜 수 없는 분노가 일어납니다. 이 사건은 글을 쓰고 있는 지금도 안타깝게도 아무런 변화 없이 진행되고 있습니다.

비슷한 경우들이 얼마나 많은지 모릅니다. 지금은 정신병에 대한 일반인들의 이해가 많이 개선되어서 정신병이 발병하였을 때 바로 병원을 찾는 경우가 많아졌지만, 그러나 아직도 병원보다는 다른 비치료적인 곳을 전전하는 경우가 적지 않습니다. 특히, 기독교인인 경우 귀신들림으로 판정하여 안수집회, 기도원, 신령하다는 사람들을 먼저 찾아가는 숫자가 만만하지 않습니다. 저의 경험을 통해 볼 때, 정신병을 앓았을 때 먼저 병원을 찾지 않는 종교인은 단연코 기독교인(개신교)의 경우가 압도적으로 많은 것 같습니다. 결국 환자분들을 만성화시키는 결과를 낳게 되지요.

기독교인으로서 저는 이러한 사실이 얼마나 부끄러운지 모르겠습니다. 그래서 언젠가는 정신병에 대한 개괄적인 지식을 위한 글을 써야겠다는 생각을 해 왔습니다. 본문에서 자세히 다뤄지겠지만 정신병에 대한 바른 지식이 있을 때 '정신병인가 귀신들림인가?'라는 주제를 바르게 다룰 수 있기 때문입니다. 그렇게 되면 엉뚱하게 귀신들림으로 몰려 하나님께서 주신 인간의 기본적 권리를 인간에 의해 박탈당하는 사람들의 수가 줄어들 것으로 기대합니다.

기독 정신과의사로서 꼭 감당해야 하는 몇 가지 중요한 과제들이 있는데 '정신병인가 귀신들림인가?'의 문제가 그 중 하나라고 생각해 왔습니다. 그러면서 이를 위해 틈틈이 생각들을 모아 오던 중, 위의 첫 예를 경험하면서 부족한 글이 되더라도 '귀신들림'이라는 판단을 받아 '종교적 살인'을 당하고 있거나 당할 분들을 한 분이라도 구해내는 것이 급선무라 판단하여 용기를 내어 펜을 들게 되었습니다. 이것이 이 책을 쓰게 된 첫 번째 동기라 할 수 있습니다.

"시중에 나와 있는 책들로 인해 혼란이 생겼던 것 같습니다." 이것은 정신분열증을 앓는 딸을 둔 어떤 장로님의 고백입니다. 그분은 언제부터인가 딸이 정신이상을 보인다는 것을 알게 되었습니다. 그래서 책방의 기독서적을 다루는 곳에서 여러 책들을 구입하여 읽었습니다. 책들은 소위 '내적 치유'를 주제로 하는 것들이 대부분이었습니다. 딸을 위하는 마음에서 각각의 책에 나오는 대로 해보려고 열심을 다 했습니다. 그러나 딸은 더욱 악화되어 갔습니다. 아무래도 책에서 읽은 처방으로는 안 되겠다는 절망감이 강하게 자리를 잡아갈 때, 아는 목사님을 통해 소개를 받고 저를 찾아 오셨습니다.

자매는 정신분열증을 앓고 있었습니다. 그녀는 빨리 입원하여 약물치료를 시작해야 했습니다. 그런데 책을 읽고 장로님께서 하신 것은, 심리적 접근-그것도 전문가가 쓴 것이 아닌-과 소위 영적인 접근뿐이었습니다. 시간이 지나도 좋아지지 않은 것은 당연하였습니다. 왜냐하면, 본문에서 자세히 다루겠지만, 정신분열증의 원인은 뇌에 이상이 있는 것으로 약물치료를 해야하는 경우인데, 장로님이 읽으신 책들은 정신분열증에 대한 전문적인 책이 아니라, 신경증이나 성격장애와 같은 문제에 대해 쓰여진 책들이어서 주로 심리적이고 영적인 해결접근을 하는 것이기 때문입니다. 그런 류의 책들은 정신병에는 도움이 거의 될 수가 없습니다. (나와 있는 책들 중에서, 정신병 이외의 문제에 도움이 되는 전문적인 책이 얼마나 되는가 하는 것은 또 다른 주제입니다.)

그렇기 때문에 그 장로님의 혼란은 당연한 것이었습니다. 정신병과 기타의 정신질환을 감별진단할 수 없는 사람들이 요사이 범람하고 있는 치유에 대한 각각의 책들이 지니는 한계를 알고 바르게 접근하기를 기대하는 것은 무리이기 때문입니다. 장로님은 여러 책을 읽고 자기 나름대로 접근하려고 했던 시간들로 인해 바른 치료의 장으로 빨리 들어오지 못한 것을 매우 안타깝게 생각하였습니다. 그러면서 일반 그리스도인을 위해 정신병을 쉽게 설명한 책이 왜 아직까지 나오지 못하고 있는지에 대해 반문하면서 안타까워하였습니다.

저도 관심 있게 보아 왔지만 아직까지(1996년) 기독교서적 코너에서 정신병을 주제로 다루고 있는 책은 번역서까지 포함해서, 한 권도 찾아보지 못했습니다.(제가 접하지 못한 책이 있을지는 모르겠습니다.) 그리하여 기독정신과의사로서 가지게 된 책임의식이 이 책을 쓰게 한 두 번째 동기입니다. 정신병에 대한 바른 지식이 없어서 정신병을 앓고 있는 환자에게, 심리적이고 영적인 잘못된 접근을 하고 있는 분들에게 도움이 될 것입니다.

　마지막 세 번째 동기는 정신병에 대한 지식이 부족하여 치료의 장으로 들어오는 것이 늦고, 충분한 치료를 받지 않고 중단하고, 통원치료의 중단 결과 재발함으로써 병을 만성화시키는 사례가 많은 것이 안타까웠기 때문입니다. 결국 만성화가 깊어지게 되면 인간의 가장 기본적인 존엄성도 견지하지 못한 채, 참으로 불행하게 살아가게 되기 때문이지요.
　정신분열증을 포함한 정신병은 일반인들이 생각하는 만큼 치료결과가 그렇게 나쁜 병이 아닙니다. 거의 정상으로 회복하는 경우가 적지 않습니다. 또 꼭 정상 회복은 아니더라도 조금이라도 회복되는 경우를 포함하면, 조기에 적절하게 치료를 받으면 대부분의 경우가 회복을 보인다고 할 수 있습니다. 그러나 일반인들의 잘못된 선입견, 편견, 왜곡된 지식 그리고 무지 등이 정신병의 치료를 방해하여 수많은 환자분들이 불행한 삶을 살고 있었습니다.
　이에 저는 이 분야의 전문인으로서 정신분열증에 대한 교육적 홍보에 책임을 느껴 왔습니다. 정신분열증의 치료보다는 정신의학의 또 다른 분야인 정신분석 또는 정신치료에 주된 관심이 있으나, 기독 정신과의사 중 누군가가 이 일을 감당해야 한다고 생각했습니다. 이 일은 다른 어떠한 일 못지않게 중요한 작업입니다. 부족한 사람의 글이 가능하면 많은 환자와 그 보호자들의 삶에 기쁨이 더해지는 데 조그마한 기여를 하게 되기를 소원하는 마음입니다.

　이 책은, 첫째로 정신분열증을 설명하는데 많은 지면을 할애하여 정신분열증을 앓고 있는 환자들과 그 보호자들을 위해 쓰여진 측면이 있습니다. '정신병인가 귀신들림인가?'의 문제에서 정신분열증의 경우가 제일 많이 관련되고, 정신병 중에서도 정신분열증이 차지하는 비율이 압도적으로 높기 때문입니다. 일생 동안 정신분열증을 앓을 수 있는 가능성(평생 유병율)은 연구자에 따라 다소 차이가 있지만, 전체 인구의 약 1%에 달한다고 보면 큰 무리는 없습니다. 예를 들어 우리나라 4천만 명의 인구 가운데 대략 40만 명은 평생에 한 번은 정신분열증에 걸릴 수 있다고 얘기할 수 있습니다. 이렇게 많은 사람들이 앓을 수 있는 정신분열증에 대한 이해를 높여 회복을 극대화하고 재발을 방지하면서 사회에 잘 복귀하여, 하나님께서 허락하신 존엄성을 가진 인간존재로서 잠깐이지만 이 세상에서의 삶을 '누리며' 살게 되기를 바라는 마음 간절합니다.

두 번째로는 교역자와 기독상담에 대해 관심을 갖고 있는 분들을 염두에 두었습니다. 그리스도인들은 문제가 발생하면 먼저 신앙의 지도자들을 찾아가게 되는데 그때 어떻게 인도하느냐가 상당히 중요합니다. 그렇기 때문에 지도자들이 이 책을 통해 정신병에 대한 대략적인 인식을 갖게 되어, 정신이상의 문제로 찾아오는 성도들을 바른 방향으로 인도해주는 교통정리를 잘 해주기를 기대합니다.

1장-3장까지는 정신분열증에 대해 다루었습니다. 정신병 중에서 그 수가 압도적으로 많으며, '정신병인가 귀신들림인가?' 라는 이슈를 다루는 데 가장 중요한 장애이기 때문입니다. 3장에서 다루는 항정신병 약물은 드물게 다른 정신질환에서도 사용하지만, 주로 정신분열증 환자에 사용하기 때문에 항정신분열증 약물이라 보아도 큰 무리는 없겠습니다.

4장에서는 정신분열증을 제외한 주요 정신병을 다루었고, 5장에서는 정신병은 아니지만 정신과에서 다루는 2대 질환 중 하나이기 때문에 간략하게나마 소개를 해보았습니다.

6장에서는 많은 그리스도인들이 관심을 가지는 '정신병인가 귀신들림인가?'의 이슈를 자세하게 다루어 보았습니다. 특히, '정신병인가 귀신들림인가?'의 문제에서 나타나는 그리스도인들의 사고의 문제점들을 다루는 데 많은 지면을 할애하였습니다. 그러한 문제점들은 비단 '정신병인가 귀신들림인가?'의 문제 뿐 아니라, 우리 삶의 다른 많은 영역에서 역시 적지 않은 문제를 야기하는 근원이 되기 때문입니다. 어떤 문제가 있을 때, 그리스도인들이 문제해결과정을 바르게 진행시킬 수 있기를 바라는 마음에서 생각하는 훈련의 장이 되도록 구성하도록 노력하였습니다. 저의 제한된 능력 내에서 '정신병인가 귀신들림인가?'를 분별하는데 도움이 될 것으로 보이는 참조점에 대해 언급하였습니다. 이는 더 발전시켜 나가야 할 여지가 많다고 생각합니다.

　마지막으로 7장에서는 귀신들림에 의한 정신이상을 보이는 것으로 판단되는 사례를 실었습니다. 제가 직접적으로 경험한 것도 아니고, 정신과 의사로서 쉽지 않은 보고이지만 모험을 해보았습니다. 언젠가 명백한 귀신들림에 의한 정신이상에 대해 말할 수 있는 때도 있기를 기대해봅니다.

　이 책의 독자를 일반인으로 설정하였기 때문에 전문적인 설명은 피하였습니다. 가능하면 일반인들에게 어렵거나 꼭 필요하지 않은 내용은 과감히 줄이면서, 실제적으로 도움이 될 내용을 우선적으로 다루려고 노력하였습니다. 그렇기 때문에 파격적인 생략과 첨가가 있을 것입니다. 전문가가 본다면 만족스럽지 못할 맞춤이 있지만 일반인들에게 가까운 책이 되고자 하는 취지에서 쓰였다는 점과 저자의 개인적 경험과 지식에 한계가 있음을 기억하면서 읽어 주시기 바랍니다.

　먼저 책이 나올 수 있도록 무언의 격려를 주었던 많은 환자분들, 그분들의 보호자들에게 그리고 7장의 자기 사례를 실을 수 있도록 허락해주신 그분과 옆에서 지켜보아 필요한 부분을 보완하는데 도움을 주신 그분의 이모님께 감사한 마음을 전합니다. 무지했던 저를 지도해 주셨던 서울대학교 의과대학 정신과 교실 은사님들께, 꼼꼼히 읽으면서 교정도 보아 주고 편집과 제목에도 깊은 관심을 보여준 형과 형수에게, 바쁜 가운데서도 원고를 읽어 주고 조언을 준 같은 병원에 근무하는 후배 박 임순선생에게 감사하는 마음을 전하고 싶습니다. 이 글이 나오기까지 수고하신 출판사의 모든 분들, 그리고 직간접적으로 글 쓰는 작업을 격려하여 주신 모든 분들에게 감사합니다. 그분들의 격려가 다시 글을 쓰는 데 큰 용기와 힘이 되었습니다. 감사합니다!

(정신과에서 다루는 모든 문제들을 '정신질환' – 일반인들 중에는 정신질환을 정신병이라 부르는 사람들이 많이 있습니다 – 이라 할 수 있고, 정신질환에는 정신병, 신경증, 성격장애 그리고 기타 장애들이 있다고 할 수 있습니다. 정신과의 2대 질환인 정신병과 신경증에는 어떤 것들이 있는지 본문에서 자세히 설명할 것입니다. '정신분열증'과 '정신분열병'은 같은 뜻을 가지고 있습니다. 정신분열증이라는 용어를 선택한 것은 일반인들에게 더 익숙하기 때문입니다.

사례들은 본인들이 알려지지 않도록 수정하여 편집하였으나, 그 내용에 있어서는 손상이 가지 않도록 주의하였습니다.)

1997년
함께 나누어지는 세계를 그리며,
그리스도의 몸의 한 지체인
김진 드림

Contents

- 개정판을 내며 · 6
- 여는말 · 6

제1장 정신분열증의 증상과 원인 · 27

1. 어떤 경우를 정신분열증이라 하는가? · 27

1) 정신분열증의 양성증상 · 28
- 귀신이 들렸나 봐요. 혼자서 무어라 중얼거리고 무슨 소리가 들린대요.

(1) 환각(hallucination)-지각영역에서의 증상 · 28
  ① 환청 ② 환시

(2) 망상(delusion)-사고영역에서의 증상 · 35
  ① 관계망상 ② 피해망상 ③ 감시망상, 미행망상 ④ 기타

(3) 말하기 영역에서의 이상증상 · 41
  ① 상관성 결여 ② 일관성 결여

(4) 감정영역에서의 이상증상 · 42
  ① 감정표현의 감소에서 무표정까지 ② 감정반응의 감소에서 무반응까지
  ③ 부적절한 감정반응 ④ 감정적 양가성

(5) 의지영역에서의 이상증상 · 44

(6) 행동영역에서의 이상증상 · 44
  ① 혼잣말하는 것
  ② 몸의 변화가 없이 한 가지 자세만을 계속 유지하는 것
  ③ 이유를 알 수 없이 어떤 행동을 하는 것 또는 반복하는 것

2) 정신분열의 음성증상 · 46
　－아이가 냄새가 날 정도인데도 씻지 않고, 옷맵시를 제대로 내지 못하는데 이런 것도 증상인가요? 아니면 가르치고 훈련시켜야 하는 것인지요?

　　✱ 증상이 있는 환자를 정상인으로 다루지 않기 · 49

3) 정신분열증의 진단기준 · 50

　　✱ 정신분열증의 초기증상 · 51
　－분명한 증상이 나타나기 전에 일어나는 변화들은 없습니까?

　　✱ 정신분열증을 앓고 있다고 하여 모든 부분이 다 비정상적인 것은 아니다 · 53
　－"어떤 때는 발작을 하지만 평소엔 괜찮습니다. 설마 정신분열증은 아니겠지요?"

2. 정신분열증의 원인 · 57
　－"내 아이는 충격을 받은 일이 없는데……."
　－"정신분열증은 유전이 됩니까?"

　　✱ 정신분열증의 원인과 유발요인 · 62
　－"상사병 때문에 병이 난 것 같아요."

　　✱ "정신분열증을 앓는 환자들과 함께 지내면 정신분열증을 앓게 되는 것은 아닙니까?" · 63

　　✱ 정신분열증의 심리적 해석주의의 위험 · 64
　－"그렇게 된 것을 이해할 수 있어."

　　✱ 정신분열증의 심리적 환원론은 오도된 죄책감을 유발시킬 수 있다. · 65

　　✱ 정신분열증 증상의 발현은 심리적인 영향을 받는다. · 66

제 2장

정신분열증의 치료 · 68

* 정신분열증환자의 입원 방법에 대해 · 68

1. 정신분열증의 치료 · 69
- "정신이 이상한 것인데 약으로 좋아집니까? 수양을 시켜야 하는 것 아닌가요?"

1) 잘 기다리는 것이 치료를 도와주는 것이다 · 69
   - "언제쯤이면 증상이 좋아집니까?"

2) 정신분열증의 치료결과는 '회복의 개념'으로 생각해야 한다 · 73
   - "정신분열증은 완치가 안 된다던데."
   * "우리 아이는 앞으로 어떻게 되지요?" · 76
   * 정신분열증도 조기치료시, 완치에 가깝게 치료될 가능성이 높다. · 76

3) 정신분열증은 '조절의 개념'을 가지고 대해야 한다 · 77
   - 여러 번 재발 후에 병식을 갖게 되는 환자와 보호자들

4) 증상의 호전과 일반적 능력의 회복은 다를 수 있다 · 80
   - "증상이 다 좋아졌다고 하시는데 애가 예전 같지 않아요."

5) 증상의 호전과 병식의 획득이 항상 함께 일어나는 것은 아니다 · 81

6) 병에는 자기 고유의 길이 있다 · 84
   - 고유의 길에는 악화되는 길과 회복되는 길 모두 포함된다.

7) 보호자의 기대가 병의 고유한 진행을 앞서면 안 된다 · 87
   * "선생님에게서 한번 약을 써보고 싶은데요?" · 91
   * "증상이 다 좋아진 것 같은데 퇴원하면 안 되나요?" · 93

8) 보호자는 보호자의 책임을, 의사는 의사의 책임을! · 96
   - '내 자식이니 내가 책임져야지.' 식의 생각은 금물.

9) '정신분열증을 앓는 사람'을 치료하는 것과 '정신분열증'을 치료하는 것은 다르다 · 98
   - 정신분열증을 앓는 사람의 치료는 약물치료와 함께 보조적으로 정신치료가 필요하다.

2. 통원치료의 중요성 · 100
- "선생님, 병이 다 나았는데 왜 통원치료를 받아야 하지요?"

1) 통원치료에 있어서, 보호자의 병에 대한 이해의 중요성 · 102
   - 보호자의 역할
     (1) 약물복용 여부의 확인 (2) 환자의 설득과 재활로의 인도 (3) 재발의 감시

2) 주의하여 관찰해야 하는 재발 초기의 양상들 · 106
     (1) 환각증상 (2) 망상증상 (3) 기타

제3장

항정신병 약물의 부작용 · 109

- "정신병원에 입원시켰더니 더 악화되는 것 같더라."
- "정신과 약물을 복용하면 머리가 나빠진다는데요?"

약의 선택은 치료 효과를 극대화하고 부작용을 최소화하는 두 가지 요소를 함께 고려하여 이루어진다 · 110

1) 가성파킨슨 증후군 · 112
2) 수면과다(기면) · 113
3) 근육긴장이상증 · 113
4) 안절부절(장시정좌불능증) · 114
5) 자율신경계의 부작용 · 114
6) 내분비계의 부작용 · 114
7) 만발성 운동 부전증 · 116

제4장

기타 주요 정신병 · 118

1) 기분장애(mood disorder) 또는 정동 장애(affective disorder) · 118
   (1) (정신병적) 우울증 (2) 조울증
   * '신경증적 우울증'과 '정신병적 우울증'의 분별 · 125
2) 망상성 장애(delusional disorder) · 127
3) 단기반응성 정신장애 · 128

제5장

신경증장애 · 129

1. 정신병과 신경증의 구분 · 129
- "현대인들은 거의 대다수가 정신병을 갖고 있다는데 맞습니까?"

2. 신경증노이로제, neurosis의 분류 · 133

1) 불안장애 · 133
   (1) 공포 장애 ① 공간공포 ② 사회공포 ③ 단순공포
   (2) 공황 장애 (3) 범불안 장애 (4) 강박 장애 (5) 외상 후 스트레스 장애
2) 신체형 장애 · 136
   (1) 신체화 장애 (2) 전환 장애 (3) 신체형 동통 장애 (4) 건강염려증 (5) 신체변형 장애
3) 해리성 장애 · 139
   (1) 심인성 기억상실 (2) 심인성 둔주 (3) 다중인격 (4) 이인성증 장애
4) 기타 · 140

제 6장

정신이상-정신병인가 귀신들림인가 · 142
― 이것이 왜 우리에게 문제가 되고 있는가?

1. 들어가는 말 · 142

2. 문제의제기 · 143

3. 문제의 확인 · 147

1) 정신이상이란 무엇인가? · 147
(1) 지각영역에서의 이상 (2) 사고영역에서의 이상 (3) 말하기영역에서의 이상 (4) 행동영역에서의 이상

2) 정신이상을 보이는 사례들의 원인적 분류 · 150
(1) 뇌의 이상에 의한 경우 (2) 뇌 이외의 신체적 이상에 의한 경우
(3) 심리적 원인에 의한 경우 ✶ 다중인격장애 ✶ 피암시적 상태
(4) 극도의 생리적 박탈에 의한 경우 (5) 물질남용에 의한 경우

3) 귀신들림에 의한 정신이상? · 160
(1) 귀신들린 사람들이 모두 정신이상을 보이는 것이 아니다.
(2) 정신이상을 보이는 사람이 모두 귀신들린 것은 아니다.

4. 귀신들림에 의한 정신이상과 정신병에 의한 정신이상의 분별을 위한 시험적 분별점 · 163

1) 절대적 분별점 · 164
(1) 초능력의 동반
(2) 영적으로 사람을 알아봄 ✶ 신앙적인 것들에 대해 적대적인 태도를 보임
(3) 약물에 대한 반응 (4) 다른 인격체의 존재 – '가상적' 절대적 분별점

2) 상대적 분별점 · 169
(1) 증상의 시작 속도와 회복의 속도
(2) 증상의 유무사이의 관계, 특히 말과 사고의 영역에서

5. 정신병에 의한 정신이상을 귀신들림에 의한 것으로 여기는 잘못된 경향에 대한 성찰 · 172

1) 변증론적 태도의 지양 · 172

2) 성경만능주의(biblicism) · 174

3) 지식에 이르는 길: 연역적인 방법과 귀납적인 방법 · 179

4) 해석의 틀 · 185
― 해석의 틀을 넓혀야 한다.

5) 정신이상을 다소 영적인 현상으로 보는 경향 · 189
― 정신질환도 다른 질병과 마찬가지로 병으로 보는 관점이 필요하다.

6) 하나님의 일반은총도 하나님의 은총이다 (일반은총도 은총이다) · 192

6. 실제적 접근을 위한 제안 · 205

1) 겸손한 태도와 열린 의식 · 205
2) 정신이상자를 만나면 우선 정신과의사에게 · 208
3) 정신병환자는 믿을 수 있는 정신과의사에게 · 209
4) 공동연구 · 210

7. 앞으로의 과제 · 210

1) 귀신들림에 의한 정신이상과 정신병에 의한 정신이상은 다른 것인가? · 210
  – 병의 원인론에 대한 가설

2) 영분별력의 은사를 받은 사람에 의해 일반사람들도 구분할 수 있는 분별력의 계발이 가능한가? · 212

제7장.
귀신들림 또는 사탄의 역사에 의해 정신적 이상을 보이는 것으로 판단되는 사례의 보고 · 214

1. A씨의 사례 · 215

2. 귀신들림 또는 사탄의 역사에 의한 정신이상일 가능성이 높은 것으로 평가하는 근거 · 228

1) 약물의 복용 없이 완전한 회복을 보인 점 · 228
2) 말을 하면 이상한 내용이 나오는데 글로 표현하면 정상적인 점 · 229
3) 의지적 노력이 정신이상현상을 극복하는 데 유효한 점 · 229
4) 사탄, 예수 그리고 하나님이라는 용어를 말할 수 없었다는 점 · 230
5) 정신이상현상이 나타난 3개월 이상의 전 기간 동안 강의와 세미나를 주로 하는 고도의 전문직 업무를 큰 탈 없이 수행해 왔다는 점 · 230
6) 정신이상현상이 다른 존재에 의해 일어나고, 주로 지시를 당하는 식이고 피동적으로 그렇게 되어진다는 것을 당사자가 느꼈다는 점 · 230
7) 잘못된 신앙적 내용을 말하게 된 점 · 231

■ 닫는 말 · 233

제1장

정신분열증의 증상과 원인

1. 어떤 경우를 정신분열증 schizophrenia 이라 하는가?

뇌는 인간에게 있어서 거의 모든 정신적이고 신체적인 기능들을 조절하는 기관이기 때문에 여기에 이상이 있으면 아주 다양한 증상들이 나타날 수 있습니다. 정신분열증은 뇌에 이상이 있어서 나타나는 뇌질환, 뇌장애, 또는 뇌병이라 하는 것이 옳습니다. 그렇기 때문에 정신분열증은 정신기능과 신체기능에 있어서 아주 다양한 이상소견을 나타내는 병이라고 할 수 있습니다.

정신분열증에 비교적 공통성이 높은 증상들이 있지만, 환자에 따라 나타나는 증상들이 상당한 차이가 있기도 합니다. 증상에 대해 세밀하고 전문적인 연구가 이루어지면서 1980년대 이후, 정신분열증의 증상을 크게 양성증상과 음성증상으로 나누는 작업에 대부분의 정신과의사들이 동의

하고, 그에 따라 치료적 접근도 세분화시키는 쪽으로 나아가고 있습니다.

환각, 망상, 이상한 행동 같은 증상들은 겉으로 드러나 다른 사람들의 눈에 띄면서 문제를 야기한다 하여 양성증상이라 하고, 무표정, 의욕 없음과 같이 특별히 겉으로 드러나 문제를 야기하지는 않으나 일상적인 정상기능에 어떤 결핍이 있어 결국 문제가 되는 증상을 음성증상이라 부릅니다.

1) 정신분열증의 양성증상

- "귀신이 들렸나 봐요. 혼자서 무어라 중얼거리고 무슨 소리가 들린대요."

(1) 환각 hallucination

- 지각 perception 영역에서의 증상

정상인은 무슨 소리(자극)가 나야 소리(반응)를 듣습니다. 즉 자극을 받아야 반응을 보이게 됩니다. 그런데 어떤 환자들은 소리가 나지 않는데도 어떤 소리를 듣고, 어떤 것을 보기도 합니다. 즉 자극이 없는데도 반응을 보입니다. 이렇게 '자극이 없는데도 반응을 보이는 증상'을 환각이라 합니다. 이 환각증상은 본인이 경험하지 않으려 하면 하지 않을 수 있는 것이 아니라, 자기의 의지와는 무관하게 경험하게 되는 것입니다. 환각에는 다섯 가지 감각영역에 따라 다음과 같이 분류할 수 있습니다.

환청 : 소리(청각적 자극)가 나지 않는데, 무슨 소리를 듣는 증상

환시 : 보이는 것(시각적 자극)이 없는데, 무엇인가를 보는 증상

환후 : 냄새(후각적 자극)가 나지 않는데, 무슨 냄새를 맡는 증상

환촉 : 닿는 것(촉각적 자극)이 없는데, 무엇인가 닿는 것으로 느끼는 증상

환미 : 맛(미각적 자극)이 나지 않는데도, 어떤 맛을 느끼는 증상

이들 증상들 중 정신분열증에서 가장 빈번하게 나타나는 증상은 환청입니다. 대략적으로 100명의 환자 중 95명 정도에서 환청 증상이 나타납니다. 그 다음으로 빈번한 환각증상은 환시인데, 빈도수에 있어서 환청에 비해서는 많이 떨어집니다. 그 밖의 환각 증상들은 아주 드물게 나타나기 때문에, 환청과 환시에 대해서만 사례를 들어 설명하도록 하겠습니다.

① 환청 auditory hallucination

그녀는 시골에 살았습니다. 그런데 가끔 아무에게도 말하지 않고 가까운 대도시를 찾아가곤 하였습니다. 아침에 일찍 아무 말 없이 나가 저녁 늦게 들어오는 횟수가 잦아지면서 부모님들이 궁금해졌습니다. 그래서 이유를 물어보나 대답이 없었습니다. 결국에는 직장을 그만 두게 되는 상황에 이르면서도 이해할 수 없는 외출은 계속 되었습니다.

나중에 알게 된 것이지만, 그녀가 대도시를 가게 되는 이유는 고등학교 때 짝사랑했던 남자가 결혼하자며 만나자고 하는 환청이 있었기 때문이었습니다. 구체적인 장소에 대한 언급이 없이 도시만 언급이 되었기 때문에 그녀는 그 도시의 시청 앞에

가서 하루 종일 서서 기다리다가 저녁 때 집으로 돌아오곤 하였던 것입니다.

그는 다른 환자들과 달리 웃음 띤 얼굴을 많이 보였습니다. 혼자서 빙그레, 다소 이상하게 보이는, 웃으며 허공에 대고 대화하는 듯 한 혼잣말을 하는 모습도 많이 보였습니다.
그에게는 그가 좋아하는 여자가수가 자기를 좋아한다는 환청이 있었습니다. 그 가수가 자기의 이름을 부르며 사랑을 고백한다는 내용이었습니다.

그녀는 갑자기 무슨 일을 하다가도 긴장하면서 무엇인가에 집중하는 듯한 표정을 보이곤 하였습니다. 아주 불쾌한 일을 당한 듯한 표정이었습니다. 때때로 대상이 없이 화를 내며 욕지거리를 내뱉곤 하였습니다. 자기는 깨끗한 사람인데 사람들이 자기에 대해 음탕한 여자라고 비난하는 환청 때문에 화가 났었던 것이었습니다. 그 중에 몇 사람은 자기가 아는 사람이라고 하였습니다.

환청의 증상은 아주 다양합니다. 별의별 내용이 다 나타날 수 있습니다. 명령환청도 있습니다. 어떤 환자는 고층 아파트에 사는데, "뛰어내리면 하나님께서 천사를 보내 너를 받게 하여 다치지 않게 되리라"라는 성경의 내용과 비슷한 내용의 환청을 듣습니다. 증상이 심각할 때는 명령환청 대로 행하여 화를 입는 경우도 적지 않습니다. 하나님으로부터 계시를 받는 환청을 듣기도 합니다. 국회의원에 출마하면 틀림없이 당선될 것이라고 신이 말했다는 환청도 있습니다. 그 내용에 따라 좋아하는 경우도 있으며 기분 나빠 하는 경우도 있습니다.

그렇지만 기분 나쁜 내용의 경우가 훨씬 많습니다. 목소리의 주인공이 한 사람일 수도 있고 여러 사람일 수도 있습니다. 남자일 수도 여자일 수도 그리고 남녀가 함께 있을 수도 있습니다. 전혀 모르는 사람이거나 아는 사람일 수도 있고 그리고 섞여 있을 수도 있습니다.

대부분 귀에서 들린다고 표현하나 머리에서 들린다고도 하고 귀 뒤에서 들린다고도 하며 드문 경우인데 손가락에서 들린다고도 합니다. 때로는 남의 목소리를 듣는 것이 아니라, 자기의 생각을 듣는다고 하는 경우도 있습니다. 자기에게 직접 말을 하는 환청이 대부분이나 다른 사람들이 서로 얘기하는데 자기를 언급하는 경우와 때때로 자기와 관련이 없어 보이는 환청인 경우도 있습니다.

환청의 증상이 있는 사람은 대개 독백, 즉 옆 사람은 영문을 알 수 없는, 혼자 중얼거리는 현상을 보입니다. 그것은 환청과 대화를 하는 것입니다. 자기에게 직접 말을 거는 환청의 증상이 있는 사람은 그것이 사실이라고 믿기 때문에 당연히 환청에 대꾸를 하는 것입니다. 그것이 주위 사람들에게는 혼자 실없이 중얼거리는 것으로 보이게 됩니다. 길거리에서 계절과 장소와 어울리지 않은 행색을 보이는 행려병자들이 혼자 중얼거리는 경우 환청일 가능성이 높으며, 그는 정신분열증을 앓고 있을 가능성이 높습니다.

처음에 환청이 나타날 때는 본인도 의심합니다. 그래서 무엇을 착각한 것으로 넘기기도 합니다. 그러나 한 달에 한 번 들리던 것이 병이 악화되어 현실 검증력을 상실하게 되고 점점 자주 듣게 되면서 환청을 사실적인 것으로 믿게 됩니다. 자기에게는 사실이기 때문에 환청에 사실적인 반응—엉뚱한 독백 같은—을 보이게 되는 것입니다. 혼자 중얼거리면서 주위 분위기와 어울리지 않게 혼자만 다른 생각에 몰두하는 듯한 모습을 보일 때는 환청을 의심해 보아야 할 것입니다.

환청은 대개 구체적인 말로 나타나나, 때때로 소리로 나타나기도 합니다. 환청에 대해 사소한 것들까지 언급하기 시작하면 많은 분량의 지면이 필요할 것입니다. 그러나 전문가가 아닌 분들에게는 이 정도의 언급으로도 충분할 것으로 판단됩니다.

② 환시 visual hallucination

> 그는 무엇을 밀어내는 듯한 이상한 동작을 반복해서 하곤 했습니다. 공기 중에 있는 병균들이 자기 몸으로 들어오는 것이 보이기 때문이었습니다.
>
> 그녀는 자기에게 아무 일도 일어나지 않았는데 갑자기 눈물을 펑펑 쏟으면서 자기 병실에서 울기 시작하였습니다. 이유를 물으니, 지금 자기 집에 불이 나고 있다며 집에 전화를 걸어 확인해 줄 것을 요청하였습니다.
>
> 그는 복도를 걷다가 돌연히 얼굴이 사색이 되면서 발걸음을 멈추었습니다. 자기 앞에 저승사자가 나타났기 때문입니다.

마리아나 예수님을 보았다는 종교적인 색채를 띠는 경우, 돌아가신 어른들의 모습 또는 동물을 보는 경우, 불타는 것과 같은 어떤 현상들을 보는 경우 등등 아주 다양한 형태의 환시증상이 나타납니다. 한 환자분에게 한 종류의 환시가 나타나기도 하고 여러 다른 종류의 환시가 나타나기도 합니다.

환청과 환시가 함께 일어나는 경우도 드물지 않습니다. 예를 들어, 마리아가 나타나 자기를 이 세상의 왕으로 삼는다는 계시를 받는 증상의 경우, 환청과 환시 현상이 한꺼번에 나타나는 것이지요. 어떤 흐름이 끊기면서 전혀 다른 모습을 보일 때 환청 또는 환시 등의 환각증세를 의심하여야 합니다.

환각증상은 성경에 나타나 있는 사람들이 경험하는 신비스러운 경험과 유사한 측면이 많이 있기 때문에 그리스도인들에게 주의를 요하는 증상이라 할 수 있습니다. '지금도 하나님께서 성경에서와 같이 환상을 통해서 직접 계시를 주시는가?' 라는 다소 신학적인 논쟁은 여기서는 다룰 주제가 못되기 때문에 넘어가기로 하겠습니다. 여기서 잠깐 언급하고자 하는 것은, 환각증상이 분명한데 신비스러운 종교적 체험으로 오해하는 경우입니다.

> 20대 후반의 남자였습니다. 그는 예수님을 믿은 지 몇 달이 되지 않았습니다. 자기가 복음을 받아 들였다는 것이 참으로 신기하였습니다. 자기를 향한 하나님의 은혜가 아주 크게 느껴졌습니다. 그 은혜에 대한 감격이 지나쳐 하나님께서 나를 회심시켜 주신 것은 큰일을 맡겨 주실 것이기 때문이다, 나에게 중요한 일을 맡기셨기 때문에 내가 그 일을 감당할 때까지는 예수님의 재림은 일어나지 않을 것이다,라는 생각을 하기에 이르렀습니다. 그런데 점차 신기한 일들이 일어나기 시작하였습니다. 예수님의 어머니인 마리아가 나타나 자기를 보고 세계인을 향해 사명을 주었으니 세계를 대상으로 일하라는 계시를 듣게 된 것이었습니다. 마리아의 모습은 잘 나타나지 않았지만, 유사한 내용의

계시는 점차 빈번하게 들리게 되었습니다. 그래서 그는 기도와 성경을 보는 것에 점차 시간을 늘려 갔습니다. 나중에는 직장을 그만 두고 하루 종일 기도와 선교 계획을 구상하는 데 전념하였습니다.
그런데 그 일을 아무와도 의논하지 않고 혼자서 하겠다는 것이었습니다. 선교에 대해서는 아무런 지식도 없는 사람이었습니다. 책상에는 혼자서 구상했다는 선교계획에 대한 글들이 여기저기 가득하였습니다. 내용을 보니 너무 터무니없는 것들이었습니다. 자기는 하나님께서 특별히 쓰시는 사람이니, 사도행전에서 전도를 위해 갑자기 다른 곳으로 이동된 빌립과 같이 하나님께서 자기를 초능력으로 여기저기로 옮겨 가게 하실 것이라는 등의 내용도 적혀 있었습니다……

일반적인 능력이 별로 떨어지지 않은 발병 초기에 환각증상이 나타날 때는 그럴 듯하게 보일 수 있어 주변 사람들이 쉽게 판단하기 어려울 수 있습니다. 그러나 정신분열증을 앓고 있는 환자의 환각증상을 분별하는 것은 대부분 그렇게 어렵지 않습니다.

왜냐하면 첫째, 시간이 지남에 따라 병이 악화되면 상식적으로는 이해되지 않는 이상한 모습들이 나타나게 되어 있기 때문입니다. 두 번째로는 정신분열증을 앓는 환자에게 환각증상만 따로 떨어져 나타나지는 않기 때문입니다. 다른 말로 설명을 하자면, 그 환각증상에 따른 사고, 감정, 의지, 행동 등 전 영역에서 이상현상이 발견되기 때문입니다.(다른 영역에서의 이상현상은 뒤에서 설명이 될 것입니다.) 환각증상은 반드시 이상하고 부적절한 생각, 감정, 의지, 행동을 보이게 되어 있습니다. 이렇게 시간

경과를 통해 그 사람의 전체적 삶을 고려하는 가운데 드러나는 현상을 판단하려고 하면 실수하는 일이 많이 줄어들 것입니다.

(2) 망상delusion

－사고thought 영역에서의 증상

망상은 간단히 말씀드리면, '사실이 아닌 것을 사실로 믿는 것' 입니다. 역동적인 측면을 고려하여 말씀드린다면 망상은 (뇌의 기능에 이상이 생겨서) 자의적인 판단 그러나 전혀 틀린 판단을 내리는 사고 체계가 생겨나면서 사고의 주도권을 잡게 되는 결과로 일어나는 현상(증상)이라 설명할 수도 있겠습니다.

① 관계망상

> 그는 식당에 취직이 된 지 두 달 만에 손님들과 쓸데없이 시비를 건다는 것이 문제가 되어 쫓겨나게 되었습니다. 손님들이 왜 자기의 사생활을 폭로하냐는 것이었습니다. 식당에서 손님들이 대화를 하는데, 그 대화라는 것이 자기의 개인적인 내용을 가지고 이뤄지는 것이라고 생각했던 것입니다.
> 그녀는 결국 참지 못하고 대학교 1학년 2학기 중반쯤에 휴학을 하게 되었습니다. 교수가 강의를 하는데 자기를 염두에 두고 말을 하니 다른 학생들이 알까봐 노심초사해 왔는데, 나중에는 흘낏흘낏 쳐다보는 것이 아주 음탕한 눈길이라는 것이었습니다. 나중에는 자기를 어떻게 할지도 모른다는 생각에 이르게 되고,

결국은 교수를 피하기 위해 휴학을 하게 되었습니다.

그녀는 점차 바깥출입이 줄어들게 되고 나중에는 거의 자기 방에서 하루 종일 보내게 되었습니다. 밖에만 나가면 사람들이 자기만을 쳐다보고 자기에 대해 얘기한다는 것이었습니다.

자기 밖의 세계에 대해 전혀 주의를 하지 못하는 사람인데 유독 어떤 연속극은 한 번도 빠지지 않고 보는 특이한 모습이 있었습니다. 알고 보니 그 연속극의 주인공이 바로 자기라는 생각 때문이었습니다.(물론, 내용이 자기를 비난하는 투의 내용을 주제로 한 연속극이 있다면 다른 것은 잘 보다가도 그 연속극이 시작될 때면 자리를 뜨는 행동을 반복했을 것입니다. 또는 채널을 돌리자고 강하게 주장하든지요.)

이렇게 관계망상이라는 것은 자신과 아무런 관계가 없는 것을 자기와 관계가 있는 것으로 연관 짓는 것을 말합니다. 다른 사람들의 행동, 목소리, 차림, 웃음 등을 자기와 연관시킨다든지, 길거리의 깃발이 자기와 관계하여 어떤 신호를 보내기 위한 것이라든지…… 등등의 다양한 모습을 보입니다.

증상이 심하지 않을 때는 본인 스스로 참고 넘길 수 있지만, 점차 악화되면 참지 못하고 시비를 걸게 됩니다. 상대방은 전혀 예상하지 못한 엉뚱한 일을 당하는 것이지요. 자기는 전혀 환자에 대해 얘기하지도 않고 환자를 의식하여 행동한 일도 없는데, 자기의 일거수일투족을 환자 자신과 연결하여 시비를 걸어오니 어이없는 것입니다. 이 관계망상은 망상 중에 많이 일어나는 증상 중 하나입니다. 거의 모든 환자에게서 일어난다고 할 수 있습니다.

관계망상보다는 약한 것으로 '관계사고'라 부르는 것이 있습니다. 이는 정상적인 사람들에서도 드물지 않게 일어나는 것입니다. 도둑질한 사람이 길가다가 경찰을 보면 꼭 자기를 잡으러 오는 것처럼 느껴진다든지, 강한 짝사랑을 하는데 전화가 오면 혹시 그 사람에게서 온 것은 아닌가 하는 생각을 하게 되는 종류의 현상들을 말합니다.

② 피해망상

그는 특별한 이유를 달지 않고 온돌방보다는 침대방이 좋을 것 같다며 방을 옮겨 줄 것을 요청하였습니다. 방을 옮긴 지 1주 정도 지났는데 다시 방을 옮겨 달라고 하였습니다. 이유를 물으니 같은 방에 있는 사람들이 자기를 괴롭힌다는 겁니다. 그러면서 주치의에게 선생님, '언제 멈추게 하실 것입니까?'라며 애원하듯 말하였습니다. 다른 환자들을 조종하여 자기를 괴롭히는 주동자를 주치의라 믿고 있는 것이었습니다. 언젠가는 회진을 하는데 같은 방의 몇 명의 환자들을 가리키며 '프락치'라고 하였습니다. 물론, 그를 괴롭히는 사람도 없었고, 그러한 일이 일어난 적도 없었습니다.

그녀는 몹시 두려운 얼굴을 하며 집으로 돌아와 식구들에게 빨리 이사를 가야 한다며 급하게 자기 짐을 싸기 시작하였습니다. 영문을 모르는 식구들이 이상한 눈으로 자기를 쳐다보고 있기만 하니 빨리 쌀 것을 독촉하였습니다. 무슨 일이냐고 물으니,

> 안기부에서 자기 가족을 북한의 간첩으로 알아 붙잡기 위해 곧
> 들이닥칠 것이라는 것이었습니다. 물론, 그 집안은 간첩과는 아
> 무런 상관이 없었습니다.

    피해망상은 자기에게 해가 되는 일이 일어났다든지 일어날 것이라는 망상으로 환자들에게 고통을 주는 증상입니다. 물론, 사실과 전혀 다른 것이지만 환자 스스로는 실제로 고통을 느끼기 때문에 주위 사람들을 안쓰럽게 합니다. 망상이라는 것이 전혀 엉뚱한 것이기 때문에, 당사자가 실제적으로 고통을 느끼지 않을 것이라 생각하는 분이 있다면 잘못 생각하는 것입니다. 망상의 내용은 환자에게는 실재인 것입니다. 사실적 실재가 아니라 심리적 실재이긴 하지만 말입니다. 망상은 사고뿐 아니라, 감정과 의지의 영역에서도 환자에게 실제적인 것으로 작용하는 것입니다.

    때때로 다소 그럴 듯한 현실적인 정황을 근거로 하여 나타나는 때도 있습니다. 예를 들어, 부인과의 관계가 나쁜 남편이 '부인이 밥 안에 나를 서서히 죽어가게 하는 호르몬을 섞어서 먹이고 있다.'고 할 때나, '얼굴을 변화시키면서 나를 미행한다.'라고 하는 경우입니다. 증상이 아직 악화되지 않아 망상의 내용이 덜 병적일 때는 일반사람들이 알아내기 어려울 수도 있습니다.

    ③ 감시망상, 미행망상

> 22살 여자였습니다. 여러 증상 중 특이한 것은 목욕을 하지 않
> 는 것이었습니다. 외래에 올 때까지 거의 세 달 동안을 하지 않
> 았습니다. 집안에 샤워를 할 수 있는 충분한 시설이 되어 있는

데도 전혀 이용하지 않았습니다. 병원에 들어와서도 마찬가지였습니다. 입원하면 좀 나아질까 하였는데, 면회 와서 보니 입원할 때보다 더 지저분한 모습을 하고 있으니 보호자들은 몹시 낙심되어 돌아가곤 하셨습니다.

그러나 그녀에게는 그럴 만한 이유가 있었습니다. 자기가 목욕을 하면 자기를 감시하고 있는 사람들이, 벽을 투시하여 볼 수 있는 투시망원경과 같은 것을 가지고, 다 볼 것이라고 생각한 것입니다. 그녀가 목욕을 못하는 것은 결국 벗은 모습을 보여주지 않기 위한 것이었습니다.

그는 야채를 파는 부부가 자기 집을 지나갈 때마다 몹시 불안해하며 긴장된 모습을 보였습니다. 그들이 지나갈 시간이라고 판단이 될 때면 안방에 문을 닫고 들어가 불안해 하는 채로 전혀 움직이지 않았습니다. 이전에 보니까 그들이 자기를 미행하고 있었다는 것이었습니다. 집에 있을 때는 주위에서 감시를 하고 있다가 집을 나서기만 하면 자기를 미행한다는 것이었습니다.

정신증상의 내용은 시대상을 반영하기도 합니다. 한때 몰래 카메라를 이용한 TV 프로그램이 있었는데, '몰래 카메라'에 의해 자기의 일거수일투족이 감시당하고 있다는 망상을 가진 환자도 있었습니다. 감시, 미행망상은 내용적으로는 피해망상에 해당하는 경우가 거의 대다수라 할 수 있습니다. 좋은 내용으로 감시, 미행당하는 것이 아니라 자기에게 피해를 주기 위해 그러는 경우가 거의 전부이기 때문입니다. 이는 설명을 요하지 않을 정도로 이해하기 쉬운 증상입니다.

이 감시, 미행망상과 같은 계열에 포함시킬 수 있는 것으로 도청망상이 있습니다. 치과에서 이를 새로 해 넣은 뒤 발병이 된 어떤 환자는, 새로 해 넣은 이에 도청장치가 들어 있기 때문에 자기는 감시를 피할 수 없다며 이를 빼줄 것을 요구하였습니다. 자기가 자는 사이에 흔적 없이 누군가가 발바닥에 도청장치를 해놓았다는 경우도 있습니다. 당연히 아파트의 위층 등과 같은 곳에 장치가 되어 있다는 빈도는 훨씬 많습니다.

위의 세 가지 망상은 정신분열증환자에게 가장 빈번하게 나타나는 망상이라 할 수 있습니다.

④ 기타

그 외에도 보이지 않는 사람과 텔레파시가 통한다는 텔레파시망상, 누군가가 자기를 조종한다는 피조종망상, 자기가 누군가를 조종할 수 있다는 조종망상, 아무런 능력이 없는 사람이 정치판에 나가면 국회의원은 따놓은 당상이라는 식으로 실제 자기능력을 훨씬 넘어서는 것을 할 수 있다는 과대망상, 자기 몸에 암 에이즈 같은 질병이 있다고 믿거나 신체의 어느 부위가 작거나 크다고 또는 삐뚤어졌다는 식으로 믿는 신체망상, 자기가 세계를 구원할 자이거나 예언의 능력을 받았다고 믿는 종교망상, 자기를 좋아한다며 어떤 특정 대상에 대해 성적인 행위를 시도하는 색정망상 등이 있습니다.

이 밖에도 수없이 많은 종류의 망상들이 있으나, 더 이상 언급한다는 것이 일반인들에게는 의미가 없을 것으로 판단되어 이만 줄이도록 하겠습니다. 망상은 앞서 설명 드린 환각과 함께 어울려 나타나는 경우가 많습니다. 예를 들어, 대통령이 자기를 장관으로 임명하는 환청을 들은 환자는 자기가 장관이라고 믿는 망상을 가지게 됩니다. 또 여러 망상이 서로 연결되어 함께 나타날 수도 있습니다. 예를 들어, 거실의 맞은편에 있는 사람이 귀를 만지면 자기를 근접하여 미행하라는 신호인데, 그 이유를 자기를 빨갱이로 잘못 알고 있기 때문이라고 생각하는 경우, 관계망상, 감시망상, 그리고 피해망상이 함께 어우러져 나타난다고 할 수 있습니다.

망상은 일종의 믿음의 체계이기 때문에 그에 따른 (정상인이 보기에는 이상한) 사고, 감정, 그리고 행동이 나타나게 된다고 하겠습니다. 보호자들은 이러한 점에 유의하셔서 환자의 사고, 감정, 행동 등을 주의 깊게 지켜보셔야 합니다.

망상증상이 종교적인 색채를 띨 때면 신앙인에게는 어려움을 야기할 수 있습니다. 특히, 자기가 하나님으로부터 어떤 특별한 계시를 받았다는 과대망상적 종교망상이 있는데 그 병적인 정도가 심하지 않을 때는 암시를 잘 받는 사람들에게 상당한 영향을 행사하는 경우들이 있습니다. 이것을 분별하는 접근 방법 역시 환각증상에서 언급한 바와 같이 전체적인 면을 다 함께 고려하면 대부분은 분별이 될 것입니다. 정신분열증은, 치료를 받지 않은 상태에서, 시간이 지나면 사고, 감정, 의지, 행동 등의 모든 영역에서 반드시 이상한 점을 꼭 드러내기 때문입니다.

(3) 말하기 영역에서의 증상

① 상관성 결여 irrelevancy

묻는 말에 상관없이 엉뚱하게 대답을 하는 것을 말합니다. 예를 들면 '잘 잤습니까?'라는 질문에 '아무래도 정치를 해야겠어요.'라고 대답하는 식입니다. 전혀 엉뚱하게 대답하는 것이지요. 물론, 병의 초기부터 모든 질문에 다 엉뚱하게 대답하는 것은 아닙니다. 처음엔 거의 정상적인 가운데 드물게 엉뚱한 대답을 하기 때문에 상대방이 의심하기 어렵습니다. 증상이 심해지면서 엉뚱하게 대답하는 비율도 높아지면 의심을 받게 되는데, 일반인들이 이상하게 생각할 정도면 증상은 이미 상당히 진행되었다고 할 수 있습니다.(일반인들은 자신에게 이상하게 보일 때부터 발병되었다고 생각하는 경향이 강합니다. 그러나 전문가의 눈에는 훨씬 이전부터 발병된 경우가 거의 대부분이라 하겠습니다.)

② 일관성 결여 incoherence

애기를 하는데 앞뒤 연결이 제대로 되지 않는 것입니다. 조리가 맞지 않는 것이지요. 예를 들면 '…… 차를 타고 가는데요. 어젯밤에 빛이 훤하게 비쳤습니다. 지금 몇 시죠?……' 라는 식으로 이야기가 연결성을 가지고 진행되지 않는 것입니다. 이 증상도 다른 증상과 마찬가지로 처음엔 드물게 나타나다가 병이 악화되면서 심해지게 됩니다.

이외에 말하고자 하는 목표를 향해 바로가지 못하고 이 이야기 저 이야기를 하면서 빙 돌아 목표에 도달하게 되는 '우원성circumstantiality', '논리적으로 맞지 않는 비논리성illogicality' 등등 여러 병적인 모습들이 있습니다. 말하기 영역에서는 상관성의 결여와 일관성의 결여에 대해서만 잘 알아도 많은 환자를 분별해 낼 수 있을 것입니다.

(4) 감정영역에서의 증상

이는 나중에 설명 드릴 음성증상과 겹치는 부분도 있으나, 여기서 대략적으로 설명을 드리도록 하겠습니다.

① 감정표현의 감소에서 무표정까지

대개의 환자들에게서, 웃거나 울거나 화내거나 하는 등의 감정표현이 줄어들게 됩니다. 병이 악화되면서 무표정에 가깝게 변하게 됩니다. 만성적인 환자일수록 감정표현이 줄어들게 됩니다. 전혀 표현이 나타나지 않을 때에는 '가면을 쓴 것 같다masked' 고 합니다. 가면엔 새로운 감정표현이 전혀 나타나지 않기 때문입니다.

② 감정반응의 감소에서 무반응까지

위의 증상과 중복되고 또 함께 혼합되어 나타나기 때문에 생략할 수도 있으나, 알아두면 진단적 접근을 하는 데 도움이 될 것입니다. 예를 들면, 어떤 즐거운 일을 당해도 즐거운 반응을 보이지 못하고, 슬픈 일을 당해도 슬픈 반응을 나타내지 못하는 것입니다. 무감동도 여기에 속하는데, 어떤 감동적인 사건을 TV나 라디오에서 보더라도 감동을 느끼지 못하는 것입니다. 이런 것도 증상에 속하니 이런 증상을 보게 될 때 업신여긴다든지 비하하는 조로 대해서는 아니 될 것입니다.

③ 부적절한 감정반응

사랑하는 사람이 죽어 슬픈 표정을 지어야 하는데 웃는다든지, 또는 우스운 코미디를 볼 때 다른 사람들은 다 웃는데 심각하거나 슬픈 표정을 짓는 식의 모습을 말합니다. 주위에 있는 다른 모든 사람들은 공통된 감정적 분위기를 보이는데, 거기서 일탈된 다소 엉뚱한 감정적 분위기를 보이는 경우로 나타날 수 있습니다.

④ 감정적 양가성

이는 슬픈 감정과 기쁜 감정, 화나는 감정과 미안한 감정 또는 사랑하는 감정과 미워하는 감정 등 대극에 있는 감정들이 한꺼번에 느껴지는 증상을 말합니다. 물론, 정상인에게서도 약하게 나타날 수 있지만, 정신분열증환자의 특징적인 모습 중에 하나입니다.

(5) 의지영역에서의 증상

의지의 양가성ambivalence in will : 어떤 것을 결정하여 실행해야 하는데, 이것을 할까 저것을 할까 결정을 내리지 못하면서 망설이는 모습을 말합니다. 그렇기 때문에 어떤 일이든 진행을 시키지 못하고 쩔쩔매는 모습으로 다른 사람들에게는 나타날 것입니다. 환자 자신으로서는 상당한 정도의 긴장감과 불안감을 느끼게 되는 고통스러운 증상이기도 합니다. 정상인도 잠시 약하게 비슷한 모습을 보일 수 있는데, 환자의 경우는 그 정도가 훨씬 심하다 하겠습니다. 물론 이 증상은 병의 진행상태와 어느 정도 관련되기 때문에, 초기에는 그리 심하게 나타나지는 않아 정상인의 그런 모습과 구분하기가 어려울 수 있습니다.

(6) 행동영역에서의 증상

행동은 지각, 사고, 감정, 의지 등의 결과로 나타나는 것이기 때문에 앞에서 설명 드린 영역들의 이상증상에 따라 다양한 행동적 이상을 나타내게 됩니다.

① 혼잣말하는 것

앞에서 말씀드렸지만, 환청이 있는 대부분의 환자의 경우 환청과 대화를 하게 되는데 그것이 다른 사람들에게서는 혼자 중얼거리는 것처럼 보이게 됩니다.

② 몸의 변화가 없이 한 가지 자세만을 계속 유지하는 것

이러한 긴장성 행동이상을 주로 보이는 유형을 긴장형 정신분열증이라 하는데 심한 경우는 다른 사람들이 아무리 이렇게 해라 저렇게 해라 말해도 전혀 말에 따라 움직이지 않습니다. 납굴증이라는 증상이 있는데, 이는 고정된 자세를 유지하고 있는 환자의 자세를 다른 사람이 바꿔 놓으면 그 상태를 계속 유지하는 것입니다. 예를 들어, 손을 올리면 인형같이 손이 올려진 상태를 계속 유지하는 것입니다.

③ 이유를 알 수 없이 어떤 행동을 하는 것 또는 반복하는 것

물론 다른 사람들에게는 이유를 알 수 없는 것이지만 환자 쪽에서 보면 이유가 되는 증상이 있습니다. 예를 들어, 어떤 청년이 머리를 계속하여 반복적으로 흔들어 대는데 나중에 알고 보니 다른 사람들의 나쁜 기가 자기 몸속으로 들어오는 망상을 갖고 있어서 나쁜 기가 못 들어오도록 머리를 흔들어 대는 행동을 하였던 것입니다.

어떤 환자와 함께 걸어가는데 아무 일도 없었는데 갑자기 서는 것이었습니다. 이유를 알아보니 그때 '너 거기서!' 하는 사탄의 명령(환청)을 듣게 되었던 것이었습니다.

신유의 은사를 받았다는 망상을 갖고 있는 환자는 암으로 입원해 있는 환자의 병소 부위를 안수한다며 주물럭거려 결국은 오히려 암이 다른 곳으로 퍼지게 하는 잘못을 범하기도 합니다.

이외에 여름인데도 두터운 겨울 외투를 입는 등 상황에 전혀 어울리지 않는 갖가지 행동을 보이게 됩니다. 이제까지 설명 드린 영역의 증상의 내용에 따라 여러 다양한 행동적 이상소견들이 나타나리라는 것을 충분히 예상할 수 있을 것입니다.

정신분열증은 이 밖에도 의식영역 등 인간이 걸쳐있는 모든 영역에서 이상소견을 나타냅니다. 그러나 위에서 설명 드린 증상들만 잘 알아도 환자를 잘 분별할 수 있을 것이고, 환자를 잘 돌보아 줄 수 있으리라 생각합니다.

2) 정신분열증의 음성증상

– "아이가 냄새가 날 정도인데도 씻지 않고, 옷맵시를 제대로 내지 못하는데 이런 것도 증상인가요? 아니면 가르치고 훈련시켜야 하는 것인지요?"

어느 환자 아버지의 위와 같은 질문과 같이 환자가 보이는 어떤 측면을 증상으로 보아야 하는지, 아니면 증상이 아니고 훈련으로 교정될 수 있는 인격적인 것으로 생각하여야 하는지 보호자로서는 판단하기 어려운 경우가 있습니다. 사실 이런 정도까지 생각할 수 있다는 것은 그 보호자께서 환자에 대해 주의 깊은 관심을 보이고 있다는 것을 보여준다고 할 수 있습니다.

그렇습니다. 그런 물음은 전문가에게도 어려울 수 있는데 보호자에게는 얼마나 어려운 문제가 되겠습니까? 증상은 다 좋아진 것 같은데, 일상적인 생활을 적절하게 수행하지 못하고 어떤 일에도 관심과 의욕이 없이 매일 밥을 먹고 바로 드러누워 방 안에서 빈둥대는 식의 게으른 생활만 하는 것을 보면 답답해지기도 하고 화가 나기도 하지요.

얼굴에 표정의 변화가 거의 없고, 잘 씻지 않아 냄새가 날 정도로 지저분하고, 여자인데도 화장에는 전혀 관심이 없고 옷맵시를 제대로 낼 줄도 모르고 일이나 사람들에 대해 관심이 거의 또는 전혀 없어 아무것도 하지 않고 읽지도 보지도 않고, 아무하고도 얘기도 하지 않고 혼자 방 안에서만 지내고, 간단한 일도 스스로 처리하지 못하고 꼭 누구의 지시를 받아야 움직이고, 지시받은 것도 제대로 수행하지 못하고…….

이러한 모습들은 최근(1980년대)에 들어서야 증상으로 분류되게 되었습니다. 바로 위에서 설명 드린 환각, 망상, 이상한 행동 같은 증상들은 겉으로 드러나 문제를 야기한다 하여 양성증상이라 하고, 일상적인 정상기능을 할 수 있는 능력이 저하된 상태로 겉으로 드러나는 문제를 일으키지는 않는다고 하여 음성증상이라 부르게 되었습니다. 물론 말 그대로 외면적인 문제를 전혀 일으키지 않는 것은 아닙니다.

사실 음성증상은 정신과 의사들에게는 상당한 절망감을 주는 증상이었습니다. 왜냐하면 기존의 항정신약물로는 거의 호전이 되지 않았기 때문입니다. 재활요법으로 다소 호전이 되기도 하나 그 정도가 그리 만족스럽다고 할 수는 없습니다. 그렇기 때문에 음성증상이 주로 나타나는 환자들은 만성화로 넘어가는 경우가 대부분이었습니다. 다행히 최근에 들어서 개발된 항정신약물은 전의 약물보다 음성증상에 좋은(다 좋은 효과를 보이는 것은 아니지만) 효과를 보이고 있습니다. 우리나라에서는 병원에 따라 차이는 있지만 1995년부터 쓰이고 있습니다. 최근에 상품화된 것이라 가격이 높은 것이 흠인데 앞으로 대량 생산되면 내려갈 것으로 기대합니다.

또 기존의 약물에 호전이 전혀 없었던 환자들에게서 어느 정도의 호전을 보이는 것은 사실이나, 대부분의 환자들에게서 호전을 보이는 것은 아닙니다. 전혀 호전이 없는 경우도 있습니다. 사용한 지 얼마 되지 않았기 때문에 어느 정도의 환자에게서 효과를 보게 될지는 다소 시간을 경과하면서 연구되어야 할 것입니다. 이렇게 기존의 약물로는 음성증상이 별로 호전이 되지 않았는데, 새로 개발된 약으로는 호전이 있는 사람들이 있듯이, 이 신약으로도 호전을 보이지 않는 환자분들에게 회복을 일으킬 수 있는 새로운 약이 앞으로 계속 개발될 것입니다. 물론, 그 기간이 얼마나 걸릴지는 아무도 모릅니다. 그러나 점점 좋은 약들이 꼭 나오게 될 것이라는 기대를 견지하시기를 바랍니다.

기존의 약으로 좋아지지 않았던 양성증상들에 좋은 효과를 보이는 새로운 약물들도 계속적으로 개발되어 사용되고 있습니다. 당연히 부작용을 적게 하는 측면에서 연구도 이루어지고 있습니다. 이렇게 약물의 개발은 양성증상과 음성증상 모두에 효과가 더 좋고 부작용은 더 적은 쪽으로 행해지는 것입니다.

음성증상의 치료는 약물에만 의존해서는 안 됩니다. 이는 재활요법에 열심히 참석하게 함으로써 어느 정도 효과를 거둘 수 있습니다. 경우에 따라서는 음성증상이라기보다는 자기에게 정신분열증이 있다는 사실로 인해 우울해져 모든 일에 의욕을 잃어서 그렇게 보일수도 있습니다. 또, 입원치료기간에 어느 정도 익숙해진 퇴행-자기 나이보다 어린 시기의 마음으로 돌아가는 것-된 생활태도가, 다시 어려운 환경에 적응하는 것보다는 편하기 때문에, 지속되어서 그럴 수도 있습니다. 앞에서도 말씀드렸듯이 (음성)증상과 부지런할 수 있는데 게으름을 피는 경우를 분별하기가 그리 쉽지 않을 때가 적지 않습니다. 여하튼 보호자들은 잘 분별이 안 될 때마다 담당전문의와 긴밀하게 상의하는 습관을 들여야 합니다.

※ 증상이 있는 환자를 정상인으로 다루지 않기

　정신분열증으로 입원치료를 받고 있는 동생을 위해 형이 부모님을 모시고 면회를 왔습니다. 그런데 환자인 동생은 면회 온 가족에게 전혀 반가운 반응을 보이지 않았습니다. 모처럼 직장에 휴가를 내고 날을 잡아 먼 길을 부모님도 모시고 왔는데 아주 냉담하게 무엇 하러 왔느냐는 식으로 대하는 동생의 태도에 형이 화가 났습니다. '자기가 보고 싶어 할 때까지 면회 오지 말지요.'라고 불쾌감을 표현하며 면회를 마쳤습니다. 그러나 환자는 자기가 가지고 있는 망상 때문에 그럴 수밖에 없었습니다. 그의 생각은 국가의 모 정보기관에서 자기를 제거하기 위한 작업을 하고 있는데 그 앞잡이로 가족들을 이용하고 있다는 것이었습니다. 그러한 엉뚱한 피해망상 때문에 면회 온 가족들을 반갑게 대할 수 없는 것이었습니다. 물론, 이러한 이유뿐 아니라 여러 가지 증상에 의한 이유들이 있을 수 있습니다.

　의욕이 많이 떨어진 환자가 있었습니다. 일상생활을 영위해가는 데 필요한 정도의 수준에도 미치지 못했습니다. 그래서 잘 씻지도 않고 자기 잠자리도 개지 않는 등의 게으르게 보이는 모습들이 많이 나타났습니다. 그런데 그 분의 아버지는 병에 대해 잘 몰랐기 때문에 그것이 의욕상실의 증상에서 온 것이라는 것을 생각하지 못하고 '게으름'으로 판단하여 환자를 구박하기만 하였습니다. 결국 관계가 악화되면서 환자는 약을 먹으라는 아버지의 말을 거역하기에 이르렀고 결국 얼마 지나지 않아 재발을 하여 재입원하게 되었습니다.

　그렇게 증상을, 증상으로 보아주지 못하고 성격 또는 인격의 측면에서 보아 환자를 엉뚱하게 다루는 경우가 적지 않습니다. 그렇게 되면 치료의 과정을 저해한다든지 심하면 다시 재발하게 되는 최악의 경우를 당하게 됩니다. 그렇기 때문에 정신분열증에 대해서는 보호자가 병에 대해 대략적으로라도 안다는 것이 매우 중요합니다. 보호자분들은 배우셔야 합니다. 상담을 하는 위치에 있는 분들도 적절한 상담을 할 수 있으려면 배우셔야 합니다.

3) 정신분열증의 진단기준

진단기준은 나라마다 다르고 시기별로 달라져 왔습니다. 그러나 미국의 기준을 참고하여 간략히 말씀드린다면 1.망상, 2.환각, 3.상관성과 일관성이 결여된 지리멸렬한 이야기, 4.아주 이상한 행동 또는 긴장성 행동이상, 5.음성증상 등의 다섯 가지 증상들 중에서 적어도 두 가지 이상의 증상이 한 달 이상 지속되어야 하고, 발병 전의 상태와 비교하여 가정, 직장, 학교 등의 생활과 자기 개인생활(먹고 입고 씻고 자는 등의 영역)에 있어서 현저한 기능 감소 등의 지속적인 장애가 최소 6개월 이상 있는 경우, 정신분열증이라는 진단을 내리게 됩니다.

겉으로 드러나는 증상으로는 정신분열증의 진단기준을 만족시키지만 실제로는 다른 병일 수도 있어 감별진단을 필요로 하는 것으로 여러 가지를 생각할 수 있습니다. 감별하기가 어려운 것으로는, 나중에 설명하겠지만, 먼저 '기분장애'를 들 수 있습니다. 그 외에 다른 정신병들, 몇몇의 인격장애와 신경증을 들 수 있습니다.

감별진단을 위한 노력이 필요한 것은, 정신질환의 진단적 기준이 대부분 존재론적ontological, 또는 원인론적 차원이 아니라, 기술적(묘사적)descriptive 차원에서 만들어졌기 때문입니다. 즉, 원인을 찾아내서가 아니라 겉으로 드러나는 임상양상인 증상을 가지고 진단을 내리게 되어 있다는 것입니다. 환각과 망상 등의 증상은 꼭 정신분열증이 아니더라도 다른 경우에서 나타날 수 있습니다.(이는 뒤의 6장에서 대략적으로 다루어질 것입니다.) 환각과 망상 증상이 정신분열증에서만 나타나는 것이 아니며 그것들이 나타난다고 꼭 정신분열증이라고 할 수도 없다는 것입니다. 이 이상은 전문적인 수준이 될 것이니 이만 줄이도록 하겠습니다.

  진단기준이 어떠한가에서 이미 짐작하시는 분이 있으실 텐데, 주로 1과 2에 의해서 진단을 내리는 경우가 많지만 1과 3, 1과 4, 2와 5…… 등등의 수많은 조합들이 있을 수 있습니다. 그래서 정신분열증을 크게 네 가지 유형으로 구분하기도 하는데, 치료에 큰 의미는 없어서 생략합니다. 대신 정신분열증은 나타나는 양상이 서로 크게 다를 수 있다는 것을 염두에 두시기 바랍니다. 자기가 알고 있는 한두 가지 사례를 기준으로 그 사례와 비슷하면 정신분열증이고, 비슷하지 않으면 정신분열증이 아니라는 오류를 범하지 않았으면 좋겠습니다.

  실제적으로 진단을 내리는 데 중요한 증상은 환각과 망상이라 할 수 있습니다. 일반인들이 볼 때, 이 중 하나의 증상만 있더라도 우선 정신분열증을 의심하여야 하겠습니다. 위에서 든 다른 나머지 세 가지 증상은 이 두 가지 증상이 있을 때 대개 나타나기 때문입니다. 그러나 일반인들의 입장에서는 앞서 설명드린 수많은 증상들 중 하나만 나타나더라도 바로 정신과 전문의에게 문의하는 것이 가장 지혜로운 자세라 할 수 있겠습니다.

  ✽ 정신분열증의 초기 증상

  – "분명한 증상이 나타나기 전에 일어나는 변화들은 없습니까?"

정신분열증은 환각과 망상 등과 같이 정신분열증의 특징적 증상이라 할 수 있는 증상들을 보이기 전에 수개월에서 수년의 잠복기를 거친다고 말씀드릴 수 있습니다. 전문가가 아니면 이 시기에 일어나는 변화를 눈치 채기가 어렵습니다. 우선 변화의 기본은 여러 영역에서 일어나는 (그 개인의) '일상으로부터의 이탈'이라고 생각하시면 쉽습니다. 그 경우는 다음과 같습니다.

- 세면, 목욕, 청소 등을 잘 하지 않아 불결하고 지저분하게 지내게 됩니다.
- 옷을 입고 화장을 하는 등 자기를 가꾸는 데 있어서 전과 다르게 엉성한 모습이 나타납니다. 외모에 관심이 없어지기도 합니다.
- 수면시간이 불규칙해지고, 때론 밤낮이 바뀌어 생활합니다.
- 식사습관이 달라집니다.
- 막연하게 여기저기가 아프다고 호소합니다.
- 신경이 예민해져 사소한 일에도 짜증을 내고 불안하거나 긴장된 모습을 보입니다.
- 감정의 기복이 심해집니다.
- 분노를 심하게 나타내면서 공격적인 행동이 잦아집니다.
- 집중이 잘되지 않아 하던 일에 능률이 떨어지게 됩니다. 학생인 경우 이유 없이 성적이 떨어집니다.
- 철학적이고 종교적인 주제에 지나치게 몰두합니다. 죽음과 자살에 대한 생각과 얘기가 많아집니다.

- 다른 사람들과 함께 있는 시간이 줄어들면서 자기 혼자 있는 시간이 많아집니다. 말수가 줄어들고 무엇인가 골똘히 생각하는 모습을 자주 보입니다.

주위 사람들의 관점에서 이러한 변화를 한마디로 요약하면 원래의 그 같지 않게 느껴진다는 것입니다. 뭔가 달라 보이는 것이지요. 물론, 이러한 변화들이 한꺼번에 한 사람에게 다 나타나는 것은 아닙니다. 이러한 변화가 거의 눈에 띠지 않은 가운데서 정신분열증이 발병하는 경우도 드물게 있을 수 있습니다. 특히, 정신분열증의 호발연령은 14-17세 사이이기 때문에, 소위 '심리적 폭풍기'라 불리우는 사춘기와 겹쳐서, 사춘기의 정상적인 아이들이 나타내는 다소 엉뚱하게 보이는 모습과 정확하게 분별한다는 것이 쉽지 않다는 점을 염두에 두셔야 합니다.

사실 이 부분은 처음 이 책을 구상할 때는 쓰지 않으려고 하였습니다. 왜냐하면 사춘기의 아이들을 두신 부모님들이 자식들의 변화를 너무 병적인 관점에서 보게 되지는 않을까 하는 염려가 되었기 때문입니다. 다만 아이에게 전과 다른 좀 엉뚱한 변화가 상당기간 동안 계속된다고 할 때 정신분열증의 여부와 관계없이 자녀의 인생에 대해 상담하는 가벼운 기분으로 정신과 전문의를 찾을 수 있는 사회적 분위기가 하루 속히 조성되었으면 하는 바람입니다.

※ 정신분열증을 앓고 있다고 하여 모든 부분이 다 비정상적인 것은 아니다

- "어떤 때는 발작을 하지만 평소엔 괜찮습니다. 설마 정신분열증은 아니겠지요?"

위와 같은 질문은 일반인들이 정신분열증에 대해 가지고 있는 잘못된 지식의 일단을 보여 준다고 할 수 있습니다. 간헐적으로 엉뚱한 언행을 보이는 딸아이를 진찰받게 하면서 근심스러운 표정으로, 정신분열증이 아니라는 말이 정신과의사 입에서 떨어지기를 기대하는 보호자의 마음을 읽습니다. 보호자들에게는 정신분열증일지도 모른다는 생각이 들기도 하지만, 그보다 우선은 정신분열증이 아니기를 바라는 마음이 훨씬 더 강력하게 작용합니다. 그 '바라는 마음'은 사실을 직시하는데 어려움을 줄 수가 있습니다. 즉, 바라는 것이 아닌 다른 내용을 들을 때, 우선 그 들은 내용을 부정하게 합니다.

그래서 정신과의사가 정신분열증이라고 하면, 많은 사람들이 우선은 그대로 받아들이지 못하고 부정하게 되는 것을 봅니다. '불행이 자기와 자기 가족에게는 일어나지 않기를 바라는 인간의 보편적 마음'이 사실을 사실대로 받아들이는 것을 어렵게 합니다. 이는 특히, 정신분열증을 천벌과 같은 것으로 생각하여 결코 나을 수 없다는 편견을 갖고 있는 경우 그 현상이 더 두드러지게 나타납니다.

이와 같은 마음에, 자기 나름대로의 정신분열증에 대한 잘못된 지식이 더해지는 경우에는 더더욱 정신분열증임을 인정하지 않으면서 지내다가 시일이 경과하면서 상당히 악화될 때 병원을 찾게 되는 경우가 적지 않습니다.

또한 정신분열증의 증상은 24시간 365일 항상 나타나는 것이 아닙니다. 예를 들어 설명하겠습니다.

> 30대 초반의 여자였습니다. 그녀는 정신분열증을 앓았으나 치료를 받지 않아 악화되어 일상적인 생활을 제대로 수행하기가 어려워 결국 이혼을 당하게 되었습니다. 이혼 후, 오빠집에 머물

러 살았는데 한 번은 남편이 어디로 나오라는 듯한 소리가 스치듯 지나갔습니다. 그러나 처음당하는 현상이어서 아무런 주의를 기울이지 않았습니다. 그러다가 한 달 후쯤, 다시 비슷한 소리를 듣게 되었습니다. 역시 예상하지 않았던 것이었기에 별로 심각하게 생각하지는 않았지만, 한 달 전에 비슷한 경험이 있어서 좀 궁금한 마음이 생기게 되었습니다.

그 다음부터는 소리가 또 들릴지 모르겠다고 하는 예상을 하게 되었습니다. 전에는 소리가 다시 들리는데 한 달이 경과하였는데, 세 번째는 20일 정도 지나자 들리게 되었습니다. 전에는 다소 희미하게 들려 그 내용을 정확히 알기가 어려웠는데, 이번에는 또렷하게 들려 내용을 분명히 알 수 있었습니다. 남편의 목소리로 광화문에서 만나자는 것이었습니다. 그런데 구체적인 장소에 대한 언급은 없었습니다. 환자는 그 소리가 진짜라고 쉽게 믿어지지는 않았습니다. 이런 현상이 어떻게 일어나는 것일까 라고 궁금해 하게 되었습니다. 다른 사람들도 자기같이 그 소리를 듣는지도 궁금하였습니다. 그러나 자기에게만 들리는 것 같아 다른 사람들에게 얘기를 하면 정신이 이상하다고 생각할까봐 마음에만 담아 두고 지냈습니다.

그런데 그 다음부터는 소리가 10일 만에, 일주일 만에, 나중에는 매일 들리게 되었습니다. 초반에는 자신도 의심하였으나, 이제 매일 들리고 너무 또렷하니 믿지 않을 수 없게 되었습니다. 물론, 이 소리는 정신분열증의 주증상의 하나인 환청입니다. 시간이 어느 정도 경과하면서 환자에게는 환청뿐 아니라 자기와 남편과는 텔레파시가 통한다는 망상을 비롯한 다양한 망상들이 진행되게 되었습니다. 그러한 정신병적 상태의 진전과 함께 환자는 환청을 진짜 남편의 소리로 믿게 되었던 것입니다. 그 내용도 좀더 확장되어, '당신하고 재결합을 하고 싶으니, 광화문으로 나와라'는 식으로 그 이유까지 들리게 되었습니다.(남편은 이미 재혼을 한 상태였습니다.) 그래서 결국 환자는 수원에 있는 오빠집을 나와 서울로 향하게 되었습니다.

광화문이라고 했지만 광화문의 어디라고 구체적인 장소에 대한 언급은 없었습니다. 그래서 그녀는 광화문의 아무 길거리에 서서 하염없이 기다렸습니다. 서너 시간 이상을 기다린 적이 많았습니다. 저녁이 되어 어두컴컴해질 때까지 기다린 후, 왜 남편이 나타나지 않는가에 대해 특별히 궁금해 하지도 않은 채 다시 지하철을 타고 수원으로 내려갔습니다. 그러기를 수없이 반복하였습니다. 주위의 가족들이 말려도 어느 순간에 빠져나가 광화문으로 향하는 것이었습니다.

그녀의 경우 정신병적인 증상이 환청뿐이었던 초반에는 환청이 들리지 않을 때는 전반적으로 정상적인 모습을 보였습니다. 이렇듯 정신분열증이 있다고 해서 한 순간에 그 사람의 모든 면이 다 병적으로 되는 것은 결코 아닙니다. 건강한 면이 100%였는데, 병이 진행이 되면서 99%, 90%, 80%,…… 의 식으로 건강한 면이 줄어들고 병적인 면이 점차 많아지는 것입니다.

최근에도 어느 보호자가 '지난 주에는 좋지 않았는데 이번 주에는 정상적인 것 같은데 정신분열증이 아닌 것 아닙니까?'라는 얘기를 들었습니다. 물론, 그 보호자의 관찰이 꼭 정확하다고 할 수는 없습니다. 그러나 대체적으로 정신병적인 증상이 심하게 나타날 때는 환자의 생활이 더욱 망가지고, 없을 때는 어느 정도 괜찮아 보이는 것이 일반인들에게는 증상이 있다가 없는 것으로 해석될 수 있는 것입니다. 앞서 언급하였지만 증상은 그 사람의 심리상태에 영향을 받기 때문에 증상의 변화의 경우 그의 심리 변화를 함께 살펴보아야 할 것입니다.

병인 경우에는 증상이 있으면 계속 나타나야 하는데 그렇게 있다 없다 하는 경우는 병이 아닐 것이라고 생각될 수 있는 것입니다. 감기에 걸리면 좋아질 때까지는 감기증상이 계속 있어야 하는 식으로 생각하는 것이지요. 그렇기에 어떤 사람들은 귀신, 조상혼, 유령, 마귀 등등이 나왔다 들어왔다 하는 것으로 해석하기도 하는 것입니다. 그런 것들이 들어갔을 때는 증상을 나타내고 나갔을 때는 증상이 나타나지 않는 식으로 생각하는 것이지요. 그리하여 전문적인 치료적 접근을 거부하고 무당, 절, 기도원…… 소위 영력이 있다는 사람들을 찾아 나서게 되는 경우가 적지 않은 것입니다. 그러면서 역시 병은 만성화의 길을 걷게 됩니다.

2. 정신분열증의 원인

- "내 아이는 충격을 받은 일이 없는데?"
- "정신분열증은 유전이 됩니까?"

과학의 발달이 아주 미약하여 뇌에 대한 연구가 전혀 이루어질 수 없었을 때는, 뇌에 원인이 있는 정신분열증에 대해 원인을 알아낼 수 없었습니다. 비슷한 경우 인간은 대개 그렇게 생각하지만, 초자연적인 무언가에 의한 것으로 생각할 수밖에 없었습니다. 즉, '죽은 사람의 혼', '귀신',

'마귀' 또는 '초월자에 의한 징벌' 등등에 의해 발병하는 것이라고 생각하여 왔습니다. 인간은 자신의 지식 안에서 설명할 수 없는 것에 대해 자기 밖의 존재에 의한 것으로 여기는 경향이 있습니다.

그러나 지금은 과학이 많이 발달하여 뇌에 대한 연구가 상당히 진척되어 정신분열증의 원인을 둘러싸고 있는 껍데기들이 하나씩 벗겨지고 있습니다. 아직 직접적인 원인은 밝혀지지 않았지만 대략적인 원인은 거의 밝혀져 있다고 할 수 있습니다. 그러나 그러한 지식이 일반인들에게까지 알려지는 데에는 한계가 있어, 지금도 정신분열증의 원인에 대해 전문가가 아닌 사람들에게서 소문으로 듣고, 또는 아무런 근거 없이 자기 나름대로 생각하여 잘못 판단하는 경우가 많이 일어나고 있어 안타까운 마음입니다. 이제 정신분열증의 원인에 대해 일반인들이 알기 쉽게 필요한 부분에 대해서 설명하면서, 꼭 유념해 두어야 하는 개념들을 강조하도록 하겠습니다.

정신분열증을 일으키는 원인은 크게 두 가지 요소가 있습니다.

첫째는, 생물학적인 요소입니다. 다른 말로 표현한다면, 뇌 안에 어떤 이상이 있다는 것입니다. 여기에는 밝혀진 여러 결과들이 있습니다. 가장 많이 연구된 도파민을 비롯한 여러 다른 신경전달물질체계의 이상, 뇌의 한 부분인 전두엽의 크기가 작아져 있다는 등의 해부학적 이상, 정신내분비계의 이상, 정신면역계의 이상…… 등등 여러 이상소견들이 있으나, 전문적이고 상당한 의학적 지식이 없이는 이해하기 어려운 내용들이기 때문에 여기서는 더 이상 자세한 언급은 하지 않겠습니다. 다만, 정신분열증을 앓는 환자들에게서 최신의 과학적방법 등을 통하여 분명한 생물학적 이상들이 발견되고 있다는 것을 강조하고 싶습니다.

이렇게 간단히 언급한다고 별로 중요하지 않은 것으로 생각해서는 안 되겠습니다. 사실 바로 위에서 언급된 생물학적 이상들에 대해 지금까지 연구된 내용들을 싣는다면 몇 십 페이지의 설명으로도 부족합니다. 그 구체적인 내용들을 언급하지 않는 것은 아주 전문적인 내용들이어서 그것들을 이해하기 위해서는 여러 기초적 지식이 상당히 필요한데, 그러한 작업들은 일반인들에게는 불필요한 것으로 판단하였기 때문입니다. 여하튼 정신분열증의 원인은 주로 생물학적인 이상이라는 것을 꼭 명심하시기를 다시 한 번 강조합니다.

두 번째는, 환경적인(주로 심리적인) 요소가 있습니다. 더 정확히 말하자면, 인간의 전 영역에서 생물학적인 영역을 뺀 나머지 영역의 요소를 말한다고 할 수 있습니다. 첫 번째 요인이 생물학적인 차원이라면 이것은 더 고차원적인, 즉 정신적인 차원에 있는 것이라 할 수 있습니다. 인간은 단순히 생물학적 존재에 그치는 존재가 아니기 때문입니다.

몸이라는 단어가 있지만 몸이라는 단어가 독립적으로 존재하는 것같이, 인간에게서 몸이 독립적으로 존재하는 것은 아닙니다. 인간은 몸과 정신을 분리할 수 없게 일체적으로 되어 있는 존재입니다. 그래서 우리는 인간을 몸의 관점에서만 고려해서는 안 되는 것입니다. 인간이 신체의 병을 앓는다는 것은 단순히 몸이 병을 앓는 것이 아닙니다. 인간 전체가 병을 앓는 것이지요. 그렇기 때문에 인간의 발병에는 정신적인 것이 관여하지 않을 수 없는 것입니다. 이러한 사실은 현대에 들어오면서 중요하게 강조되고 있는 '정신신체psychosomatic'라는 개념을 통해서도 일부분 증명이 가능합니다.

'정신신체' 개념은, 신체적 병은 발병의 단계에서 단순히 신체적인 원인에 의해서만 나타나는 것이 아니라 정신의 영향도 중요하게 받으며, 그리고 치료의 과정에서도 신체와 정신 이 두 가지 영역을 꼭 함께 고려하여 치료해야 최고의 회복을 보일 수 있다는 것입니다. 암에 대한 예를 들자면, 암을 앓는 사람들 가운데 '나는 낮지 못할 것이다'라며 절망 가운데서 치료를 받는 사람과 '나는 틀림없이 암을 극복할 수 있다'라며 소망 가운데 치료를 받는 사람의 결과가 의미 있게 차이가 난다는 보고가 점차 많아지고 있습니다. 사람의 마음 상태가 그 무서운 암에도 의미 있는 영향을 준다는 것이지요. 정신신체의 개념에 대해서는 뒤에서 설명하는 신체형 장애somatoform disorder 부분을 통해 더 나은 이해를 하시게 될 것입니다.

그렇기 때문에 환경적 요소 중에는, 태어날 때부터 맺어 가장 긴밀한 부모님과의 관계가 어떠했는가가 다른 어떤 요소들보다 압도적으로 중요하다고 하겠습니다. 이는 아무리 강조해도 지나침이 없다고 하겠습니다.

이제 발병의 기전에 대해 생각해 보기로 하겠습니다. 우선 발병이 되는 경우를 다음과 같이 생각하시면 쉽게 이해할 수 있으리라 생각합니다.

'생물학적인 요소와 환경적인 요소의 점수들이 합쳐져 100을 채울 때 정신분열증이 일어나고, 100이 채워지지 않으면 발병이 되지 않는다.'

예를 들어 생물학적 요소의 수치가 90이라면, 환경적인 요소의 수치가 10만 되면 발병이 되지만, 부모님들이 아주 좋고 지혜로운 분들이어서 아이양육을 잘 하고 부모자녀 관계가 아주 좋은 가정이라면 환경적인 요소의 수치가 10이 되지 않아, 두 요소가 합쳐져도 100을 채우지 못하기 때문에 발병하지 않는다고 생각하는 것입니다.

그리고 생물학적인 요소가 아주 적은 경우(예를 들어 5)라 하더라도 문제가 많은 병적인 가정이어서 환경적인 요소가 많게 된다면(예를 들어 95 이상), 두 요소의 수치의 합이 100을 넘게 되어 발병하게 되는 것입니다. 물론, 아무리 좋은 가정이라 하더라도(예를 들어 5 이하), 생물학적인 요소가 심각하다면(예를 들어 95 이상) 정신분열증이 발병된다고 일단 생각해보는 것입니다.

  이상에서와 같이 정신분열증의 원인을 어느 한 요소만을 가지고 생각하는 것은 잘못된 생각이라는 것을 이해하셨을 것입니다. 부모님 두 분이 정신분열증을 앓고 있다고 하여 그 자식이 꼭 정신분열증을 앓게 되는 것은 아닙니다. 곧 정신분열증이 유전된다 할 수는 없습니다. 생물학적 요소를 다소 많이 가지고 태어날 가능성은 있겠지만, 항상 그러하지 않고 또 그러하다 하더라도 좋은 환경을 이루면 발병의 가능성을 크게 낮출 수 있는 것입니다. 또 양가의 친척들 중에 정신분열증을 앓았던 사람이 한명도 없었고, 없다고 해도 자식들이 정신분열증을 전혀 앓지 않게 되는 것도 아닙니다. 그 경우에도 생물학적인 요소를 어느 정도 가지고 태어날 수 있고 그리고 후천적 성격인 환경적인 요소가 기여할 수 있기 때문입니다.

  여러분들은 이제 이 두 요소 중 어느 것이 더 큰 영향을 주는지 궁금하실 것입니다. 왜냐하면 두 요소만을 거론하였다고 하여 50:50으로 똑같은 영향을 가지지 않기 때문입니다. 정확한 비율로 말씀드릴 수는 없지만, 생물학적 요소가 거의 압도적인 영향을 미친다고 생각하시기 바랍니다. 정신분열증의 원인은 주로 생물학적 차원에 서 있기 때문입니다. 거기에, 아직은 정확히 규명할 수 없지만, 환경적인 요소가 미미하게 영향을 줄 것으로 보는 것입니다. 정신분열증은 거의 생물학적 원인에 의해 발병한다는 점을 분명하게 하셨으면 좋겠습니다. 왜냐하면 이 둘이 발병에 미치는 중요도를 잘 모르기 때문에 자식의 발병에 대해 '내가 잘못 키워서 아이가 저렇게 되었다'며 부적절한 '죄책감'을 갖는 부모님들이 적지 않기 때문입니다. 아마도 원인에 대한 각각의 기여도에 대해서는 앞으로 정신의학이 발달하면서 규명해 내리라 기대합니다.

  물론, 한 사람의 발병을 통해 모든 가족 구성원들이 각자 자기를 돌아보아 잘못된 것은 고쳐 나가는 계기가 되도록 하는 것은 좋습니다. 그런 의미의 자기 성찰의식은 있어야 하겠지만 부적절한 죄책감에까지 이르는 것은 지나친 것이고 잘못된 것이라고 분명히 말씀드릴 수 있습니다. 왜냐하면, 바로 위에서 말씀드렸듯이 정신분열증의 발병에는 생물학적인 요소가 압도적으로 강한 영향을 행사하는 것이 사실이기 때문입니다.

이것을 강조하는 것은, 부적절한 죄책감을 가지는 보호자들은 치료의 전체적인 측면에서 볼 때, 환자들에게 비치료적으로 대할 가능성 높기 때문입니다. 보호자가 객관적이고 사실적인 것에 기초한 바른 마음을 갖는 것이 환자의 치료에 훨씬 도움을 줄 수 있습니다. 그렇게 치료적으로 좋은 마음을 갖는 데는 담당의사와의 상담이 결정적으로 중요하다는 것을 지적하고 싶습니다.

* 정신분열증의 원인과 유발요인

- "상사병 때문에 병이 난 것 같아요."

원인과 함께 생각해야 하는 것이 유발요인입니다. 왜냐하면 많은 일반인들이 유발요인을 원인으로 생각하는 경향이 있기 때문입니다. 사람들은 증상이 나타날 시점의 환자 생활을 주의 깊게 살펴보면서 원인을 찾아보려고 애씁니다. 그러면서 상사병, 헤어짐, 누구의 죽음, 시험에의 낙방 등등의 심리적 충격을 주는 사건을 병의 원인으로 생각하는 경향이 있습니다.

그러나 그것 때문에 병이 발생하는 것은 결코 아닙니다. 만약 그런 것이 원인이 된다면 그런 것을 경험하는 모든 사람들이 정신분열증을 앓아야 되겠지요. 앞서 설명한 바와 같이 거의 발병할 상황에 이르렀는데, 마침 그때 바로 위에서 열거한 그러한 사건들로 인해 병이 점화된다고 할 수 있습니다. 그렇기 때문에 그러한 사건들은 (유발)원인이 아니라, 병을 유발시키는 유발요인이라 부릅니다. 원인과 유발요인을 잘 분별하여 혼동하지 않아야 하겠습니다.

* "정신분열증을 앓는 환자들과 함께 지내면 정신분열증을 앓게 되는 것은 아닙니까?"

우리가 아는 병들에는 전염이 되는 병들이 꽤 있습니다. 우선 감기가 그러하고 간염, 에이즈, 콜레라, 장티푸스 등등 많은 병들이 이에 해당됩니다. 그러한 병들에 익숙해져 있기 때문에 정신분열증에 대해서도 혹 전염이 되는 것은 아닌가 하는 막연한 생각을 할 수 있습니다. 그러나 정신분열증은 결코 전염되지 않습니다. 정신분열증은 전염병이 아닙니다.

귀신이 들려 정신병을 앓는다고 잘못 생각한 사람들은 여는 말에서 인용한 사례의 자매와 같이, 옆에 가면 귀신이 자기에게 옮겨지지 않을까 하는 생각에 그런 사람 곁에 가지 않고, 또 자녀를 비롯한 다른 사람들도 가까이하지 못하게 합니다. 또 자기 동네에 정신병원이 들어서는 것을 반대하기도 합니다. 그러나 정신분열증은 옮겨지지 않습니다.

적지 않은 보호자들이 환자를 입원시키면서 '심한 사람과는 함께 방을 쓰지 않게 해주세요.' 라는 부탁을 합니다. 심한 사람과 함께 있으면, 무엇인지는 모르겠지만 막연히, 어떤 영향을 받아 악화될지도 모른다고 생각하는 것입니다. 보호자들의 그러한 심정을 충분히 이해합니다. 그러나 정신분열증은 그렇게 영향을 받아 악화되는 것은 아닙니다. 물론, 증세가 심한 사람들과 굳이 오랫동안 함께 할 필요는 없지만, 같은 병실을 쓴다고 하여 악화되지는 않는다는 것을 아시고 너무 염려하지 않으시기를 바랍니다.

* 정신분열증의 심리적 해석주의의 위험

- "그렇게 된 것을 이해할 수 있어."

아는 분으로부터 환자를 의뢰받았던 경우였습니다. 10년 전에 정신분열증이 발병하였습니다. 정신병원에 가서 진단을 받고 입원하여 약물치료를 시작하였습니다. 그러나 보호자였던 환자의 여러 자매들은 며칠이 안 되어 강제로 퇴원시켰습니다. 그분들은 정신분열증의 원인에 대해 정확히 알지 못했습니다. 정신분열증은 마음의 문제에서 오는 것으로 보았기 때문에 입원하여 약물로 치료를 하는 것에 동의하기 어려웠고, 더욱이 약물 부작용으로 고생하는 환자를 볼 때 약물치료는 더욱 잘못된 판단으로 생각되었습니다. 그렇게 그분들 나름대로는 좋은 의도에서 퇴원을 시켰습니다. 마음의 문제이니 마음의 문제들을 잘 들어 주고 이해해 주면 나아질 것이라고 생각하고 퇴원시켜 집에 있게 하면서 환자와 대화하는 시간을 많이 가지려고 노력을 하였습니다.

그러나 그분들은 정신분열증과 신경증에 대한 분별의 지식이 결여되어 있었다고 얘기할 수 있습니다. 정신분열증을 앓는 분들과 신경증을 앓는 분들 모두가 정신병원에 가서 치료를 받으니, 같은 종류의 병을 앓고 있는 사람들로 동일시하였던 것입니다. 5장에서 설명하고 있는데, 신경증은 심리적인 문제를 주 원인으로 하여 일어나기 때문에 심리를 잘 분석하여 치료하는 정신치료가 주 치료라 할 수 있습니다.

그렇기 때문에 신경증환자의 경우에는 심리분석이 아주 중요합니다. 그러나 정신분열증은 주 원인이 심리적인 것 너머의 생물학적인 것에 있기 때문에 주된 치료 역시 생물학적인 치료인 약물치료가 된다고 할 수 있습니다.

정신분열증의 원인은 심리적인 것이 아니기 때문에 심리적 분석만으로는 치료가 일어날 수 없습니다. 물론, 모든 사람은 각자 나름의 심리를 갖고 있습니다. 그렇기 때문에 심리적 분석을 할 수 있습니다. 정신분열증을 앓는 사람들도 심리가 있습니다. 그리고 심리분석을 할 수는 있습니다. 그런데 그것이 지나쳐서 정신분열증을 심리적인 것으로 환원시키는 (심리적인 것으로만 돌리는) 사람들이 문제입니다.

그들은 정신분열증이 발생하기 이전의 심리적 추적을 통해 그 사람이 정신분열증을 앓게 된 것을 충분히 이해한다고 하면서 자신들이 분석해 낸 심리적 문제를 '원인'으로 생각하여, 그 사람의 마음만 잘 다루어 주면 병이 나을 것이라고 생각합니다. 그런데 분명히 말하건대, 약물치료는 하지 않고 심리를 분석하고 정신치료만을 한다는 것은 정신분열증 치료와는 정말이지 아무런 상관이 없습니다. 정신분열증의 치료는 약물치료가 아니고는 이뤄질 수 없기 때문입니다. 물론, 약물치료와 함께 하는 정신치료는 의미를 가집니다.

정신분열증은 심리적 차원 너머에 있는 병임을 확실히 하여야 하겠습니다. 정신분열증의 원인에 대한 전문적 지식 없이 잘못된 지식으로 정신분열증을 심리화시켜 심리적인 것으로 환원시키는 오류를 결코 범해서는 아니 되겠습니다.

✽ 정신분열증의 심리적 환원론은 오도된 죄책감을 유발시킬 수 있다

정신분열증이라는 원치 않은 심각한 문제에 대해 심리적 환원론의 관점을 가지고 있는 사람들은 결국 그 문제에 대한 원인을 찾아 나서게 됩니다. 경우에 따라서는 희생양을 만들기도 합니다. '누구누구가 잘못해서 마음의 상처를 받아 그렇게 됐다'는 식으로 결국 원인을 사람에게 찾게 됩니다. 남에게서 원인을 찾으면 그를 비난하게 되고, 자기 안에서 찾

으면 죄책감을 갖게 됩니다. 심리적 환원론의 사고의 자연스러운 결과라 하겠습니다.

지나온 날들을 돌이켜 보면서 원인이 되는 상황을 적극적으로 찾아 나서게 됩니다. 그러면 또 찾아지게 되어 있습니다. '초등학교 다닐 때 이사를 가지 말았어야 했는데, 아내가 너무 우겨서. 아내가 우기지만 않았더라도……', '입시에 실패 했을 때 야단만 치지 않고 이해하고 격려를 했어야 했는데……', '내가 아이들을 너무 엄하게 키워서……'. 어떤 경우는 환자의 출생의 맨 앞으로까지 가기도 합니다. '유아기 때 너무 바빠서 제대로 돌보지 못했는데, …… 아, 맞아. 그 애를 임신했을 때, 아이를 키우기가 어려워 지우고 싶은 마음이 강해서 심하게 고민을 하다가 낳게 되었는데 혹시 그것이(그런 것도) 영향을 준 것은 아닐까?'

그렇게 정신분열증이 심리적 원인에 의해서 일어나는 것으로 생각하는 사람에게 있어서 경우에 따라서는, 자기 또는 타인의 마음에 비수를 꽂아 회복할 수 없는 지경에까지 이르게 하기도 합니다. 앞에서 설명 드렸지만, 심리적인 영향을 무시할 수는 없지만, 정신분열증은 뇌의 신경전달계통에 문제가 있는 생물학적인 원인에 의해 주도적으로 발병하게 된다는 것을 꼭 명심하셔서, '내가 (또는 당신이) 잘못해서 저 애가 정신분열증을 앓게 되었다' 라고 자책하거나 잘못된 책임을 묻게 되는 일이 일어나서는 아니 되겠습니다.

* **정신분열증적 증상의 발현은 심리적인 영향을 받는다**

사람은 심리적 영향을 받습니다. 정신분열증을 앓는 분들도 사람이므로 심리적 영향을 받게 되어 있습니다. 결국 사람 안에서 나타나는 정신분열증의 증상은 심리적 영향을 받는 것입니다. 정신분열증의 원인에 대한 심리적 환원이 잘못되었다는 설명을, '정신분열증환자는 심리적인 것에 영향을 받지 않는다'는 식으로 받아들이면 안 되겠습니다. 정신분열증환자는 심리적인 것에 영향을 받아, 결국 증상의 호전과 악화가 일어나게 됩니다.

아내가 밥에 독을 타서 준다는 망상이 있는 환자는 아내와 심하게 다툴 때는 그 망상이 더욱 심하게 나타나고, 좋은 관계를 유지할 때는 상당히 약화된 모습을 보이게 되는 식입니다. 그런가 하면 아무런 이유 없이 주위 사람들이 공모하여 자기를 해치려 한다는 피해망상으로 병실바깥 출입을 전혀 하지 못하고 자기 방의 침대 위에서 이불을 푹 뒤집어쓰고 있는 환자가, 치료적 지혜가 깊은 치료진들에 의해 형성된 부드럽고 따뜻한 분위기 안에서 피해망상이 다소 완화되어 이불을 걷고 얼굴을 내민 뒤 침대에서 내려와 문을 열고 문밖의 세계를 들여다보는 변화가 일어나게 되는 것도 마찬가지입니다.

정신분열증의 치료는 심리적인 접근만으로는 치료가 되지 않지만, 정신분열증의 증상은 심리적 영향을 받는다는 것을 기억하시기 바랍니다.

제2장

정신분열증의 치료

✱ 정신분열증 환자의 입원 방법에 대해

증상을 설명할 때 설명하였지만, 정신분열증이 진행이 됨에 따라 환자는 환각과 망상 등의 내용을 사실이라 믿게 됩니다. 증상을 증상으로 인정하지 않게 됩니다. 그렇기 때문에 자신이 병에 걸렸다는 것을 인정하지 않습니다. 아니 환자로서는 인정할 수가 없는 것입니다. 결국 치료의 장으로 자발적으로 오는 경우는 거의 불가능합니다. 보호자들에 의해 설득이 되어 오는 경우도 아주 드뭅니다. 거의 대부분의 경우는 환자의 의사에 반해 강제적인 조치를 취해 입원하게 됩니다. 보호자들께서는 이 점을 잘 이해하셔서 정신과의사와 함께 어떤 방법으로 입원을 시킬 것인가를 잘 상의하셔야 합니다.

1. 정신분열증의 치료

– "정신이 이상한 것인데 약으로 좋아집니까? 수양을 시켜야 하는 것 아닌가요?"

앞에서 정신분열증의 원인에 대해 설명 드렸듯이 정신분열증의 원인은 기본적으로 생물학적인 이상에 기인하고 있습니다. 그렇기 때문에 주된 치료는 생물학적 이상을 바로 잡는 약물치료라 할 수 있습니다. 쉽게 생각하여 뇌에 어떤 물질의 균형이 깨져 뇌가 더 이상 정상 기능을 수행하지 못함으로 인해 정신분열증이 발병하게 되었는데, 약물을 투여함으로 인해 불균형이 점차 회복되면서 정신분열증에서 회복된다고 생각하면 좋겠습니다. 생물학적 불균형을 바로 잡기 위해선 생물학적 처치(약물복용)가 필요한 것입니다.

이와 달리 생물학적인 것보다는 심리적 원인에 의한 신경증의 경우에는 정신치료가 주된 치료가 된다고 하겠습니다.

1) 잘 기다리는 것이 치료를 도와주는 것이다

– "언제쯤이면 증상이 좋아집니까?"

"초등학교에 다니는 아이들이 있습니다. 어린이날에는 같이 있어야 합니다. 선생님, 그때까지는 나갈 수 있겠지요."라고 이제 입원한 지 2주일도 안 되는 정신분열증 환자분이 집에 두고 온 아이들을 생각하며 조기퇴원을 애타게 간구하는 것을 마음 아프게 듣습니다. 퇴원하여 외래를 다니면서 약을 잘 먹을 테니 퇴원시켜 달라는 것입니다. 환자나 보호자들이 가장 궁금해 하는 것 중 하나가 입원을 언제까지 해야 하느냐 하는 것입니다.

언제까지 입원해야 되느냐는 물음에는, "언제쯤이면 증상이 좋아질 수 있느냐?"라는 물음과 "언제쯤 퇴원할 수 있느냐?"라는 물음이 내포되어 있다고 볼 수 있습니다. 이 두 질문들은 언뜻 보기에는 같은 내용인 것 같으나, 실제 임상에서는 다른 의미를 갖고 있습니다. 이 점이 의학의 다른 과들과 다른 정신과의 한 특징이라고 할 수 있습니다.

병은 자기 나름의 길을 갖고 있기 때문에 증상이 좋아지는 시기는 다 다르다고 하는 것이 정답입니다. 그러나 이렇게 원론적인 수준의 얘기만을 하는 것은 다소 무성의한 대답이라 할 수 있습니다. 그래서 많은 정신과의사들의 경험을 토대로 하는 대략적인 얘기를 하지 않을 수 없습니다.

우선, 급성환자와 만성환자로 나누어 생각할 수 있습니다. 급성환자는 발병한 지 6개월이 안 된 경우이고, 만성환자는 2년이 지난 경우라고 대략적으로 알고 계시면 좋겠습니다.

급성인 경우는, 치료를 시작하여 대략 2개월 이내에 정신병적인 증상- 주 증상인 환각증상과 망상의 증상- 들에서 회복이 된다고 할 수 있습니다. 물론, 환자에 따라 조금 더 빨리 좋아지고 조금 더 늦게 좋아지는 다소간의 차이는 있습니다.

만성인 경우는, 급성에 비해 회복의 정도가 훨씬 떨어지고, 치료 기간도 길어 대략적으로라도 말하기가 상당히 어렵습니다. 무리를 해서 말씀을 드린다면 3-6개월까지는 적절한 약물치료를 받아 보아야 그 회복의 정도를 말씀드릴 수 있습니다. 물론, 그 이전에 증상으로부터 완전한 회복을 보이는 경우가 있을 수 있습니다. 만약 6개월이 지났는데도 특별한 변화가 없다면 그 경우는 약물에 반응을 보이지 않는 경우일 가능성이 높다고 하겠습니다.

회복도가 많이 낮은 것을 전제로 하면서 생각해보면, 만성환자 중에서,

약물치료를 통해 좋은 회복을 보여 퇴원한 후 다 나은 줄 알고 약물을 중단하여 재발하는 식으로 재발을 몇 번 반복하면서 만성이 된 경우는 약물에 대한 반응이 다소 좋아 회복의 정도가 비교적 높고, 약물을 계속 사용하는데도 반응이 없어 입원을 지속하는 가운데 만성이 된 경우는 회복의 정도가 많이 낮을 것입니다. 마지막으로 전혀 치료를 받지 않은 상태로 지내 만성이 된 경우는, 약물에 좋은 반응을 보여 높은 회복도를 보일 것을 기대해 볼 수 있는 경우가 있을 수 있다고 하겠습니다.

정신분열증이라는 진단을 받고 대략 10년 동안을 치료를 받지 않은 상태로 지낸 분이 있었습니다. 시간이 경과함에 따라 환청과 여러 망상들이 악화되고, 더욱이 폭력적이 되어 나이 많은 부모님들에게 이유 없는 폭력을 휘둘러 가정을 아수라장으로 만들어 주위 분들에 의해 강제입원 되었습니다. 입원 당시의 나이가 40이 넘고 발병이 10년이 지난 분이었기 때문에 별 기대를 하지 않고 치료를 시작하였습니다.

그런데 3개월 동안 치료를 받았는데도 아무런 반응을 보이지 않았었는데, 감사하게도 그 이후로 점진적으로 증상의 호전을 보이더니 환청과 망상이 다 사라지게 되었습니다.(4개월 보름 만에) 물론 폭력적인 행동도 호전이 되어 퇴원하여 집으로 돌아가 부모님과 큰 문제없이 지낼 수 있게 되었습니다. 물론, 증상의 호전과는 달리 전반적인 능력의 저하로 사회생활을 하는 데는 제한이 많지만 입원할 당시와 비교하면 엄청난 변화가 아닐 수 없었습니다.

정신분열증의 호전에는 위와 같이 대략적으로 필요한 시간이 있습니다. 이 기간을 잘 기다리는 것이 아주 중요합니다. 대화만으로 설득되어 자기의 병을 인정하고 치료가 되는 경우는 없습니다. 약물이 들어가 먼저 병적인 뇌의 체계를 정상화시켜 놓아야 하는데, 다시 정상으로 복구하는 데 상당한 시간이 걸리는 것입니다. 일단 뇌의 체계가 약에 의해 정상으로 돌아오면 대화가 가능하게 됩니다.

안기부에서 자기를 간첩으로 몰아 미행을 하고 있다는 망상을 가진 환자를 예를 들어 설명 드리겠습니다. 환자는 증상을 사실로 믿습니다. 그렇기 때문에 만약에 누가 "안기부에서 자네를 미행하지 않는다"라고 아무리 얘기해도 자기의 생각을 바꾸지 않을 것입니다. 오히려 그렇게 얘기한 사람을 안기부와 관련이 있는 사람이라고 생각하여 의심하거나 조심할 수 있습니다.

약물이 들어가 그의 망상체계를 흔들어 줄 때까지는 망상에 대해 직접적인 지적은 하지 않는 것이 좋습니다. 왜냐하면 그런 경우 환자가 믿는 것 - 잘못된 믿음이지만 - 과 다른 내용을 얘기하는 것이 되기 때문에 신뢰의 관계를 구축하기가 어렵기 때문입니다. 그러나 약물이 들어가 일정 기간이 지나면 망상의 체계가 흔들리게 됩니다. 그러면 환자는 자기가 가졌던 믿음에 대해 '진짜 그런가? 혹시 내가 잘못 생각한 것은 아닐까?' 라며 의심하기 시작합니다. 이때 치료자가 증상에 대해 조심스럽게 접근할 수 있습니다. 그래서 환자가 망상을 가졌다는 것을 깨닫고 인정하도록 인도할 수 있게 됩니다.

그렇게 증상이 흔들리기 시작하기까지는 시간이 필요합니다. 조기 치료시, 보통의 경우 빠르면 한 달, 보통은 한 달 보름 정도가 걸린다고 할 수 있습니다. (물론, 치료에 거의 반응을 보이지 않으며 만성 상태로 넘어가는 사람도 있습니다만, 약물의 발전으로 인해 그 비율은 점차 낮아지고 있습니다.) 보호자는 이 기간을 치료자와 함께 잘 기다려주는 것이 치료에 아주 중요합니다. 마음이 급해서 입원한 지 겨우 1, 2주가 지났는데 일주일에도 몇 번씩 전화를 하면서 "좀 변화가 있습니까?"라고 물어보더라도, 의사는 보통의 경우 기다려야 하는 기간 동안에는 해줄 말이 특별히 없습니다. 재촉하듯 환자의 회복에 대해 묻는 것은 치료자를 지치게 할 수 있습니다. 궁금하지만 필요한 기간을 묵묵히 기다려 주는 마음자세가 치료를 돕는 것입니다. 또 그런 보호자들에게 치료자는 고마운 마음을 갖게 됩니다. 정신분열증의 치료에는 '기간'이 아주 중요한 치료적 인자라는 것을 꼭 잊지 않으시기 바랍니다.

2) 정신분열증의 치료결과는 '회복의 개념'으로 생각해야 한다

– "정신분열증은 완치가 안 된다던데."

"정신분열증은 고쳐지지 않는 것이 아니냐?", "정신분열증은 낫는 것이냐, 안 낫는 것이냐?"

정신분열증을 앓고 있는 환자를 둔 보호자들, 특히 처음으로 경험하시는 분들이 제일 궁금해 하는 것은 정신분열증이 과연 완치가 되느냐 하는 것입니다. 정신분열증을 완치의 개념으로 생각하여 '정신분열증은 낫지 않는 병'이라는 잘못된 인식 때문에 처음부터 치료를 포기하는 경우도 적지 않아 안타까운 마음 그지없습니다.

치료결과의 측면에서 볼 때, 병을 크게 두 가지로 나누어 생각할 수 있습니다. 하나는 완치의 개념을 적용시킬 수 있는 것들입니다. 여기에는 감기, 맹장염(정확히는 충수돌기염), 결핵, 위궤양, 골절 등등 점차 치료가 되어 완치에까지 이르게 되는 경우들입니다. 예를 들어 나중에는 '감기가 다 나았다. 결핵이 완치되었다.'라고 얘기할 수 있는 것입니다.

다른 하나는 '회복의 정도의 관점'에서 생각해야 하는 병들입니다. 전형적인 예로서 중풍을 들 수 있습니다. 중풍을 맞아 처음에는 오른쪽 손발을 전혀 쓰지도 못하고 감각도 없어졌다고 생각해 보지요. 그러나 시간이 지나면서 조금씩 회복이 되기도 합니다. 그래서 손발을 조금씩 움직일 수 있게 되고 감각도 돌아오게 됩니다. 그러나 모든 사람이 중풍을 맞기 전의 건강한 상태로 100% 회복하는 것은 아니며 사람에 따라 회복 정도가 다 다르다고 할 수 있습니다. 중풍을 맞은 뒤 얼마나 빨리 병원을 찾아와 치료를 시작하였는지, 뇌의 어느 부분이 얼마만큼 파괴되었는지, 물리치료를 받는 데 본인이 얼마나 노력하였는지 등등에 따라 회복의 정도는 달라질 수 있습니다.

중풍과 같이 치료의 결과를 '회복의 정도'를 가지고 생각해야 하는 것이 바로 정신분열증입니다. 정신분열증의 경우는 드물게 완치되는 경우도 있긴 하지만, 회복의 개념을 가지고 생각해야 하는 경우가 거의 대다수라 하겠습니다. 구체적으로 말씀을 드린다면, 정신분열증의 치료의 결과는 '발병 전의 건강한 상태를 몇 % 회복하였는가?'로 생각하여야 한다는 것입니다. 어떤 경우는 99%, 어떤 경우는 90%, 80%, 50%, 30%, 10% 등등 회복의 개념으로 생각해야 합니다.

그렇기 때문에 정신분열증을 완치의 개념을 가지고 생각한다는 것은 근본적으로 병의 성격을 전혀 모르고 엉뚱한 적용을 하는 것이 됩니다. 만약 그렇게 생각한다면, 99.99..%가 회복되었다 하더라도 100% 회복, 즉 완치가 된 것은 아니기 때문에 '정신분열증은 낫지 않는 병'이라고 생각하게 되는 것입니다. 치료가 됐다면 발병 전의 건강했던 상태와 똑같아야 한다고 생각하기 때문입니다. 그렇기 때문에 환자나 환자보호자는 병을 자기 나름대로 판단하는 것이 아니라, 전문가에게 물어 배워가야 치료의 효과를 극대화시킬 수 있음을 명심하여야 합니다.

구체적인 예 하나를 들어 설명해 보겠습니다. 초등학교 교사로 재직 중이던 30대 여인이 정신분열증을 앓게 되었습니다. 다행히 조기에 병원을 찾아 치료를 받게 되어 치료효과가 빠르기도 했지만, 회복의 정도도 아주 높았습니다. 대략 95%가 회복이 되었다고 할 수 있을 것입니다. 100% 회복은 아니었기 때문에 발병 이전의 상태와 비교할 때 조금 모자라는 부분이 있었습니다. 예를 들어 집 안에서 반찬을 만드는데 세밀한 수준이 전에 비해 약간 떨어졌고, 아주 수준 높은 추상적 사고가 조금 제한되었습니다. 그러나 아이들을 가르칠 수 있는 수준의 능력은 그런대로 회복되어서 학교로 돌아갈 수 있었습니다.

이런 경우 100% 회복되지 않았으니 낫지-완치의 개념에서-않았다고 하여 계속 받아야 하는 통원치료를 중단하고 치료를 포기해야 하겠습니까? 95%까지는 안 되고 20%만 회복된 경우를 생각해보지요. 만약 치료를 받지 않았으면 계속 악화되어 대소변을 가리지도 못하고 전혀 씻지를 않아 위생이 아주 불량한 상태에서 방한구석에 쪼그리고 앉아 망상과 환각의 세계 안에 갇혀 자폐적으로 살아갈 환자가 20%라도 회복하여 대소변을 가리고 스스로 세수를 하고 집안사람들과 간단한 정도의 얘기를 할 수 있다면 그 치료는 비록 완치는 안 되었다 하더라도 의미 있다 할 수 있지 않겠습니까? 인간 존엄성의 측면에서라도 1%의 회복은 환자 당사자에게는 아주 심원한 의미가 있을 수 있습니다.

물론, 완치되는 정신분열증환자가 없는 것은 아닙니다. 그러나 기본적으로는 회복율의 개념을 가지고 생각하여야 할 것입니다. 앞으로는 정신분열증을 완치의 개념에서 생각하여 생기는 위와 같은 잘못된 질문들과 그 질문의 배후에 있는 아무 근거 없는 사고들은 우리 주위에서 사라졌으면 합니다. 그리하여 잘못된 사고로 인해 치료가 포기되어 하나님의 형상으로 지음을 받은 존귀한 인간의 삶들이 버려지는 일이 더 이상 없었으면 하는 마음 간절합니다. 이와 같은 바른 인식 위에 '정신분열증은 고쳐지는 병이다.' 라는 것을 명심하셨으면 합니다. 정신분열증은 치료되는 병입니다.

* 우리 아이는 앞으로 어떻게 되지요?
- 정신분열증의 예후

정신분열증은, 조기에 적절한 약물치료를 받을 때 발병 전의 건강한 수준으로 완전히 돌아오는 100%의 회복의 경우와, 아무리 좋은 약을 적절한 용량으로 충분한 기간 동안 복용한다 하더라도 거의 회복되지 않는 0% 회복을 보이는 경우까지 다양한 결과를 보입니다. 그러나 과학의 빠른 발전과 함께 정신분열증을 위한 좋은 약물들의 발달도 급격하게 이루어지고 있어, 평균적 회복율이 계속하여 높아지고 있음을 기억하여야 합니다.

20여 년 전만 하더라도 1/3은 회복이 되고, 1/3은 그 상태를 유지하고 마지막 1/3은 악화된다고 대략적으로 얘기되곤 하였는데, 지금은 회복되는 경우가 훨씬 많아지고 있습니다.

* 정신분열증도 조기치료시, 완치에 가깝게 치료될 가능성이 높다

치료의 개념과 관련하여 생각하여야 하는 것이 있습니다. 그것은 조기진단에 의한 조기치료입니다. 예를 들어 위암 같은 경우 조기에 진단을 받아 수술을 받으면 거의 완치되는 좋은 결과를 낳게 됩니다. 그렇게 다른 질병과 마찬가지로 정신분열증도 발병 후, 조기에 치료를 받을수록 회복율이 그만큼 높아지게 되어 있습니다. 그런데 경험적으로 보아 우리나라에서 정신분열증환자의 경우 병원에 오기 전까지 여러 곳을 거치는 경

우가 많습니다. 굿을 하고, 여러 민간요법의 약을 복용하고, 기도원을 찾거나 안수기도를 받고, 절에서 수양을 하고…… 그러는 가운데 병은 점차 만성화가 되어 나중에 치료를 받더라도 회복율이 낮아지게 되는 불행한 결과를 안게 되는 경우가 참 많습니다.

정신과의사의 얘기를 들어보니 완치가 되지 않는 가능성이 높다고 하고, 입원치료와 함께 통원치료까지 생각하면 평생 치료를 받아야 할 것 같은 예상으로 인해 절망감을 느끼는 보호자들이 많습니다. 그러면서 '단번에 확실히 완치시켜준다'는 귀에 솔깃한 소문을 듣고 민간요법을 따르거나, 무당, 기도원, 절 등등을 찾게 됩니다. 그러면서 치료가 늦추어지고 병은 자꾸 만성화의 길을 걸어가게 됩니다. 병에 대한 정확한 지식에 치료를 의존하는 것이 아니라, 어떻게든 빨리 확실하게 해결되기를 바라는 자신의 마음에 치료를 끼워 맞추는 왜곡되어도 한참 왜곡된 일을 저지르게 되는 것이지요. 인간적으로야 이해할 수 있지만, 이것은 이해 차원의 문제가 아니고 환자의 인생이 걸린 문제이니 안타까움이 그지 없습니다. 회복율을 높이는 중요한 요소 중 하나가 조기에 전문적 치료를 받는 것임을 잊지 않기를 바랍니다.

3) 정신분열증은 '조절의 개념'을 가지고 대해야 한다

─여러 번 재발 후에 병식을 갖게 되는 환자와 보호자들

위에서 설명 드렸듯이 대부분의 정신분열증들은 완치되는 것이 아닙니다. 회복의 개념을 가지고 생각하여야 합니다. 이 회복의 개념과 짝을 이루는 것이 조절의 개념입니다. 즉, 정신분열증은 조절하는 병이라는 것입니다. 예를 들어 고혈압의 경우를 함께 생각해 보지요. 평소 혈압이

180/120 주위를 기록하는 분이 있었습니다. 뒷골이 땡기는 등의 증상으로 고생하는 때가 많기도 하였지만, 뇌출혈 등 여러 가지 위험한 일들이 일어날 수 있다는 얘기를 의사로부터 듣고 고혈압을 조절하기로 하였습니다. 2주일치 약을 타 가지고 왔습니다. 혈압이 점점 내려가 일주일 정도가 되니 정상 혈압으로 내려 왔습니다.

이때 내려온 혈압이 정상치를 기록했다고 해서, 고혈압이 다 나았다고 판단하여 약을 끊어도 괜찮을까요? 그렇지 않지요. 약을 끊으면 혈압은 다시 올라 갈 것입니다. 고혈압은 약을 먹어 정상 혈압으로 내려왔다고 하여 완치가 된 것으로 생각해서는 안 되는 질환입니다. 계속해서 약을 복용하여 혈압이 올라가려는 것을 막아주어야 합니다. 짠 음식을 피하고 담배를 금하는 등 생활습관의 개선과 함께 약을 거의 평생 복용하여야 하는 경우가 대부분입니다.

당뇨병도 마찬가지입니다. 당뇨병이 있어서 식이요법이나 인슐린 주사를 맞아 혈당량이 정상 수치로 내려갔다고 해서 당뇨병이 다 나았으니 앞으로는 단 음식을 비롯하여 아무것이나 먹어도 된다고 생각하는 분이 있습니까? 일반인들을 위한 당뇨병에 대한 홍보가 잘 이루어져 아마 그럴 분은 거의 없을 것입니다. 혈당량은 식이요법을 지속하지 않거나, 인슐린주사를 한 번 맞고 안 맞으면 다시 올라가게 되어 있지요. 대부분의 당뇨병은 식이요법, 운동요법, 그리고 약물요법 등을 통하여 평생 조절하여야 하는 질환입니다.

위에서 설명 드린 고혈압과 당뇨병 같이 질환 중에는 완치가 되는 것이 아니라, 계속해서 조절해야 하는 만성질환들이 있습니다. 바로 정신분열증이 그러한 경우에 속합니다. 정신분열증은 아주 해괴하거나 이상한 병이 아닙니다. 높은 회복율을 얻기 위해 최선을 다하여 조절해 가야 하는 병입니다. 대부분의 정신분열증은 완치의 개념이 아니라, 조절의 개념으로 생각해야 한다는 것을 꼭 기억하시기 바랍니다. 이는 아주 중요한 개념입니다.

'한번 끊어보자.'

그러나 입원치료를 통해 증상에서 완전히 회복되어 퇴원하여 통원 치료를 받을 때, 정신분열증을 완치의 개념을 가지고 생각하는 환자나 보호자들이 많이 있습니다. 이분들은 약을 계속 복용해야 한다는 정신과의사의 진지한 교육에도 불구하고 약을 끊어 보고자 하는 유혹을 강력히 받게 됩니다. 먼저는 환자가 제안하는 경우가 대부분입니다. 증상이 하나도 없으니 다 나은 것 같고, 다 나았는데 약을 먹는다는 것은 미련한 것으로 느껴지게 됩니다. 또 정신병원에 입원했다는 것이, 아직은 부정적인 사회적 편견으로 인해 다소 부끄럽고 수치스럽게 생각되기도 하는데, 약을 먹는 것이 혹시 다른 사람들에게 알려질까 걱정이 되는 것입니다. 또 자기 스스로에게도 이제는 괜찮다고 알리고 싶은 마음 때문에 약을 끊고 싶어합니다.

이때 보호자 역시 정신분열증을 완치의 개념으로 생각하는 분이라면 약을 끊고자 하는 환자의 청을 막기가 어렵습니다. 특히, 부모인 경우 자기 때문에 잘못 태어나서 정신분열증을 앓게 되었다는 죄책감과 미안한 마음이 연결되어 계속하여 약을 복용하라고 권유하기가 쉽지 않습니다. 실제로 보니까 다 나은 것 같기도 합니다. 그렇게 되어 환자와 보호자가 한 마음이 되어 약을 끊게 됩니다.

"선생님, 약을 하루 안 먹어 보았는데, 괜찮은데요."
"약을 끊은 지가 하루, 일주일, 한 달 또는 그 이상의 기간이 되었는데도 재발하지 않았으니, 이젠 다 나은 것으로 보아야 하지 않느냐?"라는 식으로 얘기하는 분들이 있습니다. 역시 정신분열증을 완치의 개념을 가지고 생각하기 때문에 그러한 일들이 일어납니다. 그러나 아마도 많은 경우 곧 재발하게 될 것입니다. 재발되는 시기는 사람에 따라 다 다릅니다. 몇 주가 채 지나기 전에 재발하기도 하고, 3-4개 월, 6개월, 1년 등등 재발의 시기는 다양합니다.

안타까운 것은 많은 환자나 보호자들이 그러한 경로를 통해 몇 번의 재발을 경험한 뒤에서야 조절의 개념을 가지고 생각해야 한다는 병식(병에 대한 바른 지식)을 갖게 된다는 것입니다. 증상에서 다 회복하여 퇴원하는 첫 번째 경우는 대개, 전문의의 강력한 권고에도 불구하고 '한 번'이라는 유혹을 이겨내기가 쉽지 않습니다.

그렇기 때문에 신뢰할 수 있는 의사를 만나 그 분을 전적으로 신뢰하여 따른다는 것이 환자분이 누릴 수 있는 삶의 자유, 존엄을 위해 얼마나 중요한지 아무리 강조해도 지나침이 없다고 하겠습니다. 적어도 이 책을 읽는 여러 분들은 더 이상의 재발을 겪지 않을 수 있었으면 합니다. 유혹은 유혹입니다. 전문가의 얘기는 사실입니다. 유혹이 아니라, 사실을 따라가시는 여러분이 되기를 바랍니다.

증상이 전혀 없는 경우라 하더라도 최소한 3년(연구대상과 연구방법에 따라 차이가 있기는 하지만)에서 평생 동안 적은 용량이라도 약을 계속 복용해야 한다고 생각하셔야 합니다. 그렇다고 '약에 중독이 되면 어떻게 하느냐?'라는 걱정은 하지 마십시오. 항정신병 약물은 전혀 중독성이 없습니다.

4) 증상의 호전과 일반적 능력의 회복은 다를 수 있다

- "선생님, 증상이 다 좋아졌다고 하시는데, 애가 예전 같지 않아요."

치료자의 마음을 아프게 하는 것 중 하나가 보호자로부터 위의 얘기를 들을 때입니다. 예를 들어 건강할 때는 반에서 3등 이하로 떨어진 적이 없었던 학생인데, 발병하여 잘 치료를 받아 증상이 다 좋아진 상태라고 얘기를 들어 예전의 성적으로 복귀가 될 줄 알았는데 10위권으로 떨어지는 것입니다. 또 직장에서 여러 가지 복잡한 일들을 다 수행했던 사람인데 치료 후 돌아와서는 예전과 다르게 다소 복잡한 일들을 잘 수행해 내지 못하는 것입니다.

물론, 증상의 호전과 건강했을 때의 능력으로의 호전이 함께 일어나는 경우도 적지 않지만, 증상은 완전히 없어졌지만 일반적 능력의 회복은 다소 떨어지는 경우가 더 많다고 하겠습니다. 다른 말로 표현한다면, 증상의 호전과 일상생활 능력의 회복은 다를 수 있다는 것입니다. 증상에 의해 일상생활 능력이 떨어지는 것은 확실한데, 증상에서 완전 회복되더라도 일상적인 생활능력이 항상 완전히 회복되는 것은 아니라는 것입니다.

이렇게 병의 치료에 대한 객관적 지식을 바로 알고 있어야 임의적인 과도한 기대를 자제하여 그 환자의 병의 길에 맞추는 사고를 할 수 있게 될 것입니다. 보호자들의 기대가 너무 앞서 나가면 치료자를 어렵게 하여 치료가 적절하게 이루어지지 않을 가능성이 높다고 하겠습니다. 치료 현장에 있어서 보호자들에게 먼저 다소간 일상적 생활능력은 다소 떨어질 것을 예상하고 감수하려는 마음이 있었으면 하는 마음 간절합니다.

5) 증상의 호전과 병식의 획득이 항상 함께 일어나는 것은 아니다

이는 증상이 다 좋아졌다고 퇴원을 요구하는 문제를 다룰 때 꼭 함께 생각하여야 하는 주제입니다.

대학 재학 중에 정신분열증이 발병하여 입원한 환자였습니다. 다행히 발병 직후에 치료를 받게 되어서 아주 빠르게 그리고 거의 완전하게 호전이 되었습니다. 처음엔 한 학기를 휴학해야 될 것으로 예상하였는데, 잘하면 학기를 포기하지 않을 수도 있을 것 같았습니다. 당연히 부모님은 조기에 퇴원이 되기를 바라는 마음이었습니다. 그러나 성숙한 분들이어서 치료자의 의견을 먼저 듣고자 하였습니다. 저는 다음과 같은 설명을 하였습니다.

"OOO씨는 예상외로 빠르게 증상이 호전된 것은 사실입니다. 증상의 측면에서만 본다면 당장이라도 퇴원할 수 있다고 말씀드릴 수 있습니다. 그런데 문제가 하나 있습니다. 증상은 다 좋아졌는데, 본인은 그런 증상들이 정신분열증을 앓기 때문에 왔다는 것을 깨닫지 못하고 있습니다. 그냥 그때그때 상황적으로 자기도 모르게 그렇게 되었다는 식으로 생각하고 있습니다. 지금은 증상이 전혀 없으니 본인으로서는 자기에게 '병'이 있다는 것을 받아들이기가 어렵기도 할 것입니다.

그렇기 때문에 앞으로의 과제는 바른 병식을 갖도록 교육하는 것입니다. 만약에 증상이 다 좋아졌다고 병식이 없이 퇴원한다면, 지금은 퇴원하고 싶은 마음에 나가서 통원치료를 꼬박꼬박 받으면서 약을 잘 먹겠다고 하지만, 기본적으로 자신은 '병이 없다'고 생각하기 때문에 얼마 가지 않아 통원치료도 안 받고 약도 끊게 될 것입니다. 그러면 거의 틀림없이 재발되지요. 이 병식의 문제는 퇴원하면 다루기가 어렵습니다. 재발이 되고 나서야 깨닫게 될 것입니다. 그러니 다소 퇴원이 늦어지더라도 입원하여 병식에 대해 교육할 수 있는 시간을 갖는 것이 좋겠습니다."

다행히 치료자와 깊은 신뢰의 관계가 형성되어 있어서 보호자들은 치료자의 의견대로 따르게 되었고, 환자는 자기의 병에 대해 바르게 깨닫고 퇴원하게 되었습니다.

　그러나 증상이 좋아지면 치료가 다 끝난 것으로 생각하는 보호자들이 적지 않습니다. 첫째는, 환자와 마찬가지로 보호자들 역시 가족의 일원이 정신분열증을 앓는다는 것을 부정하고 싶은 마음을 갖고 있기 때문이고, 두 번째는 정신분열증에 대해, 앞에서 설명 드렸듯이 '조절해야 하는 병'이라는 인식이 없기 때문에 더욱 그렇습니다.

　정신분열증에 대해 바르게 인식하는 것이 치료의 백미를 이루는 것이라 할 수 있습니다. 증상은 다 좋아졌으나 병식이 없이 퇴원하는, 거의 대부분의 환자들은 오래 가지 않아 통원치료를 중단합니다. 자기에게 병이 없다고 생각하는 사람이 어찌 병원에 계속하여 오겠습니까! 물론, 거의 대부분이 얼마 되지 않아 재발하여 다시 입원치료를 받게 되지요. 그렇기 때문에 증상의 호전 후에는 병식의 획득이 치료의 중요한 목표가 되는 것입니다. 그렇기 때문에 증상이 다 좋아졌다 하더라도 병식이 획득되지 않으면 입원을 지속하여야 합니다. (물론, 그럼에도 상황적으로 퇴원을 고려해야 할 때가 있는 것은 당연합니다.)

　그런데 환자와 보호자가 병식을 제대로 갖는 데에는 치료자와의 관계가 아주 중요한 역할을 합니다. 치료자가 실력이 있고 성실하여 입원기간 중 환자와 보호자와 신뢰의 관계를 잘 구축한 경우라면, 환자가 치료자의 인격을 믿고 자기에게 '병이 있다' 라고 설명하는 것을 비교적 저항감 없이 받아들이는 경우를 자주 경험하게 됩니다. 그렇기 때문에 의사는 신뢰를 얻기 위해 부지런히 학문을 연마하고 진료에 성실하고, 보호자는 신뢰할 수 있는 의사를 찾는 노력이 꼭 필요하다 하겠습니다.

　증상이 다 좋아졌는데도 "의사가 환자에게 OOO씨는 자신이 정신분열증을 앓고 있다는 것을 꼭 명심해야 합니다."라고 하는 말에 환자나 그 보호자는 다소 마음이 언짢을지 모릅니다. 마치 낙인을 찍는 것으로 느껴질 수 있기 때문일 것입니다. 그러나 의사가 어찌 그런 마음으로 그리하겠습니까?

증상이 있을 때 '정신분열증이 있다'고 얘기하는 것은, '지금 문제가 있으니 당장 치료를 받아야 합니다'라는 의미로 신속한 치료를 받게 하기 위한 것입니다. 그러나 치료를 받은 후 증상이 전혀 없는데도 '정신분열증이 있다'라고 얘기하는 것은 다른 의미를 갖습니다. 그것은 '현재 문제가 있다'는 것을 얘기하는 것이 아니라, 현재는 정상적이지만 그 정상적인 것을 계속하여 유지하기 위해 '조절의식'을 촉구하는 것입니다.

콜레라 예방주사는 콜레라가 걸리지 않았는데도 맞습니다. 콜레라에 걸릴 것을 미리 예방하기 위한 것이지요. 증상은 다 없어졌지만 계속하여 통원치료를 받으면서 약물을 복용하라는 것은 '재발을 예방하기 위한 것'입니다. 이러한 의미의 차이를 잘 숙지하셔서 '정신분열증이 있다'라는 치료자의 말에 오해가 없으셔야 할 것입니다.

6) 병에는 자기 고유의 길이 있다

— 고유의 길에는 악화되는 길과 회복되는 길 모두 포함된다.

"인간이 방관함으로써 병은 그 '고유의 악화의 길'을 가게 될 것인데, 방관의 태도에서 벗어나 병의 그 '고유의 회복의 길'을 잘 가도록 최선을 다해 노력하는 것이 인간인 의사가 해야 하는 의무요 책임이다!"

앞에서 잠깐 언급이 되었지만 병에는 병이 가는 고유의 길이 있습니다. 아주 드문 경우지만, 어떤 사람은 발병이 되자마자 병원을 찾아 적절한 치료를 받았는데도 불구하고 호전의 기미를 전혀 보이지 않을 수 있습니다. 그런데 발병된 후 수년 동안 방치된 사람이지만, 늦게나마 병원을 찾아 치료를 받게 되었는데 증상에서 거의 회복되는 경우가 적지 않습니다. 이러한 상이한 결과를 놓고 의사의 잘잘못을 얘기하기가 어려울 수 있습니다.

그것은 병에는 그 자체의 고유한 길이 있어 그 길 자체를 인간이 어떻게 할 수 없기 때문입니다. 아무리 열심히 그리고 정확히 치료를 한다 하더라도 병의 길이 악화되기로 되어 있는 경우에는 의사의 노력은 무익할 수가 있습니다. 다행히 그렇게 심각하게 자기 멋대로의 길을 가는 경우는 많지 않습니다.

그렇기 때문에 같은 기간을 경과한 뒤 같은 수준의 증상을 보이고 같은 의사에게서 같은 치료를 받았다 하더라도 병의 길이 다르기 때문에 회복의 길이 차이가 날 수 있다는 것입니다. "누구는 나보다 늦게 들어 왔는데 왜 더 빨리 퇴원되느냐?" 라는 질문을 환자와 보호자들에게서 듣는 경우가 적지 않습니다. 그러나 다른 모든 조건들이 똑같다고 해도 각자 병의 길이 다르기 때문에 다른 결과를 보이는 것은 아주 훌륭한 의사라 하더라도 어쩔 수 없는 일입니다.

병에는 그 자체의 고유의 길이 있다는 것이 병을 운명론적으로 생각해야 한다는 것을 주장하는 것은 결코 아닙니다. 어떤 경우에는 의사가 아무리 최선을 다해도 어찌할 수 없는 경우를 만나고, 어떤 경우에는 최선을 다할 때 최고치의 회복을 보이는 경우를 만나기도 합니다. 또는 자기가 그리 애쓰지 않았는데도 병의 길이 워낙 좋은 회복의 길을 가게 되어 있어서 예상치 않은 좋은 결과를 맞이할 수도 있습니다.

그렇게 (인간이) 최선을 다하지 않아도 병이 워낙 좋은 길을 가게 되어 있어서 좋은 회복을 보이기도 하고, 최선을 다했는데도 좋아지지 않는 경우도 있고, 최선을 다해야만 좋은 회복을 보이는 경우가 있기도 한 것입니다. 좋은 회복에 대해 의사가 잘 했다고만 말할 수도 없고, 병의 길이 본래 그렇게 되어 있었다고만 할 수 있는 것도 아닙니다. 또 나쁜 결과에 대해서도 의사가 잘못했다고만 비판할 수 없고, 병의 길이 원래 그렇게 되어 있었다고만 할 수 있는 것도 아닙니다. 그렇게 '병의 본래의 길'과 '의사(인간)의 노력' 사이에는 긴장이 있다고 하겠습니다.

그럼 '인간(의사)이 할 수 있는 것이 무엇인가?' 라는 물음이 자연스럽게 일어납니다. 저는 이렇게 답하겠습니다. 인간이 할 수 있는 것은 "인간이 할 수 있는 것입니다. 인간은 인간이 할 수 없는 것을 할 수 없습니다. 병에는 인간이 간섭할 수 없는 영역-병의 고유한 길이 있고, 인간이 간섭할 수 있는, 즉 책임져야 하는 영역이 있습니다. 만약 인간이 책임을 져야 하는 영역에서 최선을 다하지 못하면 병은 그 고유의 길보다 훨씬 악화된 길을 걷게 되어 있습니다. 결국 전체적인 관점에서 보면, 의사의 역할은 병이 본래의 악화의 길에서 벗어나 악화되는 것을 최소화시키면서 회복의 길을 가도록 하는 것"이라고 할 수 있습니다.

그렇기 때문에 몇몇 환자들에 대한 치료 결과만을 가지고 의사의 능력을 비교하는 것은 무리가 있을 수 있음을 기억하여야 할 것입니다. (물론, 많은 수의 통계를 가지고 비교하는 것은 좀더 적절한 평가가 될 수 있지만 말입니다.)

그러나 그냥 이렇게 끝맺는 것은 무엇인가 서운하게 느껴집니다. 무슨 할 말을 하지 못하고 어설프게 끝맺는 것만 같습니다. 그래서 다시 생각해 봅니다. 한 가지 꼭 강조하여 지적해야 할 깨달음을 얻습니다. 그것은 병에는 고유의 길이 있는 것이 사실이지만, 하나님께서는 '병이 걸어가는 길'에-'병의 회복 또는 악화의 길에' 인간이 참여할 수 있는 공간을 적지 않게 허락하셨다는 점입니다. 즉, 인간에 의해 영향을 받는, 인간에게 허락하신 자유·책임의 여지가 꽤 넓다는 것입니다. 인간이 병의 회복을 위해 상당히 기여할 수 있다는 것입니다. 그렇기 때문에 의사의 입장에서는 자기가 최선을 다했는지 정직히 묻는 작업을 게을리 하지 않아야 합니다.

이러한 과정 속에서, '병의 본래의 길에 대한 경험을 통한 인간의 제한성'을 점점 깊이 깨달아 하나님 앞에서 겸손하게 되는 측면과 함께, 그래도 '하나님께서 인간에게 허락하신 자유책임'도 막중하다는 것을 깨달아 세상에서의 삶이 잠간이라 할지라도 하나님 안에서 귀중하다는 것을 배우게 되는 은혜를 입게 되는 것 같습니다.

7) 보호자의 기대가 병의 고유한 진행을 앞서면 안 된다

'병에는 자기 고유의 길이 있다.'라는 주제를 다루면서 함께 생각하고 싶은 주제가 떠오릅니다. 그것은 치료에 대한 보호자의 기대에 관한 것입니다. 정말이지 가족 중의 한 사람이 정신분열증이 있다는 진단을 받는다는 것은 가족 모두에게 엄청난 충격을 주게 됩니다. 정신분열증에 걸렸다는 것이 도대체 당사자의 인생, 특히 그의 미래에 있어서 무엇을 의미하는지에 대해 정확히 알지 못하기 때문에 더욱 당황스러울 수밖에 없습니다. 그리고 앞으로 어떻게 해야 하는지 전혀 아는 바가 없기 때문에 앞이 캄캄해지는 전율을 느끼게 되기도 합니다. 할 수만 있다면 부정하고 싶은 마음이 굴뚝같게 됩니다. 때로 불안의 강도가 높아 밤중에 언뜻 언뜻 잠이 깨일 때에는 정신분열증이 있다는 말을 혹 꿈 속에서 들은 것은 아닐까 하며, 그것이 현실이 아니라 꿈 속의 애기이기를 바라는 마음이 간절해집니다.

그렇게 정신분열증임을 부정하고 싶은 마음으로 인하여, 정신분열증에 대해 항간에 떠돌아다니는 – 그러나 결코 옳지 않은 – 속설들에 귀가 얇어지게 됩니다. 그러면서 단번에 그리고 완전하게 나을 수 있는 치료의 길을 모색하게 됩니다. 그래서 굿을 하고, 안수기도를 받으러 이곳저곳을 기웃거리고, 영험한 기도원을 찾고, 좋다는 민간요법은 다 행하고…… 그런데 바로 여기에서 비극은 시작될 수 있습니다. 그러는 가운데 시간이 지나면서 만성화의 길을 걷게 되기 때문입니다. 급성기와 만성기에 치료받는 것이 회복에 어떠한 차이가 있는가에 대해서는 앞서 설명 드렸기 때문에 여기서는 언급하지 않겠습니다.

정신분열증을 부정하고자 하는 마음은 병원에 환자를 입원시킨 이후에도 계속 남아 있어 치료의 과정에 영향을 주는 경우가 적지 않습니다. 특히, 첫 입원일 때 더욱 그러합니다.

고등학교 때까지 전교 1, 2등을 했고, 명문대학교의 인기학과에 다니던 중 정신분열증이 발병하여 입원치료를 받게 된 사람이 있었습니다. 부모님은 그녀에게 큰 기대를 하고 있었고, 정신분열증으로 인해 그녀의 학업이 중단된다는 것은 상상도 할 수 없었습니다. 그러나 정신분열증의 발병은 부정할 수 없는 엄연한 현실입니다. 입원을 시켜 놓고 틈만 나면 면회를 오셨습니다. 다행히 급성인 시기에 비교적 조기치료를 받게 되어서 회복은 빠르게 진행이 되었습니다.

부모님, 특히 아버님은 면회 오실 때마다 저에게 딸이 제발 학업을 계속할 수 있도록 해달라는 간청을 진지하게 하셨습니다. 회복의 정도가 눈에 띌 정도로 좋아지는 과정에서 그분은 계속해서 질문하셨습니다. "선생님, 잘 하면 학기말시험을 치를 수 있겠지요. 그때까지 퇴원할 수 있으면 휴학하지 않고 시험을 치를 수 있을 텐데, 가능하겠지요. ……."

병에는 고유의 길이 있기 때문에 계속적으로 좋아져 거의 완전하게 회복할 수도 있지만, 처음에 얼마 정도는 좋은 회복을 잘 보이다가도 어느 수준에 이르러서는 회복속도가 주춤거리다 그 수준을 유지하는 것으로 끝날 수도 있는 등 정확히 예측하기 어려우니 일정 기간을 잘 참고 기다려 주시는 것이 치료를 돕는 것이라고 여러 번 설명 드렸음에도 불구하고, 다소 귀찮을 정도로, 같은 얘기를 반복하셨습니다.

다행히 많이 회복이 되어 일반인들이 보기에는 이제 다 나은 것처럼 보이지만 몇 가지 영역에서 증상이 완전히 소실되지 않았음이 전문가의 눈에만 보이는 시점에 이르게 되었습니다. 아버님이 보시기에는 다 나은 것 같으니 퇴원시켜 학교에 복귀하게 하자고 강력히 주장하셨습니다.

저는 전문가적 관점을 설명 드리면서 아직 더 좋아져야 하는 부분이 있음을 들어 퇴원이 시기상조임을 말씀드렸습니다. 다행히 증상은 거의 좋아졌지만 일반적 지능의 회복이 다소 떨어져 있었기 때문에 어려운 대학의 어려운 학과에서 뛰어난 학생들과 경쟁하는 것이 무리일 수 있겠다는 판단이 들어서 그 부분의 회복을 더 지켜 본 다음에 그녀의 미래에 대해 조심스럽게 접근하는 것이 좋겠다고 생각을 하였습니다.

그러나 아버님은 정신분열증이 걸리면 모든 것이 끝장이 나는 줄 알았다가 뜻밖에 좋은 회복을 보이니 '그러면 그렇지, 내 딸은 정신분열증이 아니라 그때 새로운 환경에 적응을 못해서 잠시 정신적 어려움을 겪어서 그런 것이야'라고 잠시 있다가 없어질 에피소드 정도로 생각하기에 이른 것입니다.

보호자들 모두 그러한 낙관적 설렘 속에 잠겨 있는데, 치료자라 하더라도 "지능이 약화돼 있어서 다니는 대학의 그 학과는 좀 어려울 가능성이 많습니다"라고 얘기하는 것은 쉬운 일이 아닙니다. 그 시점에서는 그러하였지만, 시간이 지나면서 발병 이전의 수준으로 지능을 회복할 가능성도 얼마든지 있기 때문입니다. 물론, 치료자는 전문가로서 경험적인 통계적 추론을 통한 객관성을 추구해야 하는 책임이 있습니다.

그뿐 아니라 모두가 미래에 대해 밝게 생각하고 있는데, 전문가적인 입장에서 객관적으로 얘기한다는 것이 그분들에게는 부정적인 견해로 들려 (보호자들의 수준과 관점 때문에) 치료자와 보호자와의 관계가 훼손될 가능성도 있기 때문에 객관적인 사항을 얘기한다는 것이 쉬운 일이 아닐 때가 적지 않습니다. 관계가 악화되면 그 이후의 치료과정에 바로 영향을 주기 때문입니다. 그렇기 때문에 정신과의사는 어떤 측면에서 보면, 객관적 사실의 전달자보다는 전체적 상황을 고려하는 가운데 가장 '객관적'이 아니라, 가장 '치료적' 또는 '적절한' 판단을 해야 하는 예술가여야 한다고 할 수 있습니다.

저는 그 학생의 지능이 떨어져 있기 때문에 학교에 복귀하여 적응하기가 어려울 수도 있음을 결국 얘기했습니다. 얘기는 했지만 전문가로서 객관적으로 강조하여야 하는 만큼은 하지 못했습니다. 그녀는 저의 다소 근심어린 눈길을 뒤로 하고 퇴원을 하였습니다.

퇴원하여 어느 정도 통원치료를 하면서 증상은 거의 소실이 되는 호전이 있었으나, 지능은 그 이상 더 회복되지 않았습니다. 그렇지만 한 학기 이상을 그런대로 버텨냈습니다. 만족스럽지는 않지만 한 학년을 마치게 되는 성과를 보면서, 그녀나 그녀의 보호자들은 병이 다 나았다고 생각해서 통원치료를 중단하게 되었습니다. 그 뒤로도 수개월 동안 소식을 듣지 못했습니다.

그녀에 대해 잊고 지내던 어느 날, 그녀의 아버지로부터 연락이 왔습니다. 그녀가 전에 보이던 증상을 다시 보이면서 학교도 나가지 못 하고 있는 지가 근 한 달이 되었다는 것이었습니다. 재발한 것 같으니 빨리 데리고 와서 입원시켜 달라고 재촉하였습니다. 많이 계면쩍은 얼굴을 하시면서 바로 딸을 데려 왔습니다. 진찰 도중 아무 말도 않으시다가, "앞으론 선생님 말씀대로 하겠습니다. 선생님이 알아서 제 딸을 치료해주시기 바랍니다."라는 말씀만 하시고 일어나시는 것이었습니다.

다행히 두 번째 회복도 빨리 왔습니다. 증상의 회복은 완전했습니다. 보호자의 협조가 확실하여 환자나 보호자 모두 완전한 병식도 갖게 되었습니다. 지능의 회복이 관건이었는데, 먼저 입원 때보다 더 나은 상태로 회복이 되었습니다. 그 이유를 객관적으로 설명하기는 어려우나 당시 저의 판단으로는 완전한 병식의 획득이 지능의 회복에 어느 정도 영향을 미치지 않았나 생각합니다. 첫 퇴원 시에는 병식이 충분하지 않았었습니다.

그렇듯이 병에는 고유의 길이 있습니다. 병이 회복되는데도 그 고유의 길이 있습니다. 그 길은 아무도 정확히 알 수 없습니다. 전문가도 어렴풋하게 알 정도입니다. 그러나 그 어렴풋하게 아는 전문가의 지식, 지혜가 일반인들에게는 큰 도움이 될 수 있습니다. 보호자들은 스스로의 기대감에 따라 병의 회복의 속도나 수준을 앞지를 수 있습니다. 앞지르면 앞지를수록 불행의 늪은 깊어지게 되어 있습니다. 앞서지 않도록 주의하십시오. 이것을 다른 말로 표현하면, '전문가의 생각을 앞서지 마십시오'가 됩니다.

전문가가 완벽하지는 않지만, 이 세상에서 현실적으로 의지할 수 있는 사람이 그 밖에는 없기 때문입니다. 그렇기에 실력 있고 신뢰할 수 있는 치료자를 만난다는 것은 큰 복입니다.

※ "선생님에게서 한번 약을 써보고 싶은데요?"

누군가가 자기를 감시하고 있다는 감시망상과 그 목적이 자기를 해하려 하는 것이라는 피해망상 등의 정신병적 증상을 가진 아들을 둔 아버지가, 아는 분의 소개를 받고 아들과 함께 병원으로 찾아왔었습니다. 환자는 이미 한 달 전부터 다른 병원에서 통원치료를 받고 있었습니다. 전문가적 관점으로는 약을 사용한 지 한 달밖에 되지 않았기 때문에 치료적 호전이 겉으로 드러날 시점이 아니지만, 보호자-일반인-의 관점으로는 '한 달이나' 지났는데도 별 변화가 없는 것 같으니 담당 의사나 그분이 쓰는 약에 대해 불신의 마음이 싹틀 수 있습니다. 아직 우리나라에서는 민간 의학적 사고로 인해 '용한 약'에 대한 막연한 기대심을 갖는 사람들이 적지 않습니다.

이 보호자 역시 그런 식의 사고가 어느 정도 깊게 자리 잡고 있는 분이었습니다. 아는 사람을 통해 소개를 받고 왔으니 좋은 약, 용한 약을 써줄 것으로 기대하는 것이었습니다. 저에게서 한번 약을 써보고 싶다는 것이었습니다. 그래서 정신분열증의 치료적 개념에 대해 대체적인 설명을 해드렸습니다. 정신과에는 다른 모든 정신과전문의들은 모르는데 자기만 아는 용한 약이라는 것은 절대 있을 수 없으며, 약이 효과를 발휘하기 위해서는 '시간'이 절대적으로 필요하다는 것을 설명하였습니다.

또 '약을 쓴다'는 말도 다른 병들의 경우와는 다소 다른 이해가 필요함도 설명하였습니다. 정신분열증환자에게 약을 쓴다는 것은, '각각의 정신분열증에는 어떤 약을 어떤 용량만큼 쓴다'는 식으로 생각하는 사람들이 많습니다. 예를 들어, 사람들이 가장 많이 앓는 감기의 경우, 대개 일정 용량을 일정 기간 동안 먹는 식으로 처방받아 복용하게 됩니다. 첫 날의 용량과 둘째 날의 용량이 같고 또 마지막 날의 용량이 다 같은 것입니다. 그러한 경험을 통해 '약용량은 일정 용량이다'라는 등식이 사람들의 의식 속에 자리 잡게 됩니다. 바로 그러한 잘못된 의식으로 정신분열증에 사용하는 약을 생각하는 경우가 적지 않습니다.

정신분열증환자가 약을 복용할 때는 처음부터 끝까지 일정용량을 먹는 경우는 거의 없다고 해야 할 것입니다. 높은 용량을 처음부터 갑자기 쓰게 되면 여러 부작용으로 환자가 고생하기 때문에 처음에는 아주 소량을 사용하다가 점차로 증량을 하게 됩니다. 정신분열증에 사용하는 할돌

haldol이라는 약을 예로 들면, 처음에는 3mg을 쓴 뒤 2-3일 지나면 5mg-6.5mg으로 올리고 또 2-3일 지나 8-10mg으로 또 2-3일 지나면 15-20mg으로, 그 다음엔 우선 20mg에서 3-4주 정도를 기다릴 수 있고, 또는 2-3일 후에 25-30mg으로 올릴 수 있습니다.

그러나 나이가 많이 드신 환자인 경우에는 1.5mg부터 시작하여 증량하는 간격도 더 넓히게 됩니다. 나이뿐 아니라 체격, 전반적인 신체적 상태, 다른 질환의 동반여부, 발병 시기, 증상의 정도, 증상의 종류, 초발인가 재발인가, 재발인 경우 전에 쓰던 약이 좋은 반응을 보였는지 그렇지 않았는지 등등 정신과의사는 다양한 사항들에 대한 점검을 한 후, 처음엔 얼마를 며칠 간격으로 얼마씩 증량하고 어느 정도의 용량에서 어느 정도 기다릴 것인지, 그리고 처음 약을 얼마의 용량에서 얼마까지 써본 뒤 효과가 없는 경우 어떤 약으로 바꾸어 사용할 것인가 등등에 대한 결정을 하게 됩니다.

이 모든 것은 교과서적으로 가르칠 수 있는 것이 아닙니다. 의사는 경험을 많이 하면 할수록 그러한 면에서 더욱 전문적인 지혜를 얻게 됩니다. 환자나 보호자들은 의사의 이러한 전문성을 신뢰하여야 합니다. 그렇기에 많은 적절한 경험이 있고 그 자기경험에서 배우고자 하는 적극적인 자세가 되어 있는 의사를 만나는 것이 중요합니다.

※ "증상이 다 좋아진 것 같은데 퇴원하면 안 되나요?"

얼마의 시간이 지나 증상이 거의 호전이 되면 환자나 보호자들 중에 이제 퇴원하면 안 되느냐는 질문을 하는 분들이 있습니다. 언젠가 환자가 많이 회복이 되어 앞으로 퇴원 준비를 하려고 생각하고 있는데, 보호자분이 제가 병원에 없을 때 퇴원을 시키러 왔습니다. 그러나 원무과에서 주치의가 없는 상황에서는 퇴원이 어려우니 정 퇴원시키고 싶으면 우선 외박으로 나간 뒤 주치의 선생님과 상의를 하여 결정하라고 설득하면서 외박의 형식으로 나가게 하였습니다.

나중에 사정을 듣고 보호자와 전화통화를 하게 되었습니다. 보호자는 이제 다 좋아진 것 같은데 굳이 입원을 지속할 이유가 있느냐는 것이었습니다. 그래서 저는 정신과에서 퇴원이라는 것은 증상이 다 좋아졌다고 해서 당장 퇴원을 시키는 것이 아니라, 퇴원을 위해 준비해야 하는 것들이 몇 가지 있다고 설명하였습니다.

얼마의 시간이 지나 환자가 병적 상태에서 거의 호전이 되면, 그 상태에서 당장 약을 내리는 것이 아니라, 당분간 약을 유지한 뒤 약을 올릴 때와 같이 '점진적으로' 약을 내리게 됩니다. 그런데 당분간 약을 유지하는 시간은 환자에 따라 다르기 때문에 그 기간을 일률적으로 말할 수는 없습니다. 감기가 다 나으면 감기약을 끊는 것처럼 정신분열증적 증상이 좋아졌다고 해서 약을 한순간에 다 끊을 수 있는 것이 결코 아닙니다. 정신과에서 약을 쓴다는 것은 '쓰거나 안 쓰는 것'이 아니라, 환자의 전체적 상황을 적절하게 고려·평가하여 점진적으로 올리고 당분간 유지한 후 점진적으로 내리는 개념을 가지고 생각하여야 합니다

증상이 다 좋아졌다고 해서 그때의 용량을 그대로 복용하는 것으로 하고 퇴원하는 경우에 일상적인 생활에서 다소 문제가 있을 수 있습니다. 왜냐하면 증상은 좋아졌지만 약의 부작용은 남아 있을 수 있기 때문입니다. 예를 들어 할돌이라는 약을 25mg까지 올린 뒤 한 달 보름 동안을 유지하였더니 증상이 다 좋아진 경우, 증상은 다 좋아졌지만 낮에 많이 졸립다든지 가까이 있는 글씨가 겹쳐서 보이는 등의 부작용들이 아직 남아 있을 수 있습니다. 이런 경우 퇴원하여 일상적인 생활을 제대로 수행하기가 어려울 수 있습니다. 최악의 경우는 빨리 일상적인 생활로 돌아가고

싶은 욕구 때문에 환자는 약을 끊어버리고자 하는 유혹을 받을 수 있습니다. 그래서 약을 끊게 되면 얼마 되지 않아 재발이 될 것입니다.

그렇기 때문에 정신과의사는 가능한 한 회복된 상태를 유지하면서 내릴 수 있는 최소한의 용량을 찾으려고 노력하면서 약의 용량을 조심스럽게 점진적으로 줄이는 시도를 하게 됩니다. 감량을 통해 부작용이 거의 없어지고 이제는 부작용으로 인해 일상적인 생활을 하는데 큰 지장은 없겠다 판단이 되면 몇 번의 외출·외박을 통해 첫째, 현실에 적응을 잘 할 수 있을까를 알아보고 둘째, 현실 적응력을 높이는 시도들을 통해 퇴원의 시기를 구체적으로 결정하게 됩니다. 물론 이때 환자를 받아주는 가족환경의 상황이 중요하게 고려됩니다.

약에 대해 한 가지 더 덧붙이자면 약복용의 횟수에 관한 것입니다. 약을 처음 복용할 때는 약의 부작용과 먹는 약의 개수가 많아 한꺼번에 먹는 것이 부담스러울 수 있기 때문에 하루 세 번 나누어 복용을 하게 합니다. 그러나 증상에서 회복되어 감에 따라 약용량뿐 아니라 횟수도 줄여가는데 세 번에서 두 번으로, 나중에는 소량을 저녁에만 한 번 복용하도록 합니다.

구체적으로 말씀을 드린다면, 앞서 예를 든 할돌이라는 약을 20-30mg까지 올린 뒤 감량을 하는데, 사람마다 감량하는 속도가 다 다르지만 증상이 거의 다 좋아진 경우 보통 3-5mg을 저녁에 한 번 먹는 정도까지 내리게 됩니다.

이외에도 여러 가지 고려할 사항들이 많이 있으나, 전문적 지식이 결여된 사람들에게는 잘못 인식될 수 있으므로 더 이상의 설명은 생략하겠습니다. 그러나 일반인들에게 다 설명할 수 없는 것들을 담당 의사는 고려하고 있다는 것을 염두에 두고, 그러한 영역에 대해서는 환자나 보호자들이 정신과의사를 전문가로서 인정하고 믿어 그에게 맡기는 마음이 요청된다 하겠습니다. 일반인들이 모든 것을 다 알거나 이해할 수는 없습니다. 전문가에게 일임해야 하는 영역이 있는 것입니다. 그렇기에 성실하고 실력 있는 좋은 치료자를 만난다는 것은 큰 복이라 하겠습니다.

(의사가 환자나 보호자들에게 설명해야 하는 것들을 설명하지 않는 무책임하고 불성실한 행동은 또 다른 문제로 하고 여기서는 그냥 넘어가기로 하겠습니다.)

8) 보호자는 보호자의 책임을, 의사는 의사의 책임을!

- "내 자식이니 내가 책임져야지"식의 생각은 금물!

"한 달 정도 더 있으면 많이 회복되어서 어느 정도 사회생활에 적응할 수 있으니, 입원치료를 더 받았으면 좋겠는데요."
"아닙니다. 애가 저렇게 퇴원을 원하니 퇴원시키렵니다."
"증상이 많이 좋아지긴 하였지만 아직 다 좋아진 것은 아니고 또 병에 대한 깨달음이 없으니 지금 나가면 얼마 지나지 않아 약을 안 먹는다고 하고 그래서 약을 안 먹으면 거의 재발을 하게 될 것입니다."
"그렇게 돼도 할 수 없지요. 내 아들이니까 내가 책임져야지요."

공부 잘 하던 아들이 병이 나면서 학교도 마치지 못하고 중퇴하게 되고 이상한 언행을 보이는 것이 심해져 할 수 없이 강제적으로 입원을 시켰던 어머니였습니다. 입원 때부터 어머니는 "저 아이가 무슨 잘못이 있습니까. 다 이 에미가 잘못 낳아서 그렇지요."라며 아들이 병난 것에 대한 책임을 모두 자신에게로 돌리며 마음 아파하셨습니다.

또 자신이 무슨 병이 있냐며 병원에 가서 진찰 받기를 한사코 거부하여 할 수 없이 강제적으로 입원시키는 과정에서, 모르는 남자들에 의해 강제적으로 묶여 끌려가는 아들의 울부짖는 모습에서 '내가 과연 옳은 판단을 하는 것인가?'에 대한 불안한 마음이 있었습니다. 어머니로서는 참으로 견디기 어려운 광경을 목격했던 것입니다. 그러한 마음들과 함께, 입원시킨 후 면회할 때마다 퇴원시켜 달라며 애절하게 매달리는 아들의 모습이 에미로서 자식에게 못할 짓을 했다는 자책감을 가중시켜 갔던 것입니다. 게다가 정신분열증과 정신병원에 대해 아무것도 모르는 사람들의 부정적인 얘기는 얼마나 들었을까요? 어머니는 결국 커가는 자책감을 견디지 못해 퇴원시키기로 마음의 결정을 내린 것입니다.

'내 아들이니까 내가 책임져야지요'

이런 마음은 치료자에게는 대개 절망을 안겨 줍니다. 왜냐하면 더 이상의 대화가 불가능한 경우가 대다수이기 때문입니다. 물론, 그것은 어떤 측면에선 굉장한 모성애의 표현이라고 할 수 있습니다. 참 좋은 어머니의 마음인 것이지요. 그런데 그러한 가없는 어머니의 자식사랑도 객관적인 정황을 무시하고 일방적으로 흐르게 되면 자식에게 치명적인 해를 가할 수 있는 것입니다. 자식을 위해 죽음을 포함한 모든 것을 할 수 있는 모성애의 강력한 힘도 방향이 잘못되면 그만큼 강력하게 파괴적일 수 있다고 하겠습니다.

아들을 끝까지 책임지고자 하는 마음은 귀중한 것입니다. 그러나 그 마음은 냉철한 사고를 필요로 합니다. 진정 아들을 위한 것이 무엇인지를 위해 자신이 전문적이지 않은 분야라면 전문가를 통해 알아보도록 최선의 노력을 다해야 합니다. 전문적인 문제는 전문가에게 의뢰해야 합니다. 자신의 아픈 감정을 잘 다스려 감정적으로 그 문제를 대하지 않고, 자신에게는 더 마음 아플지라도 아들을 위해 감내하며 바른 길을 선택하는 것이 어머니의 더 큰 사랑이라 할 수 있습니다.

책임은 책임질 수 있는 부분에서 지워져야 합니다. 병을 치료하는 책임은 의사에게 있습니다. 정신병의 치료는 정신병을 전문으로 하는 정신과 의사의 의견을 먼저 고려하여야 합니다. 물론, 정신과의사에 의해 주된 치료 작업이 진행되지만, 그가 다 할 수 있는 것은 아닙니다. 다른 치료진의 협조뿐 아니라 보호자들의 협조가 절대적으로 필요합니다. 정신분열증의 치료는 '정신분열증'의 치료뿐 아니라, 그 '정신분열증을 앓고 있는 사람'을 치료하는 것이기 때문입니다. 주치의는 보호자들이 치유적 작업에 어떻게 참여해야 하는지 상황에 맞게 얘기해 줄 것입니다. 보호자는 보호자가 책임져야 하는 부분을 책임지는 것이지, 모든 것을 책임질 수 있는 것은 아닙니다.

9) '정신분열증을 앓는 사람'을 치료하는 것과 '정신분열증'을 치료하는 것은 다르다

— 정신분열증을 앓는 사람의 치료는 약물치료와 함께 보조적으로 정신치료가 필요하다.

앞에서 여러 항목들에 대한 설명들을 통해 '정신분열증을 앓는 사람을 치료하는 것은 약물치료가 전부가 아니구나'라고 깨닫게 된 분이 많을 것입니다. 물론 앞에서 설명 드렸듯이 정신분열증의 주된 치료는 약물을 통한 치료입니다. 그러나 정신분열증이 생물학적 차원에 주된 원인을 갖고 있고, 인간은 생물학적인 차원에 걸쳐 있기는 하지만, 이를 넘어서는 정신적 존재이기 때문에 치료에 있어서 정신적 차원의 영향을 받지 않을 수 없습니다. 또 궁극적인 치료의 대상은 정신분열 '병'이 아니라 정신분열증을 앓는 '사람'이기 때문에 전인적인 접근이 필요한 것입니다. 단지 병을 치료한다고 하여 사람이 치료되는 것은 아닙니다.

앞에서 설명했듯이 '정신분열증은 조절하는 병이다', '정신분열증의 치료는 회복율의 관점에서 생각하여야 한다', '병에는 자기의 길이 있다' 등등 필요한 지식들에 대해 설명해야 할 것이 많고, 증상이 좋아진 이후로는 병식을 올바로 가질 수 있게 하기 위해 환자와의 면담시간을 넉넉히 가져야 합니다. 또, 바로 다음 장에서 설명하겠지만, 보호자들이 병에 대해 바로 안다는 것 역시 무척 중요합니다. 이 책에서는 다루지 않지만 재활의 과정을 잘 도와주고 정신분열증의 증상을 없애는 등 병 자체를 치료하는 것 외에, 해야 하는 일들이 얼마나 많은지 모르겠습니다.

그러므로 환자나 보호자들에게 가급적 꼭 중요한 사항들에 대해서는 충분한 설명을 성실하게 해줄 수 있는 의사를 만나는 것이 아주 중요합니다. 그러려면 잦은 면담이 필요하겠지요. 제가 강조하고 싶은 것은 정신분열증을 앓는 환자를 치료하는 것을 정신분열증을 치료하는 것과 같은 것으로 생각해서는 안 된다는 것입니다. 정확한 약물치료와 함께 포괄적 의미에서의 정신치료도 꼭 필요하다는 것입니다.

정신분열증의 치료는 약물에 의해서 거의 완성이 되지만, 정신분열증을 앓고 있는 사람의 회복은 정신치료적 접근에 의해 완성이 된다고 할 수 있습니다. 이는 그 증상이 정신적 차원에서 나타나는 정신분열증을 비롯한 정신병환자를 치료할 때 특히 중요한 개념이라고 말할 수 있습니다. 즉 병이 아니라 사람을 치료한다는 개념이 중요함을 강조하고자 합니다. 다른 정신병들의 경우에서도 그러하지만, 병을 앓은 뒤 증상에서 다 회복한 사람들은 차이는 있지만 어느 정도의 우울(우울증이라는 진단명과는 달리 하나의 증세를 말하는 것입니다.)을 겪게 됩니다. 병적인 상태에 있을 때 여러 이상한 증상들을 보였던 자기를 생생하게 기억할 수 있기 때문에, 자기의지와 관계없이 자기가 그렇게 되었다는 것이 받아들여지지 않을 수 있는 것이지요.

자기상self-image, 자존심self-esteem, 정체성identity 등에 상처를 받게 되면서, 많은 경우는 아니지만 심각한 경우 우울증을 앓게 될 수도 있습니다. 이는 병적 상태에서 회복된 후 겪게 되는 것으로 '정신병 이후의 우울증post-psychotic depression'이라 합니다. 우울증이라는 진단을 받을 정도에 이른 경우에는 아주 조심스럽게 대처하여야 합니다. 만약 치료적으로 잘 다루어 주지 않으면 자살을 시도하는 가능성이 아주 높고, 자살 성공율도 높습니다. 이 우울증은 학력이나 사회적 위치가 높은 사람일수록, 치료가 완치에 가까우면 가까울수록 더 심하게 앓게 되는 경향이 있습니다.

정신병의 치료에는 성공하였지만 만약 정신병을 앓았던 환자가 증상에서 다 회복된 후, 자신이 정신병을 앓았다는 것을 알고 빠지게 되는 우울상태post-psychotic depression 때문에 결국 자살로 생을 마쳤다면 그 치료가 무슨 의미가 있겠습니까? 그렇기에 그러한 우울증이 생기지 않도록 미리 치료자가 병에 대해 그리고 병의 정신적이고 영적인 의미에 대해 진지하고 설득력 있게 설명하는 것이 아주 중요합니다. 그래서 병의 존재를 있는 그대로 받아들일 수 있게 된다면 그 사람은 아주 높은 사회복귀율을 보일 것입니다. 재차 강조하지만 약물치료와 함께 정신치료적인 접근을 하여야 온전한 치료가 이루어지는 것입니다.

2. 통원치료의 중요성

- "선생님, 병이 다 나았는데 왜 통원치료를 받아야 하지요?"

앞에서 정신분열증은 조절의 개념을 가지고 대해야 함을 강조하였습니다. 이는 구체적으로는 통원치료의 중요성을 말하는 것이나 다름이 없습니다. 정신분열증의 증상이 다 좋아졌다는 것은 완치된 것이 아니라, 약에 의해 증상이 억제되어 있다고 할 수 있습니다. 그렇기 때문에 중간에 약을 끊으면 억제되어 발현되지 않았던 증상이 나타나게 되는 것입니다. 재발인 것이지요.

앞에서 언급하였는데, 우리는 모두 어렸을 때 콜레라 예방주사를 맞았습니다. 콜레라가 걸리지 않았는데도 맞는 것은 나중에 콜레라에 걸리지 않게 하기 위한 준비작업인 셈이지요. 증상이 없지만 약물복용을 포함한 통원치료를 받는 것은 그런 식의 예방주사를 맞는 것과 똑같은 이치입니다. 계속하여 약을 복용하는 것은 지금 정신병적 증상이 있어서가 아니라, 앞으로 있을 수 있는 재발을 방지하기 위한 것입니다. 재발하지 않고 평생을 증상에서 자유로워, 주어진 인생을 인간의 존엄성을 가지고 살 수 있는 것은 통원치료에 달려 있다고 할 수 있습니다. 이러하기 때문에 통원치료의 중요성은 아무리 강조해도 지나치지 않습니다.

이와 관련하여 하나 더 강조한다면, 정신과환자들은 다른 과의 환자와는 달리 평생이 될지도 모르는 오랜 기간 동안을 의사와 만나야 하기 때문에 좋은 의사를 만난다는 것이 특별히 중요합니다.

또 정신과환자에게는 입원치료도 중요하지만 그것은 상대적으로 짧은 기간이고 통원치료를 받는 기간이 훨씬 길기 때문에, 어느 병원에서 입원치료를 받느냐 하는 것과 함께 중요하게 생각해야 하는 것이 통원치료를 어디에서 받느냐 하는 것입니다. 오랜 기간 통원치료를 받아야 할 텐데 너무 멀지 않고 오가기에 편리한 곳에서 받는 것이 중요하기 때문입니다. 다행히 입원하는 병원과 통원치료를 받을 수 있는 곳이 같은 곳이라면 제일 안성맞춤이겠지요.

그러나 입원치료와 통원치료를 받을 병원이 다를 가능성이 높은 경우에는, 처음부터 같은 병원에서 입원 및 통원치료를 받을 수 있는 곳을 선택하고 노력하는 것이 필요합니다. 왜냐하면 환자-의사관계도 인간관계인데, 통원치료를 다른 의사에게로 가서 받는다면 자기의 얘기를 처음부터 다시 해야 한다는 것이 새롭게 맺어야 하는 환자-의사관계가 부담이 될 수 있기 때문입니다. 때로 잊어버리고 싶은 병적인 시기를 떠올려야 하는 것이 환자에게는 큰 고통일 수 있습니다.

또 정신분열증환자가 생기면 당황해서 통원치료 등과 같은 전체적인 고려 속에 입원할 병원을 찾는 것이 아니라, 좋다고 하는 의사가 있는 병원 또는 좋다고 하는 병원을 앞뒤 가리지 않고 찾아 나서는 사람들이 적지 않기 때문입니다.

물론, 입원치료를 좋은 병원의 좋은 의사에게서 받는 것이 우선 중요합니다. 그러나 그 병원이 나중에 통원치료를 받기에 너무 먼 곳에 있고, 가까이 있는 병원이 비교적 괜찮고 또 괜찮은 의사가 있다면 너무 무리하면서 먼 곳을 선택할 필요는 없습니다. 그러나 가까운 곳에 있는 병원이 썩 좋지 않고 또 신뢰할 만한 의사가 없다면, 다소 먼 곳에 있더라도 좋은 의사가 있는 좋은 병원을 선택하여야 할 것입니다. 나중에 통원치료는 개인 병원 중에서 잘 선택하여 받으면 큰 무리는 없을 것이기 때문입니다.

이 문제를 지면으로만 다룬다는 것은 한계가 있지만 여하튼 어떤 선택을 할 때, 여러 가지를 전체적인 조명 속에서 고려해야 한다는 정도의 이해만이라도 있게 된다면 소득이 있는 작업이라고 자위할 수 있겠습니다.

1) 통원치료에 있어서, 보호자의 병에 대한 이해의 중요성

- 보호자의 역할

(1) 약물복용 여부의 확인

통원치료는 처음에는 대개 일주일에 한 번이나 두 번 정도, 많이 안정이 되면 한 달에 한 번 정도 하게 됩니다. 그렇기 때문에 입원 시에도 보호자의 역할이 중요하지만, 통원치료를 받는 과정에서 보호자의 역할은 거의 결정적이라 할 수 있을 정도로 중요합니다. 왜냐하면 입원 시에는 주치의가 매일 환자의 상태를 체크할 수 있지만, 퇴원하여 통원치료를 받을 때는 대부분의 시간을 보호자와 지내게 되기 때문에 환자의 상태에 대해 보호자가 더 잘 알게 되고 무엇보다도 환자가 약을 제대로 복용하고 있는지 체크하는 역할을 하기 때문입니다.

물론 체크를 하시되 지혜롭게 환자가 알지 못하도록 해야 합니다. 혹 잘 복용하고 있는데 체크하고 있음을 알면 환자의 건강한 자존심에 상처를 줄 수 있기 때문입니다. 또 잘 복용하지 않는 환자가 체크 당하는 것을 알게 되면 좀더 교묘하게 보호자 모르게 복용하지 않는 것을 숨기려 할 것이기 때문입니다.

(2) 환자의 설득과 재활로의 인도

보호자가 정신분열증에 대한 지식을 잘 습득하고 있다면, 우선 환자가 약을 거부할 때 적극적으로 설득할 것입니다. 약의 부작용을 증상 또는 증상의 악화로 오해하지 않을 것입니다. 그렇게 준비된 보호자는 병의 재발을 막을 뿐더러, 환자가 사회로 잘 복귀할 수 있도록 재활치료에도 적극적이어서 환자는 그만큼 향상된 능력으로 높은 사회복귀를 하게 될 것입니다. 그런 의미에서 보호자 교육에 열심인 의사와 병원이 좋은 의사요 좋은 병원이라 할 수 있습니다.

(3) 재발의 감시

통원치료를 받는 중에 약물의 감량이 시도됩니다. 재발을 방지할 수 있는 최소량의 유지용량을 찾습니다. 당연히 부작용도 최소화됩니다. 최소 유지용량은 대략적으로 큰 차이는 없지만, 사람에 따라서는 얼마든지 다를 수 있습니다. 객관적으로 정해진 양이 있는 것이 아니라, 의사의 주의 깊은 관찰에 의한 판단에 의해 결정이 됩니다.

환자에 따라서는 계절의 영향을 받는 분들이 있습니다. 예를 들어, 겨울에서 봄으로 넘어가는 환절기에 병의 기운이 증가가 되는 것입니다. 그럴 때는 적절하게 약물용량을 증량시켜야 하는데 통원치료기간이 많이 떨어져 있어서 적절하게 증량하지 못하여 재발이 되는 경우가 있습니다. 드물지만, 경우에 따라서는 환자의 닫힌의식(무의식)의 세계에 자리 잡고 있는 마음의 응어리가 강하게 자극받는 상황에 처하게 될 때 병의 기운이 증가가 되어 제대로 대처하지 못하면 재발이 될 수도 있습니다.

예를 들어 설명하면, 첫 발병시 빠른 입원치료 때문에 거의 100%에 가까운 회복을 보인 환자가 있었습니다. 퇴원하여서도 통원치료를 잘 받으면서 직장생활을 잘 해오고 있었는데, 갑자기 직장생활을 잘 하지 못하더니 그만 두게 되었고, 통원치료까지 중단하게 되었습니다. 그후 몇 개월이 지난 뒤에 재발이 되어 폐인에 가까운 모습으로 병원에 강제적으로 이끌려 다시 입원치료를 받게 되었습니다.

직장 생활을 잘 수행하고, 치료자와의 관계도 좋아 통원치료를 잘 받던 그가 왜 직장을 그만두고 통원치료를 중단하게 되었는지 그 이유를 잘 알 수 없었는데, 입원치료가 정상적으로 진행되어 퇴원을 얼마 앞두지 않은 시점에서 그 이유를 알게 되었습니다. 주위사람들에게는 나빠진 것이 갑작스러운 것으로 보였지만, 그의 정신세계에서는 나름대로 이유가 있었습니다. 병의 악화가, 연도는 다르지만, 부모님이 이혼한 날을 앞뒤로 해서 일어났다는 것을 알게 되었습니다. 그의 부모는 이혼 전부터 관계가 좋지 않았지만, 그는 부모 각각과 아주 좋은 관계를 가지고 있었습니다. 그 나름대로는 두 분의 관계를 좋아지게 하려고 열심히 노력했으나 결국 이혼하시게 되었습니다. 그런 역사가 있었기 때문에 부모님이 이혼하신 날이 가까워오면 마음의 상처가 도지게 되는데, 스스로 감당할 수준이 되지 못해서 증상을 악화시키기에 이르렀던 셈입니다.

정신세계는 아주 복잡하여서 환자나 치료자가 예상하지 못한 상태에서 어떤 일이 일어날 수가 있습니다. 환자의 정신세계를 잘 알면 알수록 그만큼 그를 정확하게 도와줄 수 있게 됩니다. 물론, 재발의 가장 많은 원인은 치료자와 보호자를 속이고 약을 복용하지 않는 경우입니다.

여하튼 재발이 되는 경우, 병의 악화가 급작스럽게 이루어지지 않듯이, 재발 역시 급작스럽게 이루어지지 않고 대부분의 경우 점진적으로 이루어집니다. 그렇기 때문에 재발의 초기에 나타나는 증상을 발견할 수 있다면, 적지 않은 경우들에서, 외래에서 적절하게 약물을 조절함으로써 입원을 시키지 않고 치료할 수 있습니다.

입원치료를 해야 하느냐 또는 통원치료로 치료를 가능하게 하느냐 하는 것은 환자의 삶에 결정적 영향을 끼칠 수 있습니다. 입원치료를 한다는 것은 그 전까지 환자가 영위해 온 생활의 연속성이 깨지는 것을 의미합니다. 직장인이라면 직장을 쉬거나 그만두게 되고, 학생이라면 휴학을 하여야 합니다. 안타깝게도 결혼생활의 연속성이 깨지면서, 불행한 경우 이혼을 당하는 분들도 있습니다.

이러한 측면에서 통원치료 시 환자를 잘 관찰하는 보호자의 의식의 중요성을 아무리 강조해도 지나치지 않습니다. 물론, 치료자와의 신뢰 관계가 잘 구축되어 있는 환자의 경우에는 자기에게 이상의 징조들이 나타날 때 스스로 얘기하기도 하지만, 기본적으로 환자의 삶의 연속성을 지켜가기 위해서는, 환자-보호자-치료자, 이 삼자의 협력이 아주 중요하다고 하겠습니다.

그럼 자연히 재발초기의 징조들이 어떠한가가 궁금하게 될 것입니다. 재발의 징후는 꼭 그렇지는 않지만, 대개 처음 증상이 나타났을 때와 비슷하다고 생각하면 됩니다. 그러나 발병 당시는 주의를 기울여 살피지 않았기 때문에 병이 처음 시작되었을 때의 양상을 자세히 모르시는 보호자들도 꽤 있을 것입니다. 그렇기 때문에 간략하게나마 재발 초기에 다수의 환자에게서 나타나는 변화들에 대해 언급하는 것이 관찰하는데 도움이 될 것입니다.

2) 주의하여 관찰해야 할 재발 초기의 양상들

재발의 경우도 각각의 양상이 다 다르다는 것을 기억하셔야 합니다. 우선 앞서 살펴본 정신분열증의 초기증상을 떠올리시기 바랍니다. 재발의 초기증상도 그와 비슷하게 오는 경우가 많습니다. 자세히 살피려면 한이 없을 것이고, 우선 보호자들이 꼭 알아 두셔야 하는 증상들에 대해서만 언급을 하도록 하겠습니다.

(1) 환각증상

환각증상 중에서 가장 두드러지는 것이 환청임을 앞의 설명을 통해서 잘 알고 계실 것입니다. 이 환청에 대해서만 살펴보겠습니다.

어떤 분에게는 다른 변화가 없이 환청이 먼저 나타날 수가 있습니다.

환청이 나타나면 환청에 주의를 기울이게 되기 때문에, 주위 사람들이 볼 때 그 사람의 연속적인 정신상태가 끊기면서 다소 엉뚱한 모습을 보일 수가 있습니다. 일을 하다가 갑자기 멈추면서 무엇인가에 골몰하는 듯한 모습 등을 보이는 것입니다. 그렇게 어떤 흐름이 끊어질 때 의심해 볼 수 있습니다. 물론, 심해지면 환청의 목소리에 대꾸를 하느라 뭔가 혼자 얘기합니다. 주위 사람들에게는 혼잣말하는 것처럼 보입니다.

(2) 망상증상

망상증상 중에는 관계망상이 먼저 나타나는 경우가 많습니다. 앞에서 설명을 드렸지만, 관계망상이라는 것은 자기와 아무런 관계가 없는 것에 자기를 관련시키는 것입니다. 예를 들어 버스를 기다리는데 뒤에서 알지 못하는 두 사람이 얘기하는 것을 자기에 대해 흉을 보고 있다는 식으로 생각하는 것입니다. 집에서도 다른 식구들의 말과 행동을 자기와 연관시켜 자기를 괴롭히기 위해서 음모를 꾸민다는 식으로 생각하는 것 등등입니다. 내용적으로 피해망상이 함께 나타나는 경우가 많습니다.

그렇게 되면 환자는 당연히 긴장하게 될 것입니다. 전과 달리 자기와 관계되는 사건들이 늘어나게 되는 것으로 생각하기 때문입니다. 엉뚱하게 신경질을 내는 횟수도 늘어나게 될 것입니다. 그러면서 생활이 위축되고 혼자 있는 시간이 많아질 것입니다. 정상적인 다른 일에 주의를 기울이는 것에도 문제가 있게 될 것입니다.

물론, 이외에도 다양한 망상들에 의한 변화가 있을 것이지만 그러한 것들에 대해서는 생략하도록 하겠습니다.

(3) 기타

그 외에도 환각과 망상 등과 관련되어 또는 관련 없이 나타나는 사고, 감정, 행동의 장애들이 나타나게 됩니다. 순서 없이 열거해보면 다음과 같으며 이러한 증상에 대해 주의를 기울여야 할 것입니다.

이야기의 앞뒤 연결성이 다소 떨어진다.
얼굴이 긴장되면서 감정표현이 줄어든다.
부적절한 몸짓이나 행동이 나타난다.
식사, 수면 등의 생리적인 측면에서의 변화가 나타난다.
어떤 일에 오래 집중하지 못한다.
씻거나 옷 입고 화장하기 등의 자기관리를 등한시하게 된다.

제3장

항정신병 약물의 부작용

- "정신병원에 입원시켰더니 더 악화되는 것 같더라."
- "정신과 약물을 복용하면 머리가 나빠진다는데요?"

정신과의 약물에 대해 온갖 나쁜 것을 다 갖다 붙이는 사람들이 있는데, 아무것도 모른다는 것을 드러내주는 증거라 할 수 있습니다. 사람들은 모를수록 모르는 것에 대해 막연한 두려움을 가지면서 나름대로의 부정적인 추측을 뒤집어씌우는 경향이 있습니다. "정신병 약을 먹어봤더니 너무 독하더라.", "정신병 약은 신경을 죽이는 것 아니냐?"는 생각이 그 예입니다.

보호자들이 환자를 병원에 입원시킨 뒤 처음 면회를 와 환자를 보고나서 위와 같은 내용의 얘기를 하는 경우를 많이 경험하게 됩니다. 점차 나아지고 있지만, 아직 정신병원에 대한 부정적인 이미지 때문에 무엇인가 이상하게 느껴지면 정신병원에 대해, 심한 경우 정신과 전문의에 대해서까지도 쉽게 불신하게 되는 경향이 아직도 강합니다.

일반인들이 정신병원의 병동에 대해 직접 경험할 수 있는 기회는 거의 없고, 주로 TV, 라디오, 신문 등의 대중매체를 통해 기사화되는 불법감금의 수용소에 대한 지극히 비인간적인 사례들에 일방적으로 노출되게 됩니다. 그럼으로써 갖게 되는 잘못된 개념들을 정신병원에까지 적용하여 정신병원을 의심 어린 눈으로 바라보게 되는 측면이 있습니다. 또 정신병원을 대상으로 하는 TV 드라마나 영화는 시청자들의 호기심을 끌기 위하여 지극히 부정적인 측면을 가상적으로 극화시켜 다룬 것들이 대다수이기 때문에 정신병원에 대한 인상을 일반인들이 바르게 사실적으로 인식하기가 쉽지는 않습니다.

그러나 정신병원은 다른 일반병원과 같이 정신 '의학'에 기초하여 과학적인 치료를 하는 곳입니다. 정신병원 또는 항정신병 약물에 대한 위와 같은 부정적인 말들은, 특히 항정신병 약물의 부작용에 대한 무지에서 나온 것들입니다.

약의 선택은 치료 효과를 극대화하고 부작용을 최소화하는 두 가지 요소를 함께 고려하여 이루어진다

치료자가 약을 선택할 때에는 크게 두 가지의 측면에서 생각하게 됩니다. 하나는 치료적인 측면이고, 다른 하나는 부작용의 측면입니다. (물론, 이러한 선택은 환자의 개인적 조건- 성, 나이, 투병기간, 동반질병 등등-을 고려하는 가운데 합리적으로 이루어집니다.) 당연히 치료적인 효과가 크고 부작용이 적은 약을 선택하게 됩니다.

그런데 치료의 효과가 가장 높은 약이 항상 부작용도 가장 적은 것이 아니라는 데 치료자의 고민이 있습니다. 아무리 치료효과가 높다 하더라도 부작용이 심각한 약이라면 선택하기 어려운 것입니다. 의학에서 사용하는 모든 약들은 거의 의미가 없는 부작용이라 하더라도 부작용이 있는 것같이, 정신과에서 사용하는 약물들도 부작용이 있습니다.

  부작용에 대한 이해가 부족할 때, 전혀 엉뚱한 판단을 내리게 될 가능성이 높다고 하겠습니다. 심할 경우에는 부작용을 가지고 정신분열증의 호전이나 악화의 여부를 판단하는 지경에까지 이르기도 합니다. 예를 들어 "정신병원에 입원시켰더니 더 악화되는 것 같더라."든지 "정신과 약을 먹였더니 사람이 더 바보가 되더라."라는 식의 판단을 하는 경우들입니다.

  또는 환자들의 주관적 느낌에 따라 약이 맞느냐 맞지 않느냐 하는 판단을 하기도 합니다. 환자분이 편하여 자기에게 맞는 것 같다고 하면 진짜 그 약이 맞는 것으로 생각하는 보호자들이 있어 그 약을 끝까지 고집하기도 합니다. 물론, 가능하면 부작용이 적어 환자에게 편한 약을 선택하려고 노력합니다. 그러나 때로는 다소간 환자가 불편해하는 부작용이 있더라도 치료적 효과를 극대화시키기 위해 어쩔 수 없이 다른 약을 선택하기도 합니다.

  보호자들이 약물에 대한 부작용에 대해 제대로 알지 못한다면, 결국 잘못 판단하여 보호자들의 일방적인 생각에 따라 의사가 동의하지 않는 퇴원이 이루어질 수 있습니다. 약물에 대한 보호자의 불신 때문에 결과적으로 환자에게 약물을 복용하지 못하게 합니다. 약물치료가 중지된 환자의 증상은 악화될 수밖에 없으며 결국 만성화되는 악순환의 길을 걷게 되는 안타까운 일이 일어납니다. 그러기 때문에 정신과 약물의 부작용에 대해 어느 정도의 공부를 한다는 것은 환자는 물론 보호자들에게도 필수적입니다.

  부작용에 대해 자세히 살피자면 상당한 분량의 설명이 필요하나, 빈번한 증상으로 일반인들이 알아둘 필요성이 높은 것들에 대해서만 선별적으로 살펴보기로 하겠습니다.

1) 가성파킨슨 증후군 pseudo-Parkinsonian syndrome

첫 면회를 하는 보호자들을 제일 많이 놀라게 하는 부작용이라 할 수 있는 것으로 나타나는 양상은 다음과 같습니다.

무표정에 가까운 얼굴표정
침 흘림
온몸이 굳어 있는데다가 다소 구부정한 자세
손, 팔다리 등 신체기관의 떨림
느릿하나 촉박하게 걷는 모습
높고 낮음이 없는 단조로운 그리고 느려진 목소리

이와 같은 증상이 함께 나타나는데, 이에 대해 보호자들은 "정신과 약은 신경을 죽인다더라.", "정신과 약은 너무 독하다던데., 정신과 약은 사람을 바보로 만든다는 얘기가 있는데." 등등 주위에서 들은 얘기를 하면서 퇴원을 시켜야 하느냐, 아니면 믿고 입원을 계속 지속시켜야 하느냐는 문제로 심각한 고민을 하게 되기도 합니다. 약에 대해 지식이 없는 보호자들로서는 당연한 고민이라 하겠습니다.

사실 투약의 초반부에 나타나는 이 부작용을 보고 일반인들은 많이 놀랄 수 있습니다. 그러나 이것은 초반부에 잠깐 나타나는 것인데 해소제의 투여와 함께 시간이 지나면 원상으로 회복되게 되어 있습니다. 치료의 전

기간을 관찰하게 되는 환자의 보호자인 경우에는 약의 부작용이 나타나 기는 하지만 시간이 경과하면서 다 회복이 되는 것을 직접 경험을 하기 때문에, 이후에 다른 사람들에게 부작용에 대해 정확한 얘기를 해줄 수 있습니다.

그러나 치료의 전 기간을 지켜보지 않고 초반부에 면회 와서 한 번 본 인상을 가지고 정신병원에서의 치료 또는 정신과 약에 대해 얘기하는 사람들은, 그 한 번이 자기의 경험의 전부이기 때문에 "정신병원에 들어가면 사람이 더 바보가 되는 것 같더라."라고 얘기하면서 퇴원시키라고 조언(?)을 할 것입니다. 그렇게 환자의 전 치료과정을 직접적으로 경험하는 보호자가 아니라, 옆에서 스쳐 지나가듯 보는 사람들은 엉뚱하게 얘기할 수 있습니다.

2) 수면과다(기면)

약에 따라 다소 차이가 있지만, 항정신병 약물에는 수면을 증가시키는 부작용이 있습니다. 이는 꼭 부작용으로만 작용하는 것이 아니라 수면부족을 보이는 환자에게는 치료적인 의미를 가지기도 합니다.

3) 근육긴장이상증

머리, 목, 입술, 혀, 그리고 몸통 등에서 돌발적으로 일어나는 이상경련을 얘기합니다.

4) 안절부절(장시정좌불능증)

누워 있으면 뭔가 불편해서 오래 누워 있지 못하고 앉게 되고, 앉아 있으면 또 불편하여 일어나게 되고, 일어나면 움직여야 하는 식으로 한 자세를 오래 취하지 못하고, 앉았다 일어났다를 반복하거나 왔다갔다를 반복하는 것을 말합니다. 환자에 따라서는 '안절부절못하다.', '무릎이 시리다.', '한 군데 오래 앉아 있지 못하겠다.', '불안하다.', '서성거리게 된다.' 등등 다양하게 표현되는 부작용입니다. 환자에게 상당한 괴로움을 주는 것이니 환자 스스로 잘 표현하나, 혹 괴로움을 당하면서도 참고 지내는 경우도 있으니 유의하여 관찰하는 것이 필요합니다.

5) 자율신경계의 부작용

입안이 마르고, 힘이 없고, 일어날 때 어지럽고, 글씨가 두 개로 겹쳐 보이는 등의 시력장애, 변비, 소변이 잘나오지 않거나 드물게 성적인 장애 등이 있습니다.

6) 내분비계의 부작용

체중의 증가, 성욕의 감퇴, 여성의 경우 월경의 이상(무월경, 과대 월경, 과소월경 등)과 유두에서 젖이 나오는 증상, 남성의 경우 발기 부전 등등이 있습니다.

이 부작용으로 인해 '결혼하는 데 지장은 없는지' 은밀하게 물어오는 보호자들이 많습니다. 그러나 아이를 가지는 데에는 영향을 주지 않는다고 할 수 있습니다. 그러나 아주 드물지만 약이 태아에 영향을 줄 가능성이 있기 때문에 임신을 원할 때에는 담당의사와 신중히 상의하는 것이 꼭 필요합니다. 예를 들어 환자의 상태가 가장 좋을 때를 선택하여 가능한 범위 내에서 약의 용량을 최소로 유지하는 등의 조치를 취한다거나, 환자에 따라서는 계절에 따라 또는 어떤 사건이 있었던 시점에 따라 개인적인 증상의 굴곡이 있음을 고려하여 최선의 시기를 선택해야 하기 때문입니다.

여성인 경우 월경이 없고 유두에서 젖이 나와서 임신이 되었다고 생각하여 일어나는 해프닝들도 가끔 있습니다. 무엇이든 의문점이 있다든지 어떤 생각이 있을 때 담당의사와 상의하는 습관을 들이시기를 바랍니다.

이상과 같은 부작용 이외에도 드물게 일어나는 부작용까지 언급하면 상당한 분량이 될 것입니다. 지면상 그렇게 할 수 없고 또 아주 드문 부작용까지 알아야 될 필요도 없다고 하겠습니다. 약을 복용하면서 전과 다른 이상이 있을 때에는 담당의사에게 보고하여 설명을 듣도록 하는 것이 좋겠습니다.

이상과 같은 부작용들은 다소간 차이가 있지만, 시간이 지나거나 또는 증상이 호전이 있어 약물 용량을 줄이면서 조절하게 되면 모두 완전하게 회복되는 - 완전히 가역적인 - 것들이니, 이러한 부작용들로 인해 부적절한 고민을 하시지 않아야 하겠습니다.

이상의 부작용들이 한 사람에게 모두 나타나는 것은 아닙니다. 사람에 따라 특별히 잘 나티니는 부작용이 있습니다. 또 각각의 항정신병 약물에 따라 주로 나타나는 부작용들이 있습니다. 이에 대해서는 대략적인 분류가 되어 있으니 쓰고 있는 약의 주된 부작용에 대해서는 주치의로부터 잘 설명을 들어야 할 것입니다.

7) 만발성 운동 부전증

단 하나 정상으로 되돌아오지 않을 수도 있는 지속적인 부작용이 있는데, 원하지 않게 몸 전체가 또는 부분이 움직여지는 것을 말합니다. 이는 대개 수년 이상의 장기간 동안 항정신병약을 복용했을 때 드물게 나타나는 부작용입니다.

증상은 혀와 입에서 자주 또는 먼저 나타나는 경우가 많은데 무엇을 씹거나 빠는 듯한 입모양을 보이거나, 혀를 날름거리듯 입 밖으로 내민다든지 토끼같이 입술을 실룩거리게 됩니다. 그 외에 팔, 다리, 또는 몸 전체를 환자가 원하지 않게 흔들게 되는 경우들을 말합니다. 드문 증상이기 때문에 자세히 설명하여 환자나 보호자들에 불필요한 불안감을 야기할 필요는 없을 것으로 생각합니다.

그러나 혹 의심되는 이상운동이 보일 때는 바로 담당의사와 상의하시도록 하십시오. 때때로 환자나 보호자가 하나의 버릇으로 오해하는 경우도 있으니 주의하시기 바랍니다. 이 부작용이 나타나면 대개의 경우 다른 약으로 바꾸게 되는데, 적절한 시기에 바꾸게 되면 많은 경우 정상으로 회복됩니다. 또 최근에 개발된 약물 중에는 이 부작용을 거의 보이지 않는 것도 있으니 너무 걱정하지 않으시기 바랍니다.

약물은 항정신병의 효과를 높이는 쪽뿐 아니라, 부작용을 줄이는 쪽으로도 개발되고 있습니다. 부작용이 줄어든 항정신병 약물에 대한 발전이 많이 이루어져서, 지금은 위에서 열거한 부작용들이 거의 나타나지 않는 약들이 많이 나와 있습니다. 혹 부작용이 나타난다 하더라도, 각각의 부작용을 해소시키는 약물이 많이 개발되어 환자들이 부작용으로부터 많이 자유롭게 되었다고 하겠습니다. 앞으로도 더 좋은 약물들이 나올 것이므로 항정신병 약물의 부작용에 대해 지나치게 염려하지 않았으면 합니다. 반복하여 강조하지만, 부작용들은 거의 일시적인 것으로 다시 회복할 수 있음을 기억하시기 바랍니다.

　이상으로 일반인을 위한 정신분열증의 개괄적인 설명을 마치게 되었습니다. 나름대로 중요한 내용으로 비전문인에게 도움이 되는 부분만 다루려는 목적에서 과감히 생략한 내용이 많은데 이렇게 마치려니 아쉬운 마음이 듭니다. 특히, 재활영역에 대해 다루지 못한 것이 마음에 걸립니다. 그러나 이에 대해선 그쪽으로 연구하는 사람들에 의해 제가 쓰는 것보다 훨씬 나은 책자들이 나와 있고 또 나올 것을 기대합니다.

제4장

기타 주요 정신병

정신분열증을 다루는 것이 목적이지만, 간략하게나마 몇몇 주요 정신병에 대해 다루는 것도 필요할 것으로 판단되었습니다. 각각에 대해 정신분열증에서와 같이 자세하게 다룬다는 것은 무리인 것 같아, 증상을 위주로 간단히 설명하겠습니다. 물론, 이러한 정신병의 치료적 접근은 주로 입원을 통한 약물치료가 되니, 설명을 듣고 해당하는 정신병을 앓고 있다고 생각되는 사람이 있다면 빨리 정신과 전문의를 찾아 진단을 받도록 하여야 할 것입니다.

1) 기분 장애mood disorder 또는 정동 장애affective disorder

모든 사람의 기분에는 각자 나름의 특징적 기질이 있습니다. 어느 날 일어날 때는 다른 날보다 몸이 더 개운하고 기분이 상쾌할 수 있습니다. 또는 찌뿌듯하며 침체된 기분에 잠겨 있을 수도 있습니다. 그렇게 사람들의 기분이란 시간에 따라 다소간 올라갔다 내려갔다 하게 되어 있습니다.

정상이라는 절대적인 기준은 있을 수 없지만, 정상적인 대부분의 사람들이 어느 이상 올라가지 않고 어느 이하 내려가지 않는다고 생각하는 범위를 기분의 정상적인 범위라 할 수 있습니다. 그렇게 상식적으로 정상적인 범위를 정한다면, 보통 사람들은 그 정상범위 내에서 오르락 내리락 하지, 그 이상으로 올라가거나 그 이하로 내려가지 않는다고 할 수 있습니다.

조증이란 기분이 올라가는데 정상범위를 훨씬 넘어 올라가는 경우를 말하며, 우울증이란 기분이 내려가는데 정상범위를 훨씬 넘어 내려가는 경우를 말합니다.

(1) (정신병적) 우울증 (psychotic) depressive disorder

모든 면에 있어서 의욕과 관심이 떨어지면서 일련의 증상들이 나타나는 정신병적 장애를 말합니다. 물론, 그 원인은 뇌의 생물학적 이상입니다.

수면에 대한 의욕이 서서히 떨어지면서 불면이 생기고, 먹는 것에 대한 의욕이 떨어져 식욕감퇴가 일어나는데, 한 두끼 정도를 먹지 않아도 식욕이 생기지 않다가 나중에는 몇 일을 전혀 먹지 않게 되어 건강 뿐 아니라 생명을 위협하기에 이르기도 합니다. 식욕감퇴에 따른 체중감소가 당연히 일어나고, 성욕이 떨어져 부부관계를 갖지 못하게 됩니다. 일상적인 것에 대한 관심이 떨어져, 가정주부인 경우는 집안일을 점차적으로 등한시하여 나중에는 식사준비도 못하고, 직장인의 경우는 조퇴하는 일이 잦다가 퇴직을 당하게 되고 학생은 점차 공부에 대한 집중력이 떨어지다가 공부를 전혀 못하게 되는 상태에 이르게 됩니다.

　외부적인 것에 대한 관심이 떨어져 바깥출입이 줄게 되고, 심하게 되면 몸을 움직이기조차 못하게 되고, 신앙인의 경우 점차 영적인 관심이 떨어지면서 점차 기도시간이 줄어들다가 안 하게 되고, 신앙적 활동이 줄어들다가 주일날 예배를 드리지 못하는 지경에 이르게 되고 나중에는 신앙인이라 할 수 없는 상태로 빠지게 됩니다.

　자기에 대한 부정적인 마음이 일어나 심해지면서 무능력감, 열등의식, 허무감, 절망감 등등을 낳게 됩니다. 결국에는 자기를 도와줄 아무도 없고helpless, 자기 미래는 아무런 희망이 없다hopeless라는 극단적 절망감에 이르러, 결국 왜 살아야 하는지에 대한 의미를 잃어버리게 되고 점차 죽음에 대한 생각이 깊어지면서 자살에 대한 생각이 일어나고, 최종적으로 자살을 기도하기에 이르게 됩니다. (이상은 병을 방치했을 때 일어날 수 있는 것들을 열거한 것입니다.)

　일반인들이 정신병적 우울증의 심각성을 바로 깨달아야 할 필요성이 있는데, 제대로 치료를 받지 않는다면 자살로 생을 마치게 되는 경우가 적지 않다는 것입니다. 간간히 우울증을 앓고 있던 유명 연예인들이 자살을 한 기사들이 실려 우울증에 대한 관심이 깊어지는 측면이 있는데, 실제로 심각한 병입니다.

　(2) 조울증manic and depressive disorder

　(우울증을 앓고 있는 사람들은 주위에서 적지 않게 경험하여 일반인들도 어느 정도의 지식이 있으나, 조증의 경우는 상대적으로 경험하는 것이 드물기 때문에 아는 것이 많지 않다고 판단하여 좀 자세하게 다루겠습니다.)

전문적인 용어로는 양극성 기분장애라고 하지만, 일반인들에게는 조금이라도 더 익숙한 용어를 쓰는 것이 좋을 것 같아 선택하였습니다. 조울증이란 말 그대로 조증과 우울증을 합쳐 놓은 것입니다. 여기서 우울증이란 물론 정신병적 우울증을 나타냅니다. 우울증에 대해서는 바로 위에서 설명을 하였으니 조증에 대해서 설명 드리도록 하겠습니다.

조증mania은 우울증과는 다르게 의욕이 지나치게 고조되면서 일어나는 정신병적 장애입니다. 기본적으로 기분이 좋아 들떠 있고, 무엇이든 하면 잘 할 것 같은 자신감이 팽창되어 있다고 할 수 있습니다.

초기에는 평소보다 명랑해지고 의욕이 많아져 주위 사람들에게는 좋은 변화쯤으로 받아들여집니다. 본인도 그러한 상태에 있는 것을 좋아합니다. 전보다 잠을 덜 자도 피곤한 줄을 모르고 일에 몰두할 수 있어 자신의 신체적 상태가 아주 좋은 상태에 있는 것으로 생각하며 만족해 합니다.

그러나 정도가 조금씩 지나치게 되면서, 말이 많아지고 자기주장이 점차 강하게 되어 대화를 할 때 다른 사람들의 말을 거의 듣지 않고 자기 얘기만 하게 됩니다. 자기가 하는 것은 모두 성공할 것 같은 자신감에 여러 계획들을 벌리기 시작합니다. 이는 기분이 고양되면서 자기를 과대적으로 높여 생각할 뿐더러inflated self-esteem, 머리 속에서 멋지게 느껴지는 여러 가지 생각들이 저절로 떠올라 실행에 옮기게 되는 것입니다.

가정주부인 경우는 쇼핑 때 사가지고 오는 물건의 양이 점차 늘어나게 되고, 부동산투기를 하는 사람은 자기가 사 놓는 것마다 투기가 성공할 것 같아 은행대출 등을 통하여 무리하게 돈을 끌어들여 여기지기 계약을 맺게 되고, 사업을 하는 사람은 새로운 사업을 무리하게 벌이게 됩니다.

사고가 어느 정도 빠르게 진행이 될 때는 논리가 그런대로 있었는데, 결국에는 너무 빠르게 진행이 되어 듣는 사람으로서는 연결이 전혀 안 되는 얘기를 하게 됩니다. 예를 들어 하나의 생각을 얘기하다가 끝을 맺기도 전에 다른 생각이 떠올라 얘기를 하고, 또 바로 다른 생각이 떠올라 그 얘기를 하고⋯⋯ 이렇게 이 생각에서 정상적인 사고의 흐름을 떠나 바로 저 생각으로 넘어가는 것을 '사고의 비약'flight of idea이라 합니다.

조증의 상태가 더욱 극한 상태에 이르면 안하무인격이 되어 집에서나 직장에서 폭군으로 군림하게 됩니다. 모두가 자기의 뜻을 따라야 한다고 생각하기 때문에 타인을 전혀 고려하지 않고 무시하고 깔보며, 말을 할 때 '절대', '틀림없이', '꼭', '최고' 등의 단정적이고 절대적인 단어를 자주 사용하게 됩니다.

결국, 잠을 자시 않고 제대로 먹지 않아도 건강할 줄 알아 지나치게 활동을 하는데, 시간이 지나면서 체중이 줄어들게 되고 건강을 해치게 됩니다. 인간관계가 모두 깨어져 다른 사람들로부터 버림을 받게 됩니다. 무엇보다도 감당할 수 없는 경제적 손실을 당하게 됩니다. 조증은 거의 대부분 경제적 손실을 유발시킨다고 할 수 있습니다. 성욕이 항진되어 성적으로 방탕해지는 일들이 적지 않게 일어납니다.

신앙인들에게는 증상이 신앙적으로 연결이 되어 나타나기도 합니다. 조증을 앓고 있는 한 대학생 어머니의 실제적인 묘사를 잠깐 인용해보도록 하겠습니다.

> "⋯⋯ 그 아파트를 사면 수억은 벌 것이라 하면서, ㅇㅇㅇ목사님교회에 5,000만원, ㅇㅇㅇ목사님교회에 5,000만원, ㅇㅇㅇ목사님교회에 3,000만원 등등을 헌금하겠다고 하는데, 헌금하겠다고 하는 곳이 열 곳이 넘습니다. 아들의 정신상태가 온전하지 못함을 알지 못하는 분들은 그의 믿음으로 받아들이고 있습니다. 오늘도 자

> 기 아버지에게 졸라 자기가 보아둔 아파트를 계약하기를 강하게 주장하였습니다. 자기가 하는 일은 모두 성공할 것이라고 믿으며, 하나님께서 자기에게 모든 것을 보여 주셨기 때문에 앞으로는 돈을 쉽게 벌 것이라고 합니다.
> ······ 오늘 아침에 그의 증세는 하늘을 치달아 사고가 너무 빠르게 진행이 되었는데 ······ 하나님께서 한국복음화를 위해 자신을 세우셨는데, 자신의 복음화 운동에 대교회의 유명 목사님들이 동참해줄 것을 확신하여서, 며칠 전에 여러 대교회 담임목사님들에게 이메일을 보냈는데 답변을 보내주지 않는다며, 하나님께서 세운 사람을 알아보지 못하는 거짓선지자들이라며 심하게 비난하면서, 다른 대교회 목사님들에게 연락을 해보겠다고 하는 중입니다."

조울증이란 한 사람에게서 어느 시기에는 조증이, 다른 시기에는 우울증이 나타나는 정신장애를 말합니다. 그러나 꼭 조증과 우울증이 횟수가 같게 번갈아 나타나는 것은 아닙니다. 대개의 경우는 우울증의 횟수가 더 많습니다. 또한 우울증이든 조증이든 한 에피소드가 끝나면 바로 다른 에피소드가 나타나는 것은 아닙니다. 그런 경우도 간혹 있지만, 대개는 건강하게 지내는 시기가 수개월에서 수년에 걸쳐 있게 됩니다.

이상에서 우리는 (정신병적)우울증과 조울증이라는 기분장애에 대해 알아보았습니다. 혹시 조증만 나타나는 경우는 없는지 궁금해 하는 분들이 있을 것입니다. 물론 그런 경우도 있습니다. 하지만 그런 경우는 상대적으로 드물다 하겠습니다.

기분장애는 '기분 장애'라 하여 기분의 영역에만 문제가 국한되는 것이 아니라는 것을 위의 설명에서 눈치 채셨을 것입니다. 기분장애라 하는 것은 일차적인 문제가 기분의 영역에서 일어난다는 것입니다. 먼저 기분에 변화가 있고 뒤이어 사고, 행동, 의지, 지각 등의 변화가 일어나는 것입니다. 이 각각의 변화들은 그 기조가 대략적으로 일치하는데, 이것은 정신분열증과는 다른 기분장애의 특징이라 할 수 있습니다.

예를 들어 기분장애에서는 기분이 좋으면 행동도 기분 좋은 대로 하고 생각도 그 기조를 따라 과대적이 되고 의지적인 측면에서 볼 때 무엇인가를 자꾸 하려고 하게 됩니다. 그러나 정신분열증에서는 생각은 기분이 좋을 듯한 내용인데 얼굴표정은 굳어 있고, 행동도 위축이 되고 의욕도 없는 식으로 각각이 따로따로 노는 경우를 보이는 때가 적지 않은 것입니다.

정신분열증의 증상에서 설명 드린 환각과 망상 증상들이 기분장애에서도 나타날 수 있다는 것은 중요한 지식이므로 꼭 기억하셔야 합니다. 증상이 나타나는 경우에는 일반인에게는 정신분열증과 구분하기 어려울 수 있기 때문입니다. 그러나 대개 기분장애에서 나타나는 환각과 망상 역시 기분의 변화와 일치합니다. 즉, 우울증에서는 주로 병에 걸렸다는 신체망상, 피해망상, 허무망상, 죄업망상delusion of sin 등의 우울하고 부정적인 내용의 망상들과 역시 우울하고 부정적인 내용의 환각증상이 주로 나타나고, 조증에서는 과대적 내용의 망상과 환각이 주를 이루어 나타납니다. 그러나 아주 드물게 기분의 영역과 그 기조가 다르게 나타날 수도 있음을 알아 두시기 바랍니다.

정신분열증과 달리 기분장애의 중요한 특징 중 하나는 일정시간이 흐르면 정상적인 상태를 회복한다는 것입니다. 평균적으로 조증 같은 경우는 대략 4-5개월, 우울증은 9-12개월 정도 지속되다가 자연적으로 회복됩니다. 그렇다면 자연적으로 회복되는데 치료를 받아야 하느냐는 물음이 자연스럽게 생길 것입니다. 치료를 받아야 하는 이유는 간단합니다. 자연적으로 회복은 되는 장애이지만, 앓는 기간동안에 위에서 설명 드린 여러 가지 심각한 문제가 나타나기 때문입니다. 그 외에도 방치해두면 우울증인 경우는 생존을 위한 기본적인 생활도 못하게 되고 상당수가 자살을 기도하게 되는 일들이 일어나고, 조증인 경우는 감당할 수 없는 경제적 파탄뿐 아니라 직업적, 가정적, 신체적, 성적 몰락 등을 야기하기 때문입니다.

또 하나의 이유는 병을 앓는 기간을 단축시켜 가능한 빨리 정상생활로 복귀하게 하기 위해서입니다. 길어지면 길어질수록, 가정이든 직장이든 또 대인관계든 원래의 생활로 복귀하기가 그만큼 어렵게 될 것이기 때문입니다.

치료는 약물치료를 통해 이루어집니다. 대부분의 경우 입원치료를 받게 되는데, 우울증인 경우는 절망감에 치료 자체를 거부하고, 조증인 경우는 자신이 치료를 받아야 할 상황에 있다는 것에 전혀 동의하지 않기 때문에, 대개의 경우 정신분열증을 앓는 분들과 같이 강제입원을 하게 됩니다.

※ '신경증적 우울증'과 '정신병적 우울증'의 분별

일반인들이 혼동하여 사용하는 정신의학 용어 중 하나가 바로 우울증입니다. 첫째, 다른 정신장애에서 파생적으로 보이는 증세 중 하나인 우울을 우울증이라는 진단명으로 오해하는 것입니다. 설명을 드리자면, 거의 대부분의 신경증적 장애에는 기본적으로 어느 정도의 우울이 있다고 하겠습니다. 그런데 예를 들어, 불안장애가 있는 사람은 불안으로 인해 생활을 제대로 하지 못해 우울할 수 있습니다. 이러한 경우 불안장애를 보지 못한 채 우울만 보고 우울증이라 하면 오진이라 할 수 있습니다. 그러면 올바른 치료적 접근을 못하게 될 수도 있습니다.

두 번째로는, 우울증을 단일 진단명으로 아는 것입니다. 우울증은 크게 신경증으로서 신경증적 우울증과 정신병으로서 정신병적 우울증으로 나눌 수 있습니다. 앞에서도 설명을 드렸지만, 신경증과 정신병은 그 원인이 전혀 다르고, 당연히 치료적 접근도 전혀 다릅니다. 전자는 정신치료가 주된 치료이고, 후자는 약물치료가 주된 치료라는 것을 기억하고 계시겠지요. 분별하지 못한다면 전혀 엉뚱한 치료를 받게 할 수도 있습니다.

일반인들이 분별하는 데 도움이 되는 점을 간단히 말씀을 드린다면 다음과 같습니다.

신경증적 우울증

1. 어떤 심리적인 원인이 있어서 그 원인의 결과로 인해 생깁니다. 그래서 이를 '반응성 우울증'이라고도 합니다. 예를 들어 대학입시에 떨어진 학생이 우울증을 앓을 때, 그 우울증은 불합격이라는 원인에 반응을 하여 나타났다고 할 수 있습니다. 또는 '외인성 우울증'이라고도 하는데, 이는 우울증의 원인이 자기 정신세계 안에 있지 않고 그 밖에 있다고 해서 일컬어지는 것입니다.
2. 심각한 경우가 전혀 없는 것은 아니지만, 보통은 정도가 심하지 않아 일상적인 일들을 어느 정도 수행할 수 있습니다.
3. 환각과 망상 등의 정신병적 증상이 거의 대부분 나타나지 않습니다.

정신병적 우울증

1. 특별히 그럴 만한 어떤 심리적 이유가 없이 저절로 나타납니다. 그래서 '자동성 우울증'이라 합니다. 또 신경증적 우울증을 외인성 우울증이라 하는 것과 대조적으로, 원인이 자기 정신세계 안에 있

다고 하여 '내인성 우울증'이라 합니다. 여기서 내부라 하는 것은 두뇌라는 자기 신체 안에 어떤 생물학적 원인이 있다는 것을 의미합니다.
2. 시간이 지나면서 점차 악화되어 나중에는 일상적인 일들을 전혀 수행하지 못하는 상태에까지 이르게 됩니다.
3. 환각과 망상 등의 정신병적 증상들이 꼭 동반되는 것은 아니지만 적지 않은 경우에서 동반될 수 있습니다. 정신병적 증상들이 동반되면 우선 정신병적 우울증을 의심해야 할 것입니다.
4. 신경증적 우울증과는 달리 불면(때때로 수면과다), 식욕과 체중의 감퇴(때때로 증가), 피로 증가 등의 신체적 증상이 대개 동반됩니다.

2) 망상성 장애 delusional disorder

대개 한 가지 망상을 특징적으로 보이면서, 환각증상이 거의 나타나지 않는 정신병적 장애입니다.

이 장애의 망상은 다른 정신병적 장애의 망상과는 달리 이해할 수 없는 괴이한 것이 아니라, 그럴 듯하게 조직적이고 체계화되고 논리적으로 진행됩니다. 감정의 양상도 적당하고, 사회적 활동에도 별로 지장이 없고, 인격도 건전하게 유지되나 오랜 기간을 경과한 경우에는 약간의 붕괴가 있을 수 있습니다.

망상 중에는 피해망상, 의처증·의부증의 부정망상, 다른 사람(대개는 자기보다 높은 수준의 사람)으로부터 사랑을 받는다는 색정망상, 과대망상 등등이 주를 이룹니다.

망상성 장애는 빈도수가 적기 때문에 간단히 언급하고 넘어가겠습니다.

3) 단기반응성 정신장애 brief reactive psychosis

뚜렷한 외부 스트레스를 받아 급작스럽게 환각과 망상 등 모든 정신병적 증상들을 급성적으로 다 보일 수 있는 정신병적 장애입니다. 특징이 있다면, 대개 자신도 어찌할 수 없는 정서적인 혼돈상태와 지리멸렬된 사고장애와 언어장애를 보인다고 하겠습니다. 증상의 양상만으로는 급성 정신분열증과 구분하기가 상당히 어렵습니다.

뚜렷한 외부 스트레스란 의미는 누구나 고개를 끄덕거릴 수 있는 사건을 말하는 것입니다. 예를 들어 사랑하는 사람(부모, 배우자, 자녀, 애인 등)의 상실, 부흥회나 수련회에서의 강렬한 종교적 분위기, 입시에서의 낙방, 전쟁, 천재지변 등 개인의 정신세계에 상당한 자극과 충격을 줄 수 있는 사건을 말합니다.

'반응성'이란 특별히 어떤 사건에 의하지 않고 내인적으로 일어나는 대다수의 다른 정신장애들과 달리, 분명히 유발인자가 된다고 생각되는 스트레스로 인해 일어났다는 의미를 강조하기 위한 것입니다.

'단기'란 길어도 한 달 이내에 자동적으로 (치료를 받지 않아도) 발병 이전의 원래 상태로 완전히 회복된다는 것을 의미합니다.

이외에도 여러 정신병적 장애들이 있으나, 빈도가 낮아 일반인에게는 그리 중요하지 않은 것들까지 자세히 다루는 것은 혼동을 야기할 수 있어 여기서 줄이도록 하겠습니다.

제5장

신경증장애

1. 정신병 psychosis 과 신경증 neurosis 의 구분

– "현대인들은 거의 대다수가 정신병을 갖고 있다는데 맞습니까?"

제가 정신과 의사임을 아는 사람들로부터 수없이 듣게 되는 질문입니다. 그러면서 언젠가 지면을 통해 이 질문에 대한 답을 하게 될 기회를 기다려 왔습니다. 왜냐하면 일반인들이 '정신병'이라는 용어를 잘못 사용함으로 인해 여러 가지 부작용이 나타나는 경우들을 적지 않게 경험하기 때문입니다.

그중 대표적인 것으로, 자기 스스로 정신병을 갖고 있다고 생각함으로 인해 왜곡된 자기상 self-image 을 갖는 경우와 다른 사람들을 그런 범주에 쉽게 넣어 버림으로써 대인관계를 왜곡시키는 경우가 바로 그러합니다. '정신병'이라는 용어에 대한 몰이해 때문에 일어나는 현상이라고 말할 수 있습니다. 대다수의 일반인들은 '정신병'이라는 용어를 정신과 전문의들이 사용하는 의미와는 아주 다르게, 때로는 전혀 다른 의미로 사용하고 있기 때문입니다.

일반인들은 대략 정신과병원(또는 의원)에서 다루는 문제들을 모두 정신병으로 생각하는 경향이 있습니다. 정신과병원에 다니는 사람들을 정신병을 가지고 있는 사람들, 좀더 심한 용어로는 정신병자라 생각하는 것이지요. 그러나 전문적으로는, 대략적으로 말해, '정신병' psychosis이라는 용어는 '신경증 또는 노이로제' neurosis라는 용어와 대조되는 것으로 사용된다고 할 수 있습니다.

정신병에는, 이미 앞에서 다룬 대로 정신분열증, 정신병적 우울증, 조울증, 망상성 장애, 단기반응성 장애 등등이 있습니다. 신경증에 대해서는 이제 바로 뒤에서 설명할 것입니다.

정신과의사가 다루는 문제들을 크게 두 가지로 말한다면, 바로 정신병과 신경증 이 둘이라 하겠습니다. (물론, 이뿐 아니라 인격장애, 약물남용 등 다른 여러 장애들과 아울러 정상적인 인생상담, 신앙상담 등도 다루지만 여기서는 언급하지 않겠습니다.)

이제 이 둘에 대해 살펴봄으로써 정신병이라는 용어를 남용하는 문제를 극복해 가도록 해보겠습니다. 정신병과 신경증을 구분하는 데 필요한 중요한 분별점 두 가지에 대해서만 잘 알고 있어도 일반인으로서는 상당한 도움을 받을 수 있기 때문에 이 둘에 대해서만 설명을 하겠습니다.

첫 번째로는 '병식' — 병에 대한 (바른)인식 — 을 들 수 있습니다. 신경증을 앓는 사람들은 신경증으로 인해 고통을 당하면서 자기에게 문제가 있다는 것을 알고 인정을 합니다.(이를 '병식이 있다.'라고 합니다.) 반면, 정신병을 앓는 사람들은 자기에게 문제가 있다는 것을 모르고 인정을

하지 않습니다.(이를 '병식이 없다.'라고 합니다)

예를 들어 사회공포증이라는 신경증이 있어서 여러 사람 앞에서 얘기를 할 때면 불안해서 자기가 알고 있는 것을 제대로 얘기하지 못하게 되는 사람이 있었습니다. 그 사람은 그러한 자기문제가 사회생활에 큰 지장을 준다는 것을 깨닫고 자기 스스로 그렇게 되지 않으려고 여러 노력을 해보았습니다. 배짱을 가져 보려고도 해보았고, 나름대로 원인을 분석해 보려고도 하였습니다. 그러나 시간이 지나면서 회복은 되지 않고 증상은 더 심해졌습니다. 직장에서 직위가 올라가는 것이 두렵게 느껴졌습니다. 점차로 여러 사람들 앞에 서야 하는 횟수가 많아지기 때문입니다. 다음 날 회의에서 무엇을 발표해야 하는 경우에는, 불안이 예상이 되어 밤에 잠을 이루지 못하게 되는 날들이 많아졌습니다. 소화도 제대로 안 되고 식욕도 없어지고 몸도 마르고 더 이상 자기를 지탱하기가 어려워 정신과를 찾게 되었습니다.

이런 경우, 그 사람은 자기의 문제에 대한 병식이 있어서 병원을 찾게 되었다고 할 수 있습니다. 이처럼 신경증을 앓는 분들은 병식이 있기 때문에 스스로 병원을 찾게 됩니다. 그러나 정신병을 앓는 사람들은 병식이 없기 때문에 스스로 병원을 찾는 경우가 거의 없습니다. 대개 보호자들에 의해 강제적으로 병원에 오게 됩니다. 결국은 강제적으로 입원하게 됩니다.

자기는 화성인으로 끝없는 세월 동안 수없이 환생을 하다가 지구에 오게 되었는데, 사람들이 자기를 알아보지 못해서 병원에 강제입원시켰다는 망상을 가진 20대 후반의 여자 환자가 있었습니다. 진단은 정신분열증이었습니다. 부모님에 의해 앰뷸런스에 강제로 실려 병원에 오게 되었습니다. 그녀는 자기 고향인 화성으로 가야 한다며, 기회만 되면 무조건 아무데로나 떠나곤 하였습니다. 여러 곳의 경찰서에서 행려환자로 붙잡혀 있다가 신원조회에 의해 가족에게 인계된 적이 한두 번이 아니었습니다.

그녀는 자기에게 문제가 있다는 것을 전혀 인식하지 못했습니다. 병식이 없었던 것이지요. 그렇기 때문에 정신병을 앓는 환자들은 스스로 병원을 찾아오지 않고, 거의 대부분 보호자들에 의해 강제적으로 끌려오게 됩니다.

두 번째로는 앞의 사례들에서 대충 설명이 되긴 했지만 현실검증력에 대한 것입니다.

신경증을 앓는 분들은 현실검증력이 있습니다. 즉, 현실세계에서 자신의 증상으로 인해 고통을 당하고 있음을 알아 증상과 현실과의 관계를 바르게 설정합니다. 그렇기 때문에 문제해결을 위한 노력을 하게 됩니다. 그러나 정신병을 앓는 환자들은 현실검증력이 없어서, 자기의 증상의 세계와 현실세계를 구별할 줄 모르고 동일시합니다. 자신이 경험하는 증상을 사실적인 것으로 인식한다는 것입니다.

'어머니가 성전환을 일으키는 호르몬을 밥에 섞어 넣어서 자기를 남자로 만들려 한다.'는 망상을 가진 여학생이 있었습니다. 그래서 밥을 먹지 않은 지 2주 가까이 되면서 체중의 감소가 심각할 지경에 이르러 입원을 하게 되었습니다. 망상의 내용을 바로 현실에서 일어나는 것으로 받아들인 것입니다. 또 '고층 아파트에서 베란다에서 밑으로 떨어지면, 천사가 너를 받아서 손끝 하나 상하지 않게 될 것이다.'라는 환청을 듣고 그대로 몸을 베란다 밖으로 내던져 죽게 된 정신분열증환자도 있습니다.

이상으로 설명 드린 병식과 현실검증력에 대해 제대로 이해한다면 정신병과 신경증을 분별하는데 일반인으로서는 충분한 도움이 될 것입니다. 앞으로 이 책의 다른 부분에서 사용되는 정신병이라는 용어는 위에서 설명드린 전문적인 의미에서 쓰이는 것임을 기억하시고 책을 읽어 주시기 바랍니다.

정신병의 치료에 대한 부분에서도 잠깐 언급이 되었지만, 신경증과 정신병을 잘 구분해야 하는 이유 중 가장 중요한 것은, 그 치료적 접근이 아주 상이하기 때문입니다. 생물학적 정신의학의 발전으로 약물치료가 주된 치료가 되는 신경증이 조금씩 발견되고는 있지만, 아직도 대부분의 신경증의 치료는 (대화를 통한) 정신치료가 주된 치료가 되고 있습니다. 반면에 정신병의 치료는 약물치료가 주된 치료입니다. 이렇게 치료의 길이 다르기 때문에 정확히 분별하여 바르게 접근하는 것이 아주 중요합니다.

2. 신경증노이로제, neurosis의 분류

이 책은 정신분열증을 다루는 것을 목적으로 하고 있기 때문에 신경증에 대해서는 정신병과의 분별을 위해 간략하게 다루고 있습니다. 너무 요약적이기 때문에 아쉬운 마음이 많이 있지만, 대략적으로 '이러한 것들을 신경증이라 하는구나.' 또는 신경증에는 '이러한 것 들이 있구나.' 하는 정도의 깨달음만으로 적지 않은 도움을 받을 것으로 생각합니다.

1) 불안 장애 anxiety disorders

(1) 공포 장애 phobic disorder

① 공간공포 agoraphobia

집을 떠나서 혼자 낯선 곳에 있는 것을 두려워하는 증상을 보입니다. 극장, 교회, 시장, 광장 등 사람이 많은 곳이나 다리, 터널 같은 곳에 가는 것을 두려워합니다.

② 사회공포social phobia

사람들이 자기를 살피고 쳐다보는 상황을 두려워하고 그런 상황에 처하면 부끄러움을 느끼는 증상을 보입니다. 사람들을 만나게 되는 상황을 피하려고 애를 씁니다. 그러면서 점차적으로 혼자 고립되게 됩니다. 가장 흔한 것으로는 사람들 앞에서 말하기를 두려워하는 대화공포, 사람 앞에서 얼굴을 붉히는 적면공포, 사람 앞에서 식사를 두려워하는 식사공포 등등이 있습니다.

③ 단순공포simple phobia

위의 세 공포(대화공포, 적면공포, 식사공포)들을 제외한, 어떤 특정한 대상이나 상황에 대한 공포 모두를 말합니다. 예를 들어 특정 동물을 무서워하는 동물공포, 높은 곳에 오르는 것을 두려워하는 고소공포 등등 다양한 유형의 공포들을 일컫습니다.

(2) 공황 장애panic disorder

공황발작과 신경과민의 증상이 반복적으로 나타나는 것을 말합니다. 공황발작이란 곧 죽을지도 모른다는 두려움과 놀라움이 급작스럽게 일어나면서 당황하게 되는 것입니다. 증상으로는 숨쉬기가 힘들어지고, 심장이 빨리 뛰고, 가슴 부위에 통증 및 압박감이 오고, 현기증이 나고, 질식하여 죽어버릴 것 같거나 미칠 것 같은 느낌 등이 있습니다.

신경과민이란 위의 공황발작이 없는 시기에 나타나는 증상으로, 공황발작이 또 일어날지 모른다는 불안감이 있으면서, 그 때문에 조심스러워지고 주위를 살피는 가운데 신경이 극도로 날카로워지는 것을 말합니다.

(3) 범불안 장애 generalized anxiety disorder

광범위하고 지속적인(한 달 이상) 불안을 느끼는 불안장애입니다. 이 경우에는 계속적인 근육긴장으로 미간 사이에 홈이 파이고, 긴장된 얼굴에 몸은 안절부절못하고 초긴장상태에 있게 됩니다.

자율신경계의 기능증가로 호흡이 곤란하거나 가슴이 두근거리거나 손발이 차갑거나 입이 마르거나 어지럽거나 약한 두통이 있고 구역질, 설사 또는 배에 불편함이 있거나 소변을 자주 보거나 지나치게 근심하고 조심하는 가운데 벼랑에 서 있는 것처럼 느끼거나 과도하게 놀라거나 불안으로 집중이 잘 안 되고 마음이 허한 것 같다거나 추락하는 느낌 또는 졸리거나 하는 증상들이 몇 개씩 나타나게 됩니다.

(4) 강박 장애 obsessive and compulsive disorder

이는 자신의 의지와는 관계없이 어떤 특정한 사고나 행동을 반복적으로 행하는 장애입니다. 예를 들어 손을 깨끗이 씻었는데도 더러워졌다는 생각(강박사고)이 들면 손을 다시 씻게 되고, 씻고 나면 또 더러워졌다는 생각이 들어 또 씻게 되는 행동(강박적 행동)을 반복하는 것입니다. 제가 만난 환자는 비누 두 장이 다 닳아 없어질 때까지 샤워를 계속하였습니다. 본인도 불합리하다는 것을 알고 있어 강박적 사고와 행동을 억제해 보려고 하지만, 억제하면 불안이 더욱 심하게 되어, 나중에는 참지 못하고 또 다시 반복하게 되는 아주 괴로운 장애입니다. 강박행동은 없이 강박사고만 있는 경우도 있습니다.

증상은 다양한 내용들을 통해 나타나는데 건강, 확인(돈세는 것, 열쇠 잠그는 것), 폭행과 범행, 의문, 숫자, 불결하고 상스러운 것 등등에 대한 억제할 수 없는 생각과 그 생각에 따르는 행동들을 반복적으로 하게 됩니다.

(5) 외상 후 스트레스 장애post-traumatic disorder

폭행, 전쟁, 교통사고, 큰 화재, 홍수나 지진 같은 천재지변 등과 같이 일상적으로 경험할 수 없는 극심한 위협적인 사건을 통해 심리적인 충격을 경험한 후에 일어나는 증상들을 말합니다. 이 장애를 앓는 사람들은 사건 이후, 반복적으로 괴로운 회상을 한다거나 그것에 대한 꿈을 반복적으로 꾸게 됩니다. 또 잠을 잘 들지 못하거나 잠을 자도 잔 것 같지 않고, 정신집중을 하기가 어렵고, 과도하게 놀라는 반응을 보이는 등의 증상들을 보이게 됩니다.

2) 신체형 장애somatoform disorder

어떤 신체증상이 있는데 몸에 이상은 없고 심리적인 원인에 의한 경우를 말합니다. 예를 들면 특별히 신체에 병은 없는데 스트레스를 받으면 소화가 안 된다거나 머리가 아픈 경우입니다. 이는 많은 사람들이 다소간 경험하는 것으로, 실제는 신체질환은 없고 오히려 심리적 갈등이나 요인에 의해 야기되었다고 판단되는 일련의 정신장애를 말합니다. 이러한 신체장애는 꾀병과는 달리 자신의 의식적인 의도가 아니라, 무의식적 과정을 통해 나타나는 것입니다.

(1) 신체화 장애somatization disorder

지속적이고 복합적인 신체증상을 호소하여 의학의 주목을 끄나 실제는 신체적 원인으로 볼 수 있는 신체질환이 없으며, 심리적 요인만으로 일어난 것으로 간주되는 일련의 신체형 장애를 말합니다. 증상으로는 다음과 같은 것들이 있습니다.

두통, 피로, 가슴 두근거림, 졸도, 구역질, 구토, 복통, 소화 장애, 설사, 변비, 월경불순, 성적 장애, 요통, 각종 알레르기 등등의 증상들이 한 사람에게 몇 개가 동시에 나타날 수 있지만, 다 나타나는 것은 아닙니다. 사람마다 심리적 스트레스를 받을 때 나타나는 증상은 똑같지가 않습니다. 증상은 각 사람의 취약한 부분을 통해 나타나기 때문입니다.

(2) 전환 장애 conversion disorder

감각이나 수의운동의 극적인 기능 상실을 주 증상으로 하는 장애로 실제 신체적 질병 없이 단순히 심리적 갈등에 의해 일어나는 장애를 말합니다.

수의운동은 팔다리를 움직이듯 자기 뜻대로 움직일 수 있는 운동을 가리키며 불수의운동은 심장과 폐가 움직이는 것같이 자기의 뜻과 관계없이 움직이는 운동을 가리킵니다.

증상으로는 다음과 같은 현상들이 있습니다.

① 운동장애 : 팔다리가 떨린다든지 경련이 일어나는 등의 이상운동, 또한 여러 형태의 마비(성대마비 포함)를 말합니다.
② 감각장애 : 신체의 어느 일정 부위에서 일어나는 '감각마비'와, 소리가 잘 안 들리는 청력상실 또는 물체가 잘 안 보이는 시력상실 등의 '기능상실'이 있습니다.

(3) 신체형 동통 장애 somatoform pain disorder

신체적 원인으로 설명할 수 없는 동통으로, 원인이 심리적인 것으로 간주되는 경우를 말합니다. 여기에는 두통, 요통, 흉부통, 관절통 등의 증상이 있습니다.

(4) 건강염려증 hypochondriasis

사실과 다르게 자신이 중병을 가지고 있다는 믿음이나 공포에 사로잡혀 있는 경우로, 어떤 구체적인 신체증상이나 감각이상에 생각이 비정상적으로 매여 있는 것을 주증상으로 하는 장애입니다. 여러 의학적 검사를 통해 자신이 생각하는 신체증상이나 감각이상에 대한 원인이 없는 것으로 판명되었음에도 불구하고, 자기는 병을 가지고 있다고 비현실적으로 믿으면서 공포스럽게 생각하는 것입니다.

이러한 증상이 있는 사람들은, 예를 들어 자궁암이 걸렸다고 생각하여 한 병원에서 진찰을 받아 아무런 이상이 없다는 설명을 들어도 의사의 오진이라고 생각하여 또 다른 병원을 찾아가 진찰을 받고 정상이라고 얘기를 들어도 또 다시 다른 병원을 찾는 식의 의사(병원) 쇼핑을 하는 경향이 강합니다.

아무런 증거가 없이 심장이 나쁜 것 같다고 얘기한다든지, 머리가 아프니 뇌암에 걸린 것이 아니냐 라는 식으로 생각하는 것입니다.

(5) 신체변형 장애 body dysmorphic disorder

정상적인 용모를 가진 사람이 자기의 용모에 대해 어떤 변형이나 결손이 있다는 생각에 집착하는 장애입니다.

주로 호소하는 내용은 얼굴의 용모(주름살, 부기, 피부의 반점, 안면의 과도한 털 등), 코, 입, 턱 또는 이마의 모양, 머리, 손, 발, 가슴, 유방, 성기

등의 신체 부위의 모양에 문제나 결함이 있다고 생각하는 것입니다.

예를 들어 어떤 분은 똑바른 자기 코가 삐뚤어졌다고 이비인후과에 가서 수술을 해달라고 하는데, 워낙 강하게 주장을 하여 수술을 받기는 했으나 수술 받은 뒤로도 또 삐뚤어졌다고 생각하여 다른 병원들을 찾아가 여러 차례의 수술을 받는 경우도 있습니다.

앞에서 언급한 불안장애와 신체형장애가 일반사람들이 제일 많이 경험하는 신경증적 장애라 할 수 있습니다. 다음의 신경증적 장애들은 빈도수가 다소 떨어지기 때문에 지면상 간략히 언급하기로 하겠습니다.

3) 해리성 장애 dissociative disorder

(1) 심인성 기억상실 psychogenic amnesia

해리성 장애 중에서 가장 흔하게 나타나는 것으로, 어떤 시기의 사건 가운데 선택적으로 기억 못하는 선택적 기억상실과 전부를 기억 못하는 전반적 기억 상실이 있습니다.

(2) 심인성 둔주 fugue

본래적 자기 주체성에 대한 기억을 상실하고 다른 주체성을 가지고(쉬운 말로 한다면 다른 사람이 되어) 가정이나 직장을 떠나 예정에 없던 여행을 갑작스럽게 하는 등의 정신장애를 말합니다. 수 시간 내지 수일간 지속되는 것이 보통이나 수개월간 지속되어 수천 리를 걸어서 여행하고 다른 나라에 돌아다니는 예외적인 경우도 있습니다. 회복된 뒤에는 둔주

기간에 일어난 일에 대해 기억하지 못합니다.

(3) 다중인격 multiple personality

본래적 자기 인격 이외에 한 가지 혹은 그 이상의 다른 인격으로 변하여, 그 변화된 새로운 인격에 의해 지배되는 정신장애입니다. 결국 전혀 다른 사람으로 행동하게 되는 것입니다. 지킬 박사와 하이드 같이 평소엔 명망 있는 지킬 박사이나 어떤 순간에 악한 하이드로 변하여 사는 것입니다. 다시 원래의 인격으로 되돌아왔을 때는, 이전에 변화되었던 인격의 주체성과 그 시기의 모든 경험이 망각되는 것이 보통입니다.

(4) 이인성증 장애 depersonalization disorder

자기 몸의 어느 부분 혹은 전체가 내 것 같지가 않고 남의 것으로 느껴지고, 생각하는 것이 자기의 것으로 느껴지지 않으며, 느껴지는 감정이 자기 같지 않다는 식의 장애를 보이는 경우입니다.

또 자기가 잘 알고 있는 사람이나 사물들이 낯설고 현실 같지 않고 마치 낯선 다른 세상에 온 것같이 느껴지기도 합니다. 때로는 물체의 크기나 모양이 변화되어 보이기도 하는 증상이 있습니다.

4) 기타

앞서 말씀드린 신경증적 장애 외에 '병적 도박', '병적 도벽', '병적방화벽', '간헐적 폭발성 장애' 등과 같이 충동을 제대로 다루지 못하여 일어나는 충동조절장애와 결혼, 이혼, 사업실패, 이별 등의 외부스트레스(자극)에 적절하게 대처하지 못하여 어려움을 겪는 적응장애 등이 있습니다.

이외에도 신경증적 장애가 더 있으나, 비교적 드문 것들로 아주 전문적인 것까지 다루게 되면 일반인들에게는 오히려 이 책을 멀리하는 부작용을 낳을 수 있을 것 같아 다른 장애들에 대한 설명은 이상으로 줄이도록 하겠습니다.

전에 제가 잘 알고 있는 분의 아들이 도박에 중독이 되어 헤어나지 못하다가 가산을 탕진하고 결국은 자살을 하였다는 소식을 들은 적이 있었습니다. 그분과 잘 알고 지내는 분에게 그런 문제가 있었으면 저에게 의뢰를 하시지 왜 안 하셨느냐고 물은 적이 있었습니다. 그분은 "도박증에 대해서도 정신과에서 다루느냐? 나는 그런 것까지 다루는 줄 몰랐다. 알았다면 벌써 의뢰를 했을 텐데……." 하시면서 매우 안타깝게 여기셨습니다. 그렇습니다. 지나치게 도박에 빠져 있는 사람들도 정신과에서 도와줄 수 있습니다.

그때 저는 언젠가 시간을 내서 정신과에서 어떤 사람들을 다루는지를 소개하는 글을 쓰겠다는 생각을 다짐하게 되었습니다. 그래서 주로 정신분열증을 다루는 책이지만 굳이 신경증적 장애에 대한 간략한 글을 첨가하게 되었습니다.

마지막으로 덧붙이고 싶은 것이 있습니다. 일반인 중에는 신경증에서 정신병으로 이행되는 것으로 오해하여 잘못된 공포심을 가지는 사람들이 적지 않은 것 같습니다. 정신병의 초기에 신경증의 증상을 보이는 양상들이 나타날 수는 있는데, 그런 경우도 처음부터 정신병으로 출발한 경우이지 신경증이 정신병으로 발전되는 것은 아닙니다. 한마디로 말씀드린다면 신경증은 정신병으로 이행되지 않습니다. 그 각각의 원인이 전혀 다르기 때문입니다.

제6장

정신이상- '정신병인가 귀신들림인가?'

- 이것이 왜 우리에게 문제가 되고 있는가?

1. 들어가는 말

　정신이상의 증상을 보여 빨리 입원치료를 받게 하라는 강력한 권유를 멀리하며 기도원과 신유집회 그리고 축사의 은사가 있다는 소위 은사자들을 찾아다니다가, 호전되기는커녕 사람이 심하게 망가지는 것을 경험하고 지칠 대로 지쳐, 아주 심하게 악화된 상태에서 결국 마지막으로 정신병원으로 인도되는 환자들을 대하면서 저는 깊은 답답함 가운데 슬픈 아픔과 분노를 경험하여 왔습니다. 그것은 단순히 무지했던 과거의 지나간 얘기가 아니라, 바로 오늘 이 시점에서도 엄연히 일어나고 있는 가슴 아픈 현실입니다.

더욱이 그러한 일들이 대부분 교회의 지도자급에 있는 사람들에 의해 일어나기 때문에, 이는 단순히 이 문제 자체만의 문제가 아니라, 한국의 신학(적 사고)의 수준 그리고 한국의 기독교와 기독교인들의 수준에 관계되는 문제라고 생각합니다.

다른 말로 표현하자면, 이 문제는 한국 기독교인들의 사고에 문제가 있는 어떤 경향들과 관계가 있다는 것입니다. 인간의 전체성을 고려할 때 인간정신의 다른 부분과는 전혀 관계없이 이 문제만 따로 나타날 수 없기 때문입니다. 우리 자신들 안에 이러한 주제를 문제로 만들게 하는 어떤 문제의 근원이 있다는 것입니다.

그렇기 때문에 저는 '정신병인가 귀신들림인가?'의 문제를 풀기 위해 접근하는 노력은 이 문제 자체를 위한 것뿐 아니라, 기독교인의 바른 사고를 위한 훈련에 아주 도움이 되는 작업이라고 생각합니다. 저와 함께 우리 자신들을 점검해 보는 좋은 계기가 되기를 바라며, 하나님께서 그러한 목적을 위해 이 글을 사용하여 주시기를 간절히 소원합니다.

밝혀 둘 것은, 저는 성경을 하나님께서 당신의 뜻을 인간에게 밝히시기 위해 인간에게 주신 하나님의 계시의 말씀으로 믿는 사람으로서, 성경에서 귀신들림에 대해 언급한 것을 비유적인 것이 아니라 사실적인 것을 믿어 귀신들림이 실제적으로 존재함을 믿는다는 것입니다.

2. 문제의 제기

외국의 한 도시를 여행하던 중이었습니다. 숙소를 제공해 주었던 형제가 다니는 신학교로부터 부탁을 하나 받게 되었습니다. 한국 정신과의사가 왔다는 것을 알게 된 학교 당국에서, 그 신학교에 다니는 한국인 학생 한 사람을 면담하고 자세한 진단적 평가를 내려 달라는 공식적인 자문요청을 하였던 것입니다. 유학을 온 지 반 년 정도 지난 학생이었는데, 언젠가부터 사리에 맞지 않는 아주 엉뚱한 애기와 행동-소위, 여러 가지 정신병적인 증상-들을 보인다는 것이었습니다.

예를 들면, 기숙사에 살고 있는데 옆집 사람들이 도청장치를 통해 자기의 행동을 감시하고 있다며 때로 새벽에 옆집 초인종을 눌러 문이 열리면 외국인인 주인의 허락도 없이 기습적으로 안방으로 들어가 도청 기계를 찾아내려는 소란을 피운다든지, 늦은 밤에 누군가와 얘기를 하듯 알아듣기 어려운 혼잣말을 하면서 산책로를 걸어 다니곤 하였다는 것입니다. 점차 과제물을 가지고 교수에게 이해할 수 없는 비난과 협박을 가하는 모습도 나타나기 시작하였습니다.

결국 그 학생에 대한 안건이 신학교 교수회의에까지 올라가게 되었습니다. 신학교에서는 무엇보다도 먼저 정신과의사와의 면담을 권하였습니다. 그러나 그 학생의 영어실력이 아직은 미국 정신과의사와 면담을 제대로 할 수 없는 수준이어서 다른 방도를 찾다가 마침 제가 그곳을 방문하게 되어서 저에게 자문을 청한 것이었습니다.

그 자신과 동료들을 통한 병력청취를 통해 그의 증상이 벌써 6개월 이상이라는 상당기간을 경과하였음을 알게 되었고, 첫 번째 진단적 인상은 정신분열증이었습니다. 저의 진단적 인상을 보고 받은 신학교에서는 귀국하여 먼저 치료를 받도록 조치를 취하였습니다. 한국으로 돌아간 이후의 소식은 몰랐는데, 그 뒤로 들은 소식에 의하면 그 학생의 아버지는 목사님이셨는데 병원으로 데려가지 않고 귀신들림과 같은 영적인 문제로 판단하여 기도실에 가두어 놓은 뒤 축사기도를 시작했다는 것이었습니다.

그 당시 저도 간접적으로 관여가 되었기 때문에 전화상으로나마 영적인 문제가 아니라, 정신분열증이니 귀국하는 대로 정신병원에 입원시켜 치료를 받게 할 것을 강력하게 권고하였으나, 목사님이신 그의 아버지에게는 허공을 치는 소리에 지나지 않았습니다. 또 그 뒤로 몇 년 뒤에 얘기를 들었을 때는, 많이 악화된 상태로 결국에는 정신병원에 입원시킬 것을 고려중이라는 얘기를 들었습니다.

한 경우를 더 들어볼까 합니다.

그는 신학대학원 3학년에 재학 중인 형제였습니다. 신학교에 들어가기 전에 정신분열증의 병력이 있었던 형제는 1학년 때부터 환청과 망상의 증상들이 있었습니다. 처음에는 가까이 지내는 친구들이 형제에게 정신적으로 이상한 면들이 있다는 것을 알게 되었습니다. 그들은 귀신들림으로 알고 열심으로 기도하기 시작하였습니다. 그러나 회복되지는 않고 계속 악화되어 갔습니다. 나중에는 그 학년의 학생들이 알게 되고 결국 교수 두 분에게까지 알려지게 되었습니다. 두 분의 접근도 같은 것이었습니다. 귀신을 내쫓기 위한 기도가 정성을 다해 드려지게 되었

> 습니다. 학생을 기도원에까지 데려가 기도하였습니다. 그러나 좋아지지는 않고 악화되기만 하였습니다. 심지어는 채플시간에 갑자기 일어나 '내가 재림예수이다.' '하나님의 계시를 받았다.'라고 하는 등 엉뚱한 말과 행동이 심해져 갔습니다. 다행히 정신의학에 대한 전문성을 인정하는 교수가 계셔서 정신과의사인 저에게 자문을 구하게 되었고, 저는 형제를 면담한 후 정신분열증임을 진단하고 신속히 입원을 권유하였습니다. 두 달 정도의 치료를 받은 후 증상이 거의 100% 회복이 되어 퇴원하게 되었습니다.

 저는 정신과의사로서 치료를 신속히 받으면 병전의 건강했을 때의 수준에 거의 가까운 회복을 보일 환자들이, 신앙의 지도자급에 있는 무지한 사람들에 의해 귀신들림으로 진단을 받아 여러 기도원이나 집회 등을 전전하면서 만성화되는 사례들을 적지 않게 겪었습니다. 그럴 때마다 쉬 억눌러지지 않는, 마음 아픈 분노를 느끼곤 하였습니다. 만성화가 되면 될수록 회복의 수준이 그만큼 낮아지게 되면서 하나님께서 허락하신 인간의 자유와 존엄성을 그만큼 훼손당하게 되기 때문입니다.
 첫 번째 사례에서 알 수 있지만, 정신이상을 보였을 때 제가 방문했던 외국의 신학교 교수들은(일반 신자들도 거의 동일하다 합니다.) 정신과의사와의 면담을 가장 먼저 가장 중요하게 실시해야 하는 필수적인 과정으로, 또 정신과의사의 의견에 전적으로 따르는 것을 아주 당연한 상식으로 알고 있었습니다. 그런데 그와 달리 첫 번째와 두 번째의 사례들에서 보듯이 우리나라의 사정은 아주 대조적임을 쉽게 알 수 있습니다.
 이러한 차이를 단순히 주관적 의견의 차이로 돌려 더 이상의 논의를 하지 않아도 된다면 얼마나 다행일는지요? 그런데, 그렇지 않은 것이 문제입니다. 희생을 당하는 것은 원하지 않게 정신이상을 겪는 환자분들이기 때문입니다. 더욱이 그분들은 환자 이전에 하나님께서 그 무엇보다 귀중히 여기시는 하나님의 형상대로 지음을 받은 존재인 것입니다.

그렇기 때문에 이 문제는 가벼운 문제일 수가 없고, 가볍게 다루어서도 아니 되는 것이라 생각합니다. '정신병인가 귀신들림인가?'의 문제가 정신병 환자들을 귀신들린 자들로 몰아 화형에 처했던 과거 중세기 때의 일이 아니라, 바로 오늘 바로 여기 한국 땅에서 일어나고 있는 살아 있는 중요한 문제이기 때문에, 문제해결을 위한 논의를 심각한 마음으로 전개하지 않을 수 없는 것입니다.

정신이상을 보이는 사람들을 대할 때, 한국의 많은 그리스도인들은 귀신들림으로 판단하여 의학적 치료를 기피하여 왔습니다. 그러한 결과로 인해 일어나는 부작용은 상상 이상으로 심각하다 하겠습니다. 이제 이 자리를 통해 정신이상을 보이는 사람들을 어떻게 분별하여 접근해야 하는지에 대한 바른 통찰력을 얻어 앞으로는 그들에게서 하나님께서 허락하신 인간다운 삶을 빼앗아버리는 무지의 오류는 사라지게 되기를 바라는 마음 간절합니다.

3. 문제의 확인

1) 정신이상이란 무엇인가?

(앞에서 정신분열병의 증상을 다룰 때 충분히 다루어진 내용이지만, '정신병인가 귀신들림인가?'라는 주제를 다룰 때 하나의 완성된 참조문

헌이 되도록, 앞에서 설명한 증상들에 대해 간단하게 반복하였음을 양해해 주시기 바랍니다.)

정신이상에 대해서는, 다음과 같이 몇 가지 중요한 영역에서 간단히 살펴봄으로써 이해를 도울 수 있습니다.

(1) 지각영역에서의 이상

이 영역에서 알아야 하는 증상은 환각입니다. 환각이란 자극을 받지 않았는데도 마치 자극을 받은 것 같은 반응을 보이는 것입니다.

환청: (정상인에게는) 아무 소리가 나지 않는데, (환자에게는) 어떤 소리가 들리는 증상입니다. 예를 들어 (자기가 좋아하는 연예인인) '조용필이 나를 좋아한단다.', '하나님께서 나에게 우리나라 대통령이 되라 하셨다.', '사탄이 나보고 팔을 움직이지 말라 한다.' 등등 각양각색으로 나타나게 됩니다.

환시 : (정상인에게는) 아무것도 보이지 않는데, (환자에게는) 무언가가 보이는 증상입니다. 예를 들어 '우리 집이 지금 불타고 있다.', '벽에 피가 묻어 있다.', '귀신이 보인다.', '성모마리아가 나타나 계시를 주셨다.', '예수님이 면류관을 씌워 주셨다.' 등등 다양한 모습들로 나타납니다.

이외에 환촉, 환취 등등의 환각 증상이 있습니다.

(2) 사고영역에서의 이상

이 영역에서 알아야 하는 증상은 망상입니다. 망상이란 사실이 아닌데 사실로 믿는 것입니다.

　감시망상 : '안기부에서 나를 감시하고 있다.'

　관계망상 : 자기와 전혀 관계없는 것을 자기와 관계 지우는 것입니다. 예를 들어 '저 두 사람이 수덕거리는 것은 나에 대해 험담을 하는 것이다.', '저 TV 연속극은 나에 대한 얘기다.' 같은 증상.

　신체망상 : '간이 썩어 들어가고 있다.', '오른발이 왼발보다 더 길다.'

　과대망상 : '대통령이 나를 중용할 것이다.'

　그 외에도 도청망상, (다른 사람 또는 인간이 아닌 존재가 자기를 조종한다는)피조종 망상, (자기가 타인을 조종할 수 있다는) 조종망상, 텔레파시망상 등등 수많은 종류의 망상들이 있습니다.

　환청과 망상은 각각 따로따로 나타나기도 하지만, 함께 연관을 지어 나타나는 경우가 많습니다. 예를 들어 '대통령에 출마하라.'는 환청을 들을 때, 자기가 출마하면 꼭 될 것으로 믿는다든지 자기가 출마하면 어느 정치인이 도와줄 것이라는 등의 망상을 가질 수 있는 것입니다.

　또한 망상은 하나만 독립적으로 나타나기도 하지만, 둘 이상의 망상이 함께 연관을 지어 나타날 수 있습니다. 예를 들어 '다른 사람들이 내가 생각하는 것을 다 알고 있다.' 라는 망상만을 가질 수도 있으나, 어떤 분들은 '그런 것을 보니 아마도 집 안에 도청장치가 되어 있을 것이다.' 라는 도청망상을 함께 가지게 되기도 합니다.

(3) 말하기영역에서의 이상

　상관성 결여 : 묻는 말에 엉뚱하게 대답하는 것

일관성 결여 : 말을 하는데 앞뒤가 잘 맞지 않음

(4) 행동영역에서의 이상

이는 망상과 환각의 내용에 따르는 외적 표현일 경우가 대다수입니다.

혼잣말하는 것 : 환청이 들리기 때문에 거기에 대꾸하는 경우가 많습니다.

이유 없이 어떤 행동을 반복하는 것 : 예를 들어 다른 사람들의 영혼이 자기 머리로 들어온다며 못 들어오게 머리를 반복적으로 흔들어 대는 경우, 걸어가다가 '거기 서!'라는 사탄의 명령(환청)을 들어서 갑자기 서는 경우 등 역시 다양한 행동의 증상들이 있습니다.

이외에도 여러 영역에서의 정신이상의 증상들이 있으나, 위의 네 경우-특히 환각과 망상-에 대해서만 잘 알아도 결정적인 도움을 얻을 수 있는 경우가 많을 것으로 생각되어 생략하도록 하겠습니다.

2) 정신이상을 보이는 사례들의 원인적 분류

정신의학에서 다루는 정신이상은 사실 정신병에 의한 정신이상만을 다루는 것은 아닙니다. 물론, 정신병에 의한 정신이상을 보이는 사람들을 다루는 경우가 압도적으로 많긴 하지만, 다른 문제에 의한 정신이상이 여러 경우에서 나타날 수 있다는 점도 명심하여야 하겠습니다.

(1) 뇌의 이상에 의한 경우

정신병 : 더 세밀한 원인을 찾아야 하는 과제가 있지만, 정신이상의 원인이 뇌의 이상에 있는 것으로 분명히 밝혀진 경우입니다. 그래서 정신병은 뇌에 이상이 있는 병이므로 '정신병'이라는 용어에 대한 잘못된 편견을 교정하기 위해서라도, 정신병을 앞으로는 '정신 이상을 일으키는 뇌병'이라 하는 것이 옳다고 생각해봅니다.

여기에는 정신분열병, 정신병적 우울증(우울증을 정신병적 그리고 신경증적 우울증으로 대별할 수 있습니다), 조울증, 편집장애, 단기 반응성 정신장애 등등이 있습니다.

기질적 뇌증후군 : 교통사고 등에 의한 머리부상, 뇌졸중 등과 같은 사고 또는 뇌염이나 매독과 같은 감염성질환, 뇌종양, 약물(알코올 포함) 등등으로 인하여 뇌에 손상이 가서 정신이상을 보이는 경우를 말합니다. 손상이 심각하지 않을 때는 미미한 정신이상의 증상을 잠깐 보이다가 이내 자연적으로 회복될 수 있습니다. 그러나 손상이 중증 이상일 때는 정신이상의 소견이 상당히 지속되고 경우에 따라서는 평생가면서 항정신병 약물로 치료 반응이 쉽게 오지 않는 경우가 많습니다.

(2) 뇌 이외의 신체적 이상에 의한 경우

독성물질의 과부하(예: 만성신장염), 전해질의 불균형(예: 심장 수술), 내분비의 변화(예: 갑상선 질환) 등등 여러 신체적 이상들에 의해 정신이상이 일어나는 경우를 말합니다. 그 기전을 이해하려면 어느 정도 전문적 의학지식이 필요하기 때문에 자세한 설명은 생략하겠습니다. 이러한 경우는 그 원인을 교정하였을 때 정신이상의 증상이 바로 소실됩니다.

(3) 심리적 원인에 의한 경우

신경증 장애를 앓고 있는 사람 뿐 아니라, 건강한 일반인에게 있어서도, 공포, 불안, 분노, 자책 등등에 의해 정신적인 불안정이 심각하게 야기될 때 나타날 수 있습니다. 심리적인 원인으로 정신이상이 나타나는 경우는 정신병의 경우와 같이 몇 년 또는 몇 개월씩 오래 가지 않고, 잠깐 동안 또는 길어야 며칠 정도 간다는 점을 기억하시기 바랍니다. 그리고 심리적 문제가 해결이 되지 않으면, 정상적으로 잘 지내다가도 심리적 문제가 활성화되는 경우에는 몇 번이고 비슷한 정신이상의 현상이 반복될 수 있다는 점도 분별하는 데 도움이 될 것입니다.

다음은 보통 정신이상을 보이지는 않으나 심리적인 영향에 의해 일어나는 것으로, 일반 그리스도인들에게 귀신들림으로 오해하는 경향이 높은 경우들이어서 여기서 다루어보도록 하겠습니다.

✳ 다중인격장애

일반적으로 정신이상을 동반하지 않으나, 일반인에게 정신이상인 것 그리고 그리스도인에게는 귀신들림으로 오해되기 쉬운 신경증의 하나인 다중인격장애에 대해 알아보도록 하겠습니다.

모 신학교에서 강의를 하면서, 신학생들에게 '정신병인가 귀신들림인가?'에 대한 보고서를 제출하되 이 둘을 분별하는 데 도움이 되는 분별점에 대해 자신들의 의견을 적어내라는 과제를 주었습니다. 여러 가지의 분별점들이 제시되었습니다. 그중에서도 학생들이 가장 많이 언급한 것은 귀신들린 사람의 경우는 그 사람과 다른 인격체(귀신)가 함께 있는 특징을 나타낸다는 것이었습니다. 예를 들어 당사자와는 전혀 다른 목소리, 행동, 또는 감정 등을 나타낸다는 것이었습니다.

그러나 그렇다 하여 귀신들림으로 판정을 내리는 데에는 조심하여야 합니다. 왜냐하면 그러한 경우와 거의 같은 모습을 증상으로 보이는 정신질환들이 있기 때문입니다. 가장 주의를 요하는 경우가 다중인격장애입니다. 다중인격장애가 있는 사람에게서는 서로 다른 인격체들이 각자의 특징을 다르게 나타내 보이듯이, 여러 가지 서로 전혀 다른 모습들이 나타나기 때문입니다. 앞에서 언급하였듯이 그러한 환자는 어느 특정 시점에서 목소리, 행동적 특징(버릇 포함), 감정적 분위기 등이 전혀 알아보지 못하게 바뀌어서 마치 전혀 다른 사람 같은 모습을 보이게 되는 것입니다.

제가 미국에서 공부했을 때 시카고에 사는 어느 여고생이 (제 기억에) 17가지의 서로 다른 인격들을 보이는 다중인격장애를 보여 매스컴에 크게 보도된 적이 있었습니다. 그런 다중인격(체)적인 증상은 다중인격장애뿐 아니라 정신분열병에서도 나타날 수 있기 때문에 그리스도인으로서는 그런 증상이 나타난다고 하여 귀신들림으로 성급하게 판단하는 우를 범하지 않아야 하겠습니다.

아직 구체적인 증거는 없지만 다중인격장애 중에는 부분적으로 귀신들림에 의한 경우도 있을 것이라는 가능성에 대해 생각해 봅니다. 정신과의 진단은 존재론적인 또는 원인적인ontological 기준이 아니라, 증상의 유무 여부를 따지는, 기술적인 또는 묘사적인descriptive 기준에 의존하기 때문에 원인적으로 전혀 다른 경우라 하더라도 겉으로 드러나는 양상이 같다면 같은 진단을 받을 수 있게 되어 있습니다.

본론에서 벗어나는 것인데, 증상만을 가지고 진단을 내리는 문제점을 잠깐 다루어보도록 하겠습니다. 한 환자가 있었습니다. 그분은 저를 만나기 전에 모 대학의 정신과 교수로부터 정신분열증으로 약물치료를 받고 있었습니다. 환각, 망상 그리고 다양한 이상 행동들이 있었기 때문에 정신분열증으로 진단을 받을 수밖에 없었습니다. 약 2-3개월 치료를 받았으나 증상에는 전혀 호전이 없었습니다. 우연히 그분을 만나게 되어 치료를 하게 되었습니다. 저도 처음엔 여러 정신병적 증상들이 다양하게 나타나 정신분열증이라 생각하였습니다. 그러나 면담을 해 가면서 느껴지는 것은 일반 정신분열증 환자와는 다른 정렬된 내면세계를 가지고 있다는 것이었습니다. 정신분열증이 아닐 수도 있다는 여지를 두면서 면담을 깊게 하여 갔습니다.

　결론을 말씀드리자면, 그분은 동성애를 하고 있었습니다. 그리고 죄책감에 스스로를 비난하는 가운데 여러 다양한 정신병적 증상들이 나타나게 되었던 것이었습니다. 항정신병 약물을 모두 끊고 정신치료를 해나갔습니다. 2년 가까이 되는 정신치료 중에 직장에 복귀가 되었고 일상적인 생활을 하는 데 지장이 없는 정도가 되어 치료를 종결하게 되었습니다. 그 뒤 이성교제도 하고 결혼하여 아이도 낳아 잘 살고 있다는 소식을 들었습니다.

　이러한 경우는 아주 드물기 때문에 정신과의 진단체계에 큰 문제가 있다고 생각해서는 아니 될 것입니다. 그러나 정신과의 진단체계가 완전한 것은 결코 아니라는 것을 알고 있을 필요는 있습니다. 그것은 겉으로 드러나는 양상만을 가지고 진단을 내리게 되어 있기 때문에 가질 수밖에 없는 한계임을 염두에 두어야 합니다.

　그렇듯이 귀신들린 경우가 다 그렇지는 않겠지만, 겉으로는 다중인격장애자의 증상과 비슷하게 나타날 수 있습니다. 그러나 겉으로 다중인격장애자의 진단기준을 만족시킨다고 하여 정신의학에서 생각하는 식으로 그 원인이 모두 심리적인 것에만 기인한다고 할 수는 없습니다. 귀신 들린 사람도 그런 증상을 나타낼 수 있기 때문입니다. 영적 세계의 존재함을 믿는 저로서는, 정신의학에서 다중인격장애라고 진단을 받는 사람들 중에는 귀신들림의 경우가 있을 가능성이 있다고 생각합니다. 그러나 직접적인 경험이 없고, 또 비율이 어떠할지에 대해 모르기 때문에 이를 얼마나 강조하여야 하는지 조심스러운데 풀어야 하는 미래의 과제의 하나로 상정하는 것으로 생각해주시기 바랍니다.

좀더 범위를 넓혀보면, 정신분열증으로 진단을 받은 사람들 중에도 아주 드물겠지만 귀신들림의 사례가 들어있을 가능성이 있을 수 있다고 생각할 수 있겠습니다. 그러나 역시 제가 자신할 수 있는 사례는 갖지 못하고 있습니다. 이 역시 막연히 가능성-아주 낮은 가능성-만을 언급하는 것이기 때문에 일반인들에게 잘못 지나친 영향을 줄까봐 염려스럽습니다.

사실 가능성만을 얘기하는 이러한 언급들은 과학적 사고를 하는 의학자로서 참 곤혹스럽습니다. 그러나 용기를 내어 보았습니다. 앞으로 가능성이 전혀 사실이 아니든 또는 사실로 나타나는 그 어떠한 결과를 맞이하게 되든지 하나님 앞에서 객관적이고 사실적인 접근을 하도록 노력할 것입니다. 진리의 세계는 사실로 나타날 것이라는 믿음을 가지고 주위를 살펴볼 것입니다. 여러분들은 그러한 가능성의 여지를 두는 그리스도인인 정신과의사가 있다는 정도로 가볍게 알고 넘어가셨으면 합니다.

✽ 피암시적 상태

그리스도인들이 귀신들림과 혼동하는 적지 않은 경우가, 암시를 심하게 받았을 경우입니다. 이런 경우는 신비적 체험을 강조하며 분위기를 고도로 흥분시키는 신흥종교, 이단의 무리, 그리고 신비주의적 신앙집단에서 많이 볼 수 있습니다. 또 의도적으로 광란적인 흥분을 조장하여, 자기통제력을 풀어 놓고 흥분의 도가니 속에 빠지지 않고서는 그곳에 계속 앉아 있을 수 없는 분위기를 만드는 기도원, 부흥회, 수련회 등등에서 일어날 수 있다고 하겠습니다.

제가 신학교에서 강의를 할 때 만난 한 전도사의 인상적인 경험을 소개하는 것이 도움이 되리라 생각합니다. 그가 심한 정신적인 갈등으로 고생을 하고 있었을 때에 일어난 일이었습니다. 당시 대전에 살았는데, 청주에 사는 기도 많이 하신다는 권사님이 그가 아프다는 소식을 듣고 기도를 해주려고 오셨습니다.

"……계속되는- 빠져 나올 수 없는 환경-상태에서 나는 아내의 기도 덕분에 그 상태(환경) 속에서 계속 내 자신을 버티낼 수밖에 없었습니다. 그때 어느 권사님이 몇 번 집을 찾아와 나에게 안수기도를 해주었는데 그때마다 심하게 내 목을 조르며 "귀신아 물러가라"를 계속 외쳐대며 나를 괴롭혔습니다.(?)
나는 권사님의 그런 행위가 싫었지만, 나도 모르게 "알았다. 나 간다."라고 대답을 함으로써 멀리 (청주에서) 대전까지 오신 권사님에 대한 예우(?)를 해 드리려는 나를 발견했지요. 그것은 분명히 나의 소리였지 귀신의 소리는 아니었던 것이 지금도 확실하답니다."

그는 의식적으로는 권사님의 축사기도가 싫었지만, 자기도 모르게 그 분의 말에 맞추는 대답을 하였습니다. 이러한 행위의 배경에는, 자신으로서는 동의하지 않지만 자기를 위해 멀리서 오신 권사님을 실망시키고 싶지 않은 마음이 닫힌의식(무의식)에 강하게 자리잡고 있어서 그 마음이 자동적으로 축사기도에 맞추어 주는 언행을 일으키게 되었다고 설명할 수 있습니다. 자기가 자기 스스로에게 암시를 주고 받았다고 할 수 있습니다.

제가 만난 한 분의 예를 더 들어보도록 하겠습니다.

"…… 이후로 성경이 안 들어오고 긴장이 되고 우울해지고 …… 밥맛이 없었지만 '단지 죽지 않으려고' 밥에 물을 말아 먹었다. ㅂ교회에서는 심방을 안 하는데 아무래도 집에서 예배를 드려야 집에 있는 나쁜 세력들이 나갈 것이라는 생각에 ㅁ교회에 전화를 하였다. 예배를 보는 중에 이상한 경험을 하였는데, 몸 주위로 안개같은 것이 싸서 위로 올라갔는데 몸에 힘이 솟으면서 무엇이 위로 올라왔다. 그러면서 '머리까지 올라오면 정신이상이 생길텐데'라는 생각을 하였다. 그 생각과 함께 목이 눌리는 느낌이 있으면서 혀를 낼름낼름하게 되었다.
약국에 갔으나 병원에 가야 한다고 하여 응급실을 찾았다. 응급실에서 혈압이 높다는 얘기를 들었는데, 어머니가 고혈압으로 돌아가셨는데 죽을 것만 같았다. 목사님이 "혀를 집어 넣으라" 하니 그렇게 되었다. 귀신이 들렸다고들 하면서 기도를 하기로 하였다. 그 때 손이 나도 모르게 쥐어지고, 눈을 감으면 슬라이드가 돌아가듯이 무엇이 자꾸 보여 눈을 감을 수가 없었다. 잠을 못 자서 수면제를 받았으나 잠 들면 못 깨어날까봐 두려웠고, 뭔가 연결되는 것을 느꼈다. 그러나 수면제를 먹어도 잠을 이룰 수 없었다.
사모가 "귀신이 들렸어"라고 하면서 손을 얹고 축사기도를 하는데, 나는 일인삼역을 하였다. 엄마귀신이 되었다가 성령도 되고 또 나도 있고. "누구냐?"고 물으면 "엄마귀신이다"라고 했다. 목소리도 변했다. 그런데 내가 목사 사모에게 "무릎을 꿇으라"고 명령도 하고 욕도 하고 두 사람에게 불만스러운 것을 얘기하면서 성령이 하는 것이라고 하였다. 그렇게 하지 않으면 왼쪽 가슴팍이 아팠다. 그런데 생각해 보니까, 귀신이 그렇게 얘기한 것이 아니라, 내 머리 속에 있는 것을 다 쏟아붓는 식이었다. 전에 남동생이 돈을 빌려가 안 갚았는데, 동생에 대한 원망도 하고 ……

재미나는 것은 "너 누구냐?"라고 물을 때, 큰 이모가 돌아가신 것을 보았는데, 큰 이모가 생각이 나서 "이모귀신이다"라고 얘기하였다. 그 다음에 이름이 뭐냐고 묻는데, 큰 이모이름은 기억이 나지 않고 작은 이모의 이름이 생각나서, 머리 속에서는 잘못된 것을 알면서도 작은 이모의 이름을 대었다. …… 내 머리 속에 있는 것이 다 나오는 것 같았다."

이분은 40대 중반의 여성으로 여러 가지 신체적 증상들을 동반하는 신경증적 우울증을 앓고 있었던 분으로, 자신의 문제를 영적으로 해결하기 위해 신유를 강조하는 집회나 사람들을 여러 번 만났던 분입니다. 문제가 해결이 되지 않아 나중에는 정신과의 도움을 받았으나, 그러는 중에도 신비적인 해결을 모색했었습니다. 저의 판단으로는 피암시성이 아주 높은 분이었습니다.

두 사례에 대해 짧은 내용으로 살펴보았는데, 암시를 강하게 받으면 받을수록, 자신에 대한 의식적인 통제가 풀린다고 할 수 있습니다. 그러면

닫힌의식(무의식)에 있는 내용들이 열린의식(의식)으로 쉽게 튀어나올 수 있는 상태가 된다고 설명할 수 있습니다. 최면은 피암시적 상태가 최고조에 달한 경우라 할 수 있습니다. 정상적인 경우에서는 닫힌의식에 대한 의식적인 통제가 가동되어 있어서 닫힌의식의 내용이 열린의식으로 쉽게 올라오지 못하게 되어 있다고 할 수 있습니다. 그렇게 사람은 남에 의해서 그리고 자기 스스로에 의해서 어느 정도 암시 또는 조종을 받을 수 있는 존재라는 것을 기억하여야 하겠습니다.

위의 두 사례의 경우와 다음의 성경의 예를 비교해 보시기 바랍니다.

> "악귀가 대답하여 가로되 예수도 내가 알고 바울도 내가 알거니와 너희는 누구냐?" 행 19:15
>
> "저희(귀신)가 소리 질러 가로되 하나님의 아들이여 우리와 당신과 무슨 상관이 있나이까? 때가 이르기 전에 우리를 괴롭게 하려고 여기 오셨나이까? 하더니" 마8:19

아마도 귀신들린 사람의 경우 성경에 나오는 대로, 다른 인격(체)의 특징들을 나타낼 수 있을 것으로 충분히 예상할 수 있습니다. 그러나 겉으로 보기에 비슷한 양상을 보일 수 있는 여러 다른 경우들이 있을 수 있다는 것을 염두에 두면서, 쉽게 일방적인 판단을 하는 오류를 범하지 않도록 조심할 수 있어야 하겠습니다.

(4) 극도의 생리적 박탈에 의한 경우

심한 수면장애, 피로, 탈진 등으로 인해 정상인에게도 일시적으로 정신이상의 현상이 나타날 수 있습니다.

(5) 물질남용에 의한 경우

중추신경계에 영향을 주는 약물, 예를 들어 히로뽕, 대마초, 각성제 등 등의 복용과 본드와 가스흡입에 의해 뇌기능이 일시적으로 영향을 받으면 얼마든지 정신이상이 일어날 수 있습니다. 심하지 않은 경우에는 그런 약물을 끊으면 곧 회복이 되지만, 오랫동안 심하게 남용이 계속되는 경우에는 뇌에 영구적인 손상을 주어 정신이상이 평생 지속되는 경우도 있습니다. 후자의 경우에는 기질적 뇌증후군에 들어간다고 할 수 있습니다.

물질남용자에게는 남용뿐 아니라, 물질을 갑자기 끊었을 때 일어나는 금단증상에 의해 다양한 정신이상의 소견이 나타날 수 있습니다.

예를 들어, 우리나라에서 많이 볼 수 있는 알코올금단증상은 알코올중독자들이 알코올을 갑자기 끊었을 때 나타나는 것으로, 환각과 망상 등의 정신이상을 보입니다. 환각 중에는, 환청이 더 많은 정신분열증과 달리 환시가 더 빈번하게 나타납니다. 특히, 이들이 경험하는 환시에는 호랑이 같은 동물과 바퀴벌레 같은 벌레가 많이 나타나는데, 그러한 것들이 자기를 해한다는 피해망상을 동반하는 경우가 대부분입니다. 이밖에 의식의 변화 등 다른 증상들이 있으나 여기서 자세히 다룰 내용은 아니므로 생략하겠습니다.

3) 귀신들림에 의한 정신이상?

성경에 나오는 귀신들린 사례들에서 정신이 이상할 것으로 보이는 경우는 거라사 걸인(마 8:28-34, 막 5:1-20, 눅 8:26-39)밖에 없다고 할 수 있습니다. 가장 자세히 기록되어 있는 마가복음의 내용만 가지고 살펴보면, '무덤 사이에서 거처하였고 쇠사슬을 끊고 고랑을 깨뜨렸고 아무도 그를 제어할 수 없을 정도로 힘이 셌고, 밤낮 무덤 사이에서나 산에서 소리지르고 돌로 제 몸을 상하였다'는 것을 알 수 있고, 그러면서 예수님께서 하나님의 아들이심을 알아보는 영적 능력이 있음을 알 수 있습니다. 이외의 증상 외에, 누가복음에 따르면 오래 동안 옷을 입지 않았다고 기록하고 있습니다. 정신의학에서 얘기하는 정신이상의 2대 증상인 환각과 망상의 증상을 보였다는 기록이 없어 엄밀한 의미에서는 정신이상의 경우라 할 수는 없지만, 행동의 측면에서 정신이상을 보이는 사람이 나타낼 수 있는 모습을 보였기 때문에 정신이상이 있다고 할 수 있겠습니다.(말의 내용에 있어서는 이상이 없다고 하여야 할 것입니다. 예수님을 알아보고 하는 얘기는 적절한 것으로 보아야 할 것입니다. 이는 귀신이 그 사람의 입을 빌려 얘기하는 것이기 때문에, 원래 그 사람을 알고 있었던 사람들이 볼 때는 그 사람이 그런 식으로 얘기할 사람이 아니기 때문에 '말하는 것이 이상하다'고 할 수는 있을 것입니다.)

일반 그리스도인들이 많이 가지고 있는 귀신들림에 대한 다음과 같은 오해 또는 혼동에 대해 알아보도록 하겠습니다.

"귀신들린 사람들은 정신이상을 나타내고, 정신이상을 나타내는 사람은 귀신이 들린 것이다."

(1) 귀신들린 사람들이 모두 정신이상을 보이는 것이 아니다

성경에는 귀신들린 사람들에 대한 여러 예들이 - 벙어리 된 자 마 9:32-33,

눈멀고 벙어리 된 자마 12:22, 간질로 심히 고생하여 자주 불에도 넘어지며 물에도 넘어지는 자마 17:14-18, 꼬부라져 조금도 펴지 못하는 자눅 13:11 등 등 - 나오고 있습니다. 그런데 그들 대다수는 정신이상을 보이지 않았습니다.

(2) 정신이상을 보이는 사람이 모두 귀신들린 것은 아니다

이는 정신과적 치료를 통해 회복되는 수많은 경우의 사람들을 통해 입증됩니다. 귀신들려서 정신이상을 보인다면 약물에 반응을 보이지 않을 것이기 때문입니다.

우리는 (1)과 (2)를 통해 '정신병인가 귀신들림인가?' 의 문제는 결국 정신이상을 보이는 사람들에 대한 분별의 문제임을 알 수 있게 되었습니다. 여기서 분별해야 하는 대상의 하나인 귀신들림이란 귀신들림 일반에 대한 경우가 아니라, 귀신들린 사람들 가운데서 '정신이상을 동반하는 귀신들림' 이라는 것이 전제되고 있음을 명심해야 합니다. 결국 정신병에 의한 정신이상과 귀신들림에 의한 정신이상을 분별해 내는 것임을 분명히 해야 합니다.

예를 들어 사탄의 세력에 의해, "정신이상은 보이지 않고", 말을 못하고, 앞일을 척척 알아맞히는 점을 치고, 정신세계에 영향을 미쳐 왜곡된 금권욕, 권력욕, 성욕 등등을 고조시켜 하나님의 나라에 대항 하고, 시기와 중상모략의 마음을 지나치게 갖게 하고, 선교지에서 선교사역에 여러 형태의 악령적인 빙해를 받는다든지 하는 등의 일반적인 사탄의 사역을 다루는 것이 아님을 분명히 의식하면서 책을 읽어 가시기를 바랍니다.

여기에 아직 드러나지 않은 전제가 하나 들어 있습니다. 그것은 '귀신들림에 의한 정신이상과 정신병에 의한 정신이상은 다르다'라고 하는 것입니다. 그 전제 위에서 논의가 전개되고 있다는 것을 잊지 않으시기 바랍니다. 이 전제는 증상과 치료의 양 측면에 다음과 같이 적용됩니다.

  증상의 측면에서 볼 때, 정신병에 의한 정신이상은 뇌의 기질적인 문제에 의한 정신이상이어서 앞에서 설명한 환각과 망상을 위주로 하나, 귀신들림에 의한 정신이상은 귀신이라는 엄연한 영적 실체에 의한 것이기 때문에 꼭 환상과 망상을 동반하지 않는 가운데서 정상인과 다른 그 어떤 이상한 모습을 보일 것이라는 것입니다. 또 치료의 측면에서도 전자의 경우는 뇌의 이상을 치료하는 약물을 복용하면 치료가 되나, 후자의 경우는 귀신을 내쫓아야만 치료가 되지 약물로는 치료가 되지 않을 것이라는 점입니다.

  그러한 전제가 진정 옳은가 하는 것에 대해서는 다른 의견들이 있으나, 여기서는 그냥 그 전제 위에서 논의를 진행하고, 뒤에 나오는 '앞으로의 과제' 부분에서 병인론을 다루면서 시험적 접근을 설명하도록 하겠습니다.

4. 귀신들림에 의한 정신이상과 정신병에 의한 정신이상의 분별을 위한 시험적 분별점

  저는 귀신들림에 의해 정신이상을 보이는 경우를 정확히 알아맞힐 수 있는 사람은 영들 분별함의 은사(고전 12:10)를 받은 사람일 것이라고 생각합니다. 물론, 영들 분별함의 은사를 받았다고 주장하는 사람들이 다 진짜는 아닐 것입니다. 오히려 가짜가 더 많을지 모르겠습니다. 그렇기 때문에 진짜와 가짜를 구별해내는 작업이 심각하게 요청된다 하겠습니다.

그러나 대부분의 사람들은 그러한 은사를 받지 못했기 때문에 실제적으로 우리에게 필요한 접근은, 정신이상을 보이는 사람들 가운데 앞에서 설명한 원인들 중 영적인 원인에 의한 경우가 아닌 경우들을 빼내어, 귀신들림에 의한 정신이상을 보이는 사람들을 압축해 가는 배제적인 exclusive 접근을 해야 한다고 생각합니다. 왜냐하면 영적이지 않은 원인에 의한 경우들에 대해서는 정신의학을 통해 체계적이고 객관적이고 합리적인 정보를 얼마든지 얻을 수 있기 때문입니다.

그런데 이러한 간접적인 접근은 정신의학을 어느 정도 배워야 가능하기 때문에 교역자들을 비롯한 많은 기독교인들은 자신들이 직접 적용할 수 있는 기준을 필요로 하고 있는 것이 현실적 사정입니다. 기독정신과 의사들이 이를 위해 노력하고 있습니다. 주로 문제가 되는 경우는 정신병에 의한 정신이상과 귀신들림에 대한 정신이상을 분별하는 것이니, 이에 대해 연구 중에 있지만 몇 가지 소개하기로 하겠습니다.

다음의 분별점에 대해서는, 정신이상이 있는 사람에게서 이러한 모습이 나타날 때 고려의 대상이 되는 것이지, 정신이상을 보이지 않는 사람에게는 적용하지 않는다는 것을 분명히 하시면서 읽어주시기를 바랍니다. 지금 우리의 목적은 정신이상을 보이는 사람들 중에서, 그 정신이상이 정신병에서 오는 것이냐 아니면 귀신들림에서 오는 것이냐의 분별의 문제이기 때문입니다.

1) 절대적 분별점

(1) 초능력의 동반

정신병을 앓는 사람은 초자연적인 능력을 결코 보일 수 없습니다. 주의 집중이 강하게 이루어져 평상시보다 다소간 높은 능력을 보일 수는 있겠습니다. 예를 들어 평상시에는 15kg밖에 들지 못하던 사람이 어떤 경우에는 20kg을 들 수 있습니다. 그러나 100kg을 들 수 있는 경우는 없습니다. 그가 보여줄 수 있는 것은 인간이 나타내 보일 수 있는 능력의 한도 내에서 가능한 것입니다. 결코 인간의 능력을 훨씬 넘어서는 능력을 보일 수는 없습니다.

그러나 귀신들림에 의해 정신이상을 보이는 사람의 경우는 그 안에 있는 귀신에 의해 인간의 능력을 넘어서는 초인적인 능력을 나타낼 수 있을 것입니다. 그것은 사람에 의해서가 아니라 귀신에 의한 것이기 때문에 인간에게서 기대할 수 없는 일들이 나타나는 것입니다. (쇠사슬을 끊음막 5:1-20, 정확하게 점을 치는 것행16:16-19, 배가된 완력행 19:16 등등)

참조하는 성경구절에는 귀신은 들렸으나 정신이상을 보이는지 여부는 알 수 없는 경우의 구절도 인용되고 있습니다. 예를 들어 사도행전 16:16-19에는 귀신에 의해 앞 일을 정확히 알아맞히는 소녀에 대한 예가 나옵니다. 그녀는 (성경에 명시되지는 않았으나) 정신이상을 보이지는 않았던 것으로 추측됩니다. 그러나 정신이상을 나타내는 귀신 역시 귀신이기 때문에 일반적인 귀신이 나타내는 능력을 보일 수 있을 것으로 판단되기 때문에 분별점을 세우는 데 좋은 기준점이 되리라 생각합니다.

정신이상이 있는 환자가 전혀 배우지 않은 외국어를 유창하게 구사한다는 사례 보고를 접한 적이 있습니다. 그런 경우는 귀신들림에 의한 것이 틀림없습니다. 정신분열병을 앓는 환자에게서는 일어날 수 없는 일입니다. 전혀 배우지 않은 지식을 말하는 경우도 그러한 경우라 할 수 있습니다.

(2) 영적으로 사람을 알아봄

사람 속에 들어간 귀신은 예수님이 어떤 분이심을 알고, 사도 바울이 어떤 인물이라는 것을 영적으로 알 수 있습니다. 마 8:28-34. 막 5:1-20. 눅 8:26-39의 거라사 걸인의 예, 행 16:16-19, 19:13-16의 점치는 귀신 들린 여종과 악귀들린 자, 그러나 정신병에 의한 정신이상자에게는 그러한 일이 일어날 수 없습니다.

* 신앙적인 것들에 대해 적대적인 태도를 보임

귀신들린 자들은 십자가, 성경, 성경구절, 예수님이라는 호칭 등 신앙적인 것들에 대해 특별히 적대적인 반응을 보일 수 있습니다. 그러나 정신병 환자도 무의식의 세계 내에 그런 것들에 대한 강한 콤플렉스가 형성되어 있다면, 다소 특이한 반응을 보일 수 있기 때문에 일반인들이 이런 것들에 대한 반응을 가지고 분별하려고 시도하는 것은 조심하여야 하겠습니다. 이러한 경우는 전문가에게 의뢰하면 어렵지 않게 분별할 수 있을 것입니다. 전문가들은 콤플렉스에 의한 반응에 대해 많은 경험을 갖고 있기 때문에 귀신에 의한 적대적인 것을 구분하는 데 그리 어렵지는 않을 것입니다.

(3) 약물에 대한 반응

앞에서 언급한 대로 귀신들림에 의한 정신이상과 정신병에 의한 정신이상은 다르다고 전제할 경우, 귀신들린 경우는 약물에 반응을 보이지 않을 것입니다. 그러므로 약물에 치료적 반응을 보이는 경우는 모두 정신병에 의한 정신이상이라 해야 할 것입니다.

(4) 다른 인격체의 존재 – '가상적' 절대적 분별점

이 분별점은 이론적으로는 가능한데 실제적으로는 어떻게 모습을 드러낼지에 대해서는 정확히 알기가 사실 어렵습니다. 우선 귀신들린 사람에게는 두 인격체가 존재한다고 생각할 수 있습니다. 그래서 귀신에 의해 지배를 받을 때는 원래 그 사람의 모습과는 전혀 다른 인격–즉 귀신의 인격을 드러낼 것이라고 가정하는 것입니다. 사도행전 19장 15절에서 "악귀가 대답하여 가로되"라고 기술되고 있습니다. "예수도 내가 알고 바울도 내가 알거니와 너희는 누구냐"라고 말했는데, 그 내용은 귀신들린 사람이 말할 수 있는 것이 아닙니다. 아마도 그 내용을 말할 때의 표정, 말투 그리고 분위기는 원래의 모습과는 다를 것이라고 추정해 봅니다. 마태복음 8장 29절에서 나오는 "하나님의 아들이여 우리와 당신과 무슨 상관이 있나이까? 때가 이르기 전에 우리를 괴롭게 하려고 여기 오셨나이까?" 이 내용에 대해서도 동일한 원리를 적용할 수 있을 것입니다.

그러나 성경에서는 귀신들린 사람이 귀신의 영향을 받지 않을 때는 원래 그 사람의 모습을 보이는데, 귀신이 활동할 때는 다른 모습을 보인다는 것이 명확하게 기술되고 있지는 않기 때문에 '객관적' 절대 분별점이라기 보다는 '가상적' 절대 분별점이라는 것을 잊지 않으시기를 바랍니다.

그러나 한 사람 안에서의 둘 이상의 인격체의 모습을 보이는 것은 다중인격장애자에서도 가능하기 때문에 주의하여야 합니다. (정신분열증의 경우 다중인격장애적인 증상을 드물지만 보일 수 있다는 점도 함께 유의하여야 합니다.) 이 둘에 대한 차이점은, 다중인격장애자의 경우 한 시점에서 볼 때 이전의 다른 인격으로 활동한 것을 잊어버리는데 비해, 아마도 귀신들린 경우에는 그 사람이 귀신의 존재를 의식할 수 있는 것이라

추정해봅니다. (이 둘을 구분하는 것은 흥미롭게 보일 수는 있지만, 일반인들에게는 사실상 거의 불가능한 일이라 생각합니다. 그렇기 때문에 의심되는 사례가 있으면 바로 전문의에게 의뢰하는 것이 가장 적절한 지혜라 하겠습니다.)

마지막 7장에서 소개하는 '귀신에 의해 정신적 이상을 보이는 것으로 판단되는 사례'의 경우를 보면, 그분은 귀신의 존재를 분명히 의식하였습니다. 제가 최근에(2006년 5월) 면담한 분의 경우는 귀신이 들렸다고 할 수는 없고 귀신의 영향을 수 개월 동안 강하게 받았던 경험을 한 것으로 보이는데, 그분의 경우 자기가 아닌 다른 존재의 영향을 받아 자동적으로 말하고 행동하게 되는 것을 의식하였다고 합니다.

본인들에게 직접 듣기는 했지만, 증상을 나타낼 때 그분들을 직접적으로 경험한 것이 아닌 사례를 가지고 얘기하는 것이, 전문가로서 할 일이 아닌 것을 알지만 워낙 직접적인 경험을 하기가 어려워 안타까운 마음으로 (불충분한) 자료를 내놓는 것을 양해해주시기 바랍니다. 여하튼 바로 위의 내용은 불충분한 논리 전개라는 것을 분명히 하시기 바랍니다.

위의 네 가지 특징이 나타나면 귀신들린 경우라 할 수 있습니다. 그러나 귀신들린 자들 가운데 이러한 특징을 전혀 보이지 않을 가능성에 대해서도 생각해 보아야 할 것입니다. 그럴 경우가 더 많을지도 모르겠습니다. 그러므로 위의 특징들의 경우는 귀신들림이 틀림없지만, 그렇다고 나타나지 않는 경우를 귀신이 들리지 않은 경우라고 판단해서는 안 되겠습니다. 영의 세계에 대해서는 인간이 알 수 있는 것이 제한되어 있으니, 늘 무지의 여지를 마음에 두며 대해야 하겠습니다.

2) 상대적 분별점

(1) 증상의 시작 속도와 회복의 속도

정신병의 대다수를 차지하는 정신분열병은 대개 1-2년의 잠복기를 거치면서 발병하게 되고 증상의 전개양상도 점진적으로 악화됩니다. 그 점진적 과정 속에 드물게 갑자기 악화되는 경우가 있기는 하지만 말입니다. 진행 속도가 비교적 빠른 조울증 같은 경우는 3-4일에서 1주일 내에 갑작스럽게 악화되기도 하지만 역시 빠른 '점진적' 과정을 밟습니다. 정신병의 잠복기의 변화는 전문가의 눈에는 보이지만 일반인의 눈에는 보이기가 어렵습니다. 또 점진적인 증상악화의 연속성이 일반인의 눈에는 잘 보이지 않다가 증상에 의한 문제가 외적으로 문제를 일으킬 때서야 증상이 생겼다고 생각합니다. 그렇기 때문에 전문가에게는 점진적인 것이, 일반인에게는 갑작스러운 것으로 판단될 수 있기 때문에 일반인들이 위의 분별점을 사용하는 데에는 어느 정도 제한이 있다고 하겠습니다. 갑작스러운 경우라 생각되더라도 실제로 그러한가에 대해서는 전문가의 도움을 받아야 할 것입니다.

이에 반해 귀신들림의 경우는 정상적으로 생활을 하다가 갑작스럽게 증상이 나타난다고 볼 수 있을 것입니다. 귀신들림에 의해 나타나는 정신이상은 전적으로 귀신에 의해 일어나는 것이기 때문에, 그 사람 안에서 귀신이 활동한다면 갑작스럽게 정신이상이 나타날 것입니다. 그 사이에 중간과성은 없을 것입니다. 즉, '점진적으로' 악화되는 변화의 과정은 없을 것이라는 가정입니다. 물론, 귀신이 들어온 즉시로 활동을 하지 않고 서서히 활동할 수도 있기 때문에 귀신이 들렸다고 해서 바로 어떤 이상이 나타나지 않을 것이라는 가정도, 가능성이 적어 보이지만, 가능할 것입니다. 그렇기 때문에 이 분별점은 상대적인 것으로 분류하였습니다.

위의 원리는 회복의 경우에도 동일하게 적용이 됩니다. 귀신들림의 경우에는 귀신이 활동을 하지 않거나 사람에게서 떠나기만 하면 그 전의 상태가 얼마나 악화되었든 관계없이 순간적으로 전혀 건강한 모습으로 돌아오게 될 것입니다. 귀신들려 눈멀었던 자가 예수님께서 귀신을 내쫓으시니 바로 정상으로 회복하듯이 말입니다. 이에 반해 정신병의 회복은 결코 돌연하게 이루어지지 않습니다. 단연코 점진적으로 이루어집니다. 그렇기 때문에 회복의 과정이 어떠하였는가 하는 것이 분별하는 데 좋은 참고점이 될 수 있을 것입니다.

정신병 중 단기반응성 정신병은 다소 급작스러운 증상의 시작을 보이기 때문에 비전문가인 일반인들이 이 분별점을 사용하는 것은 다소 무리가 있을 수 있습니다. 단기반응성에 대한 지식이 중요한데, 이는 귀신을 내쫓아 좋아졌다고 하는 적지 않은 경우가 이 단기반응성 정신병이라 예상되는데, 이것은 특별히 약을 쓰지 않아도 대부분 2주 이내, 빠르면 1-2일 이내에 늦어도 한 달 내에 저절로 정상으로 회복되기 때문입니다. 이렇게 단기반응성 정신병의 경우는 저절로 회복되기 때문에 기도의 응답으로 오판하기 쉽습니다. 역으로 귀신들림에 의한 정신이상의 경우, 진짜 귀신이 나가서 좋아진 것을 정신과의사들은 단기반응성 정신병으로 오판하는 경우가 있을 수 있음을 똑같이 기억하여야 할 것입니다.

(2) 증상의 유무사이의 관계, 특히 말과 사고의 영역에서

정신분열병의 초기에는 증상이 드문드문 나타나, 어떤 때는 아주 정상적이다가 어떤 때에는 증상으로 인해 비정상적인 모습을 보이게 됩니다.

그러나 병이 점차 악화되면 다소 차이는 있지만, 인간생활의 거의 전 시간에 병적인 영향을 받게 되어 있습니다. 그래서 상당히 악화된 경우에는, 대부분의 시간동안 아주 비논리적이고 조리가 없고 비현실적인 말도 안되는 말과 사고를 하다가, 어느 순간에 갑자기 정상적으로 논리적이고 합리적이고 조리 있는 말과 사고를 할 수 있는 경우는 거의 없습니다.

그러나 귀신들림의 경우는 귀신의 활동 여부에 따라 상태의 차이가 하늘과 땅 같을 것이라고 추론해 볼 수 있을 것입니다. 활동할 때는 아주 병적인 모습을 보이다가도 활동을 멈출 때는 원래의 자기상태로 돌아와 정상적인 모습을 보일 것이라 생각됩니다. 이 역시 정신 분열병에 대해 전문적이지 않은 일반인들에게는 다소간 정상과 비정상을 판정하기 어려울 수 있기 때문에 상대적인 분별점으로 분류하였습니다.

두세 가지 더 소개할 수도 있지만 비전문인에게는 혼란을 줄 위험성이 있기 때문에 생략하도록 하겠습니다. 정신의학에 대해 어느 정도의 지식을 익히신 분들에게만 소개될 수 있는 내용이기 때문입니다.

마지막으로 강조하고 싶은 것은, 분별하는 작업을 할 때 가장 중요한 자세는 단면적인cross-sectional:한 시점에서만 잘라서 보는 관점으로 보지 않고, 통시적인longitudinal:증상의 시작에서 현재에 이르는 시간적 과정 전체를 아울러 보려는 관점으로 생각하여야 한다는 것입니다. 절대적인 분별점이 나타나지 않는 경우, 증상이 나타나는 한 시점에서만 놓고 비교한다면 귀신들림과 정신병은 전혀 구분되지 않을 것입니다. 그러나 증상이 언제 어떻게 시작되었으며 점차 어떻게 변화하면서 진전이 되었는지에 대해 시간적으로 살펴 비교한다면, 분별하는 작업이 그리 어렵지 않을 것입니다. 그렇게 꼭 통시적인 흐름을 그려보아야 함을 잊지 않으시기 바랍니다.

5. 정신병에 의한 정신이상을 귀신들림에 의한 것으로 여기는 잘못된 경향에 대한 성찰

앞에서 저는 우리나라에서 '귀신들림과 정신병의 분별'의 문제는 단순히 그 자체만의 문제가 아니라, 우리나라 기독교의 신학(적 사고)의 수준과 기독교인의 수준에 관계된 문제라고 언급하였습니다. 그렇기 때문에 그 문제의 저변에 깊이 관계되어 있는 내용들을 간략하게나마 생각해보는 것이 문제를 기본적이고 전체적이게 다루는 지혜로운 접근방식이라고 생각합니다. 그래서 피상적으로 보면 주제를 벗어나는 내용이라고 여겨질지 모르나, 이 문제를 다루는 데 실제적으로는 아주 중요한 관건이 될 수 있다고 판단되는 사항들을 몇 가지 살펴보기로 하겠습니다.

<이 주제에 대해 다섯 가지로 나누어 생각하였는데, 다소 내용이 중첩이 됨을 양해해주시기 바랍니다. 각각에 대한 의견을 피력하려니, 피하기 어려운 측면이 있었습니다.)

1) 변증론적 태도의 지양

'정신병인가 귀신들림이냐?'의 문제를 가지고 강의나 세미나를 할 때면, 적지 않은 그리스도인들은 저를 마치 성경의 권위를 부정하고 기독교의 진리를 인정하지 않는 사람인양 취급하는 사람들을 대합니다. (그런 경향은 점차 줄어들고 있어 다행입니다.) 아마도 그분들이 강의에 참석할 때는 '믿지 않는 정신과의사들이야 영적인 세계를 인정하지 않으니까 어쩔 수 없다 하더라도, 오늘은 믿는 정신과의사가 나온다니 귀신들림에 대해 뭔가를 얘기해주겠지'라는 기대를 가지고 오는 것 같습니다.

성경을 하나님의 정확무오한 하나님의 말씀으로 믿는데, 성경에는 귀신들림에 대한 사례가 많이 나오니 귀신들림의 사례에 대해 얘기하는 것은 성경을 인정하는 것이고, 그렇지 않으면 인정하지 않는 것으로 간주하는 의식이 들어 있는 것입니다. 거기에다 마치 귀신들림의 사례가 많이 얘기되면 될수록, 성경을 포함하는 기독교 복음의 진리성이 증명되는 것처럼 느껴지는 무의식적 마음의 태도가 자리잡고 있는 것 같습니다.

그래서 강의 주제인 '정신병인가 귀신들림인가?'에 대한 관심에서 벗어나, '강의하는 사람이 진짜 그리스도인이냐? 저 사람이 성경을 하나님의 말씀으로 믿느냐?' 하는 변증론적인 관심–기독교 복음의 진리성을 변호하려는, 일차적 관심을 두는 마음–에서 강의를 듣게 되는 분들이 적지 않습니다. 아니 일대일이나 그룹에서 얘기를 나눌 때도 그런 경우를 경험하게 됩니다.

독자 여러분들은 우선 '정신병인가 귀신들림인가?'의 주제를 놓치지 않으시기를 바랍니다. 저는 정신의학의 전문가로서 저의 분수 안에서 이 주제에 대해 직접적이고 간접적인 지식들을 총 동원하여 객관적으로 다루고 있습니다. 저 그리고 저뿐 아니라 제가 만난 기독정신과의사들은 귀신들려 정신이상을 보이는 사람을 보았다는 사람이 한 명도 없는데, 이는 귀신들림 자체를 부인하는 것이 아닙니다. 우선은 우리의 경험을 가지고 얘기를 하는 것입니다. 저는 겨우 이 책에서 한 사례, 그것도 간접적으로 경험한 사례를 언급하고 있는데, 귀신들림의 사례가 많이 확인되어야 성경을 포함한 기독교 복음의 진리성이 드러나는 것은 아니라고 강변하고 싶습니다. 귀신들림의 사례가 이 지구상에서 일 년에 최소 수 만명은 되어야 기독교의 진리성이 더 확실히 증명이 되고, 몇 사람밖에 없다면 기독교의 진리성의 증명이 아주 부족한 것이 되는 것이 아닌 것입니다.(이는 하나님의 은총으로 병이 낫는 경우에 대해서도 적용해야 하는 원리입니다.)

일 년에 수 만 아니 수 천만명이 된다면 그 나름대로, 한 두명밖에 되지 않는다면 그 나름대로 의미가 있는 것입니다. 하나님께서 이 땅을 주권적으로 섭리해가심을 믿는 우리들은 그 수가 많든 적든 혹은 없든, 그 수가 사실이라면 하나님께서 그렇게 세상을 섭리해 가신다고 믿는 마음을 견지하면서, 정확한 사실을 위해 보고되는 사례들을 엄격한 검증의 태도로 대하여 진정한 사실을 찾아내야 할 것입니다.

제가 귀신들려 정신이상을 보이는 사람을 직접적으로 경험한 사례를 보고하지 못하고 있는데, 이것은 성경에서 엄연히 말씀하시는 귀신들림에 대해 부정하여서 그러는 것이 아니라는 것을 꼭 염두에 두셨으면 합니다. '정신병이냐 귀신들림이냐?'의 주제에서는 숫자의 많고 적음에 의해 기독교의 진리성이 의존되는 것처럼 여기는 '변증론적인 태도'를 버리시고 있는 그대로를 있는 그대로 보시려는 마음으로 대해주셨으면 합니다.

2) 성경만능주의 Biblicism

이는 인간 삶의 모든 영역의 문제를, 성경으로- 좀더 정확히 표현한다면 성경을 문자적으로 해석·적용함으로써 다 풀 수 있다는 태도를 말한다고 하겠습니다. (그런 의미에서 '성경 문자주의'라고 말하는 사람도 있습니다.) 다음이 전형적인 예가 된다고 할 수 있습니다.

> 우울증을 앓는 한 자매가 있었습니다. 우울증의 전형적인 증상의 하나로 불면이 있습니다. 불면이란, 심한 경우는 며칠 동안 잠을 자지 못했는데도 잠이 오지 않는, 사람을 심각하게 지치게 하는 고통을 주는 것입니다. 자매가 불면으로 시달리고 있다는

소식을 같은 교회의 나이 많은 권사님이 들으셨습니다. 기도를 많이 하시지만 성경을 많이 읽어 성경에 대해 잘 알고 있다고 하여 '성경박사'로 통하는 분이었습니다. (사실 '성경을 잘 안다'는 것에는 성경 구절을 많이 안다는 경우와 성경의 가르침을 깊이 있게 안다는 경우가 있다고 하겠습니다. 이 둘을 함께 가지고 있는 사람이 있으나, 전자만 있고 후자는 결핍되어 있는 사람도 있습니다.) 이 권사님이 특히 성경박사로 불리워지는 것은, 어떤 문제가 있으면 그 문제를 나타내는 단어가 적혀져 있는 구절을 아주 용하게 불러대기 때문이었습니다.

그래서 자매의 경우 불면으로 고생하고 있으니, '잠'이라는 단어에 대해 머리 속이 컴퓨터 같이 돌아가 '잠'이라는 문자가 들어있는 구절을 이내 찾아내었습니다. 여러분에게는 어떤 구절이 떠올랐는지요? 바로 시편 127편 2절이었습니다. "너희가 일찍이 일어나고 늦게 누우며 수고의 떡을 먹음이 헛되도다. 그러므로 여호와께서 그 사랑하시는 자에게는 잠을 주시는도다." (물론, 잠이라는 단어가 나오는 구절이 더 있습니다. 그러나 강의 시 질문을 해보니 제일 많이 나온 구절이 역시 위의 시편 구절이었습니다.)

그 권사님은 성경 안에 인간 문제의 모든 해답이 들어있다고 믿는 분이었습니다. 문제를 기술하는 단어가 적혀 있는 구절에서 해답을 찾는 식이었습니다. 그래서 잠을 못 자서 고통스러워하는 자매에 대해 시편의 말씀을 근거로 처방을 내렸습니다. 다음과 같은 식이었습니다. <하나님께서 사랑하신다면 잠을 잘 잘

수 있을텐데, 잠을 이루지 못하는 것을 보면, 하나님께서 사랑을 하시지 않는다는 것이다. 하나님께서 사랑하시지 않는 것은 죄를 지었기 때문일 것이다.>

그렇게 되어 불면을 영적인 문제로 보는 '불면의 영적화'가 일어나게 되었던 것입니다. 권사님은 자매에게 죄 지은 것이 있을텐데 잘 생각해보라고 하였습니다. 그리고 회개를 권고하였습니다. 그러나 자매는 특별히 죄를 찾아낼 수 없었습니다. 그러면서 불면은 계속되었습니다. 권사님은 마음이 강퍅해서 그렇다고 판단하여 여러 부흥회에 데려갔고, 기도원에도 데려가 금식기도와 철야기도를 시켰습니다. 그러나 문제는 전혀 호전되지 않았습니다. 나중에는 탈진이 되어 결국 집으로 돌아오게 되었습니다.

자매의 우울은 상당히 심각한 수준에 있었습니다. 예를 들어, 세 달 난 갓난아이가 있어 배가 고파 젖을 달라고 애절하게 우는데, 엄마인 자매는 아이 바로 옆에 누워 있으면서도 아이에게 젖을 물려줄 마음이 일어나지 않을 정도였습니다. 우울증은 그렇게 무서울 수 있습니다. 인간에게서 가장 강하다고 하는 모성애까지도 끊을 수 있을 정도이니 말입니다. 그러한 상황에 있는 자매에 대해 알게 된 저를 알고 있었던 한 집사님이 저에게 전화를 하셨습니다. 그분은 정신의학에 대한 지식이 어느 정도 있었던 분이셨습니다. 자기가 생각할 때는 자매의 문제는 영적인 문제가 아니라, 정신의학적인 문제 같다며 저에게 진료를 의뢰하였습니다. 만나서 진찰을 해보니, 이전에 조울증 진단을 받았던 분인데 당시에는 우울증을 앓고 있는 것으로 판단되어 항우울 약물을 처방하였습니다. 보통의 경우보다는 빠르게 효과가 나타나 2주가 채 안 되어 우울증에서 완전히 회복이 되었습니다. 불면이 없어지고 정상적인 수면을 취하게 된 것은 말할 것도 없습니다.

권사님은 인간의 모든 문제에 대한 답을 성경에서 찾았습니다. 문자적으로! 성경을 백과사전과 같이 대했던 것입니다. 언뜻 보기에는 굉장히 성경적이고 신앙의 화신과 같이 느껴질 수 있습니다. 그러나 그분은 성경 구절에 대해선 많이 알고 있다고 할 수 있겠으나, 성경이 가지고 있는 진정한 뜻을 적절하게 알았다고 할 수는 없습니다. 적나라하게 표현하면, 성경을 아주 잘 대하는 것 같으나, 사실은 성경을 오용 또는 학대abuse하였다고 할 수 있습니다. 우리는 참으로 무엇이 성경적인가에 대해 끊임없는 연구, 자기 성찰, 그리고 자기 검증을 쉬지 않아야 할 것입니다. 자기가 알고 있는 것으로 모든 것을 판단하는 우를 범하지 않아야 할 것입니다.」(저의 졸저 '중생 이후의 삶을 어떻게 맞이해야 하는가' 의 pp.70-72)

교회사를 살펴보면, 참으로 부끄러운 일들이 기독교의 이름으로 행해진 것을 발견하게 되는 경우들이 드물지 않습니다. 그중에 하나가 지동설에 대한 불행한 에피소드입니다. 성경에 '해 돋는데서부터 해지는데까지'(시 50:1, 113:3)라는 표현이 있습니다. 그래서 기독교인들은 지구를 우주의 중심으로 생각하여 해는 지구를 중심으로 도는 것이라고 생각하게 되었습니다. 즉, 천동설이 옳다고 생각했던 것이지요. 이는 시적 표현을 과학적 사실을 진술하는 것으로 받아들였기 때문에 일어난 오류입니다.

그런데 과학이 발전되면서 천동설은 잘못된 학설이고, 지구가 태양의 주위를 도는 지동설이 옳은 학설이라는 주장이 제기되게 되었습니다. 그러나 천동설- 절대적인 하나님의 말씀인 성경에 근거하여 나왔다고 믿는 -을 신봉하는 교회지도자들은, 지동설을 천동설이라는 잘못된 학설에 대한 과학적인 반론으로 보는 것이 아니라, 성경과 기독교 신앙을 부인하는 사탄적 세력의 음모로 보아 지동설을 주장하는 과학자를 마치 사탄의 앞잡이인양 핍박하게 되었습니다. 그러나 그것도 잠시, 과학의 발전으로 지동설이 옳다는 것이 확인되었습니다. 도대체 진리를 알고 믿고 있다는 그리스도인들에게서 이러한 엉뚱한 오류들이 왜 일어나는 것일까요? 참 궁금하지 않을 수 없습니다.

그것은 인간 삶의 모든 부분을 성경문자만을 통해 풀려고 하는 오류에서 나오는 것이라 할 수 있습니다. 예를 들어, 앞에서 인용된 성경말씀은 과학적 사실을 언급한 것이 아니라, 시적인 표현으로 사용된 것입니다. 그런데 지동설과 천동설의 문제를 해결하려고 할 때 문자적 성경만능주의적 사고를 하는 사람들은 그러한 문자적 표현을 쉽게 과학적 기준틀로 삼게 되는 것이지요.

그렇게 자기 나름의 어떤 목적을 가지고 의식적으로 또는 무의식적으로 성경을 읽게 되면, 원래 성경을 통해 하나님께서 말씀하시고자 하시는 원뜻을 보지 못하고 자기의 관심에 따라-선입견 지어져-성경을 읽게 되므로 빗나가는 해석을 하게 되는 오류를 범할 수 있는 위험이 큰 것입니다. 성경을 인간의 어떤 의도에 맞추어 읽게 되면 참다운 성경적인 뜻에서 벗어나게 될 수밖에 없습니다. 성경이 스스로 애기하도록, 성경이 애기하는 것에 귀를 기울이는 훈련이 필요하다 하겠습니다.

'정신병인가 귀신들림인가?'의 문제에서도 성경만능주의의 태도를 조심해야 합니다. 이 문제는 영적인 문제만으로 구성되어 있지 않습니다.

성경이 구체적으로 얘기하지 않는 의학적인 문제가 포함되어 있습니다. 이 문제를 성경의 문자적 참조만으로 풀려 해서는 돌이킬 수 없는, 삶과 신앙의 왜곡이 일어날 것입니다.

잘못된 사례 중 하나가 '성급한 일반화'라 하겠습니다. 예를 들어보겠습니다. 성경에서 귀신들린 자 중 정신이상을 보이는 사례는 한 경우밖에는 없습니다. 바로 거라사 걸인의 사례입니다막 5:1-20, 마 8:28-34, 눅 8:26-39. 문자적 성경만능주의의 사고를 가지는 사람들은 귀신들려 정신이상을 보이는 사례는 성경에서 이 한 경우밖에 없기 때문에, 정신이상에 대한 지식을 다 여기서 얻어내려 합니다. 그래서 이 하나의 예를 일반화시키는 오류를 범하는 경우가 적지 않습니다. '정신이상은 모두 귀신들림이다'라는 것이지요. 그러나 성경의 이 부분이 정신이상에 대해 인간에게 필요한 모든 진술을 한 것으로 보는 것은 겉으로는 성경에 충실한 굉장히 성경적인 것으로 보일 수 있으나, 이는 결단코 성경을 잘못 대하는 것입니다. 성경은 정신이상에 대해 전문적으로 얘기하는 책이 결코 아닙니다. 정신이상에 대해 관심이 거의 없습니다. 성경의 주제는, 인간을 위한 하나님의 구속사입니다. 거라사 걸인에 대한 기사는 예수님께서 단순한 인간이 아니라, 인간을 넘어선 초자연적인 존재, 즉 하나님이심을 드러내주는데 목적이 있습니다. 그런데 이러한 성경의 원래 목적을 벗어나 다른 목적을 위한 수단으로 잘못 사용한다면, 하나님의 계시인 성경을 남용하는 행위가 될 것이니 조심 또 조심하여야 할 것입니다.

3) 지식에 이르는 길: 연역적인 방법과 귀납적인 방법

올바른 지식에 이르는 길에는 연역적인 방법과 귀납적인 방법이 있습니다. 연역적인 방법은 누구나 동의하는 자명한 명제로부터 출발하여 하위 단계인 구체적인 영역으로 나아가는 것입니다. 예를 들어, '사람은 사랑을 필요로 하는 존재입니다. 홍 길동은 사람입니다. 그러므로 홍 길동은 사랑을 필요로 합니다.' 라는 식입니다. 그리스도인들에게 자명한 명제의 중요한 근원이 되는 것은 성경입니다. 그래서 성경에 나오는 '인간은 죄인이다' 라는 내용을 명제로 삼아 '홍 길동은 인간이다. 그러므로 홍 길동은 죄인이다' 라는 식으로 논리를 전개할 수 있습니다.

귀납적 방법은 구체적인 영역에서 출발하여 상위 단계인 자명한 명제로 나아가는 것입니다. 개별적인 경험들을 통해 일반적인 원리를 찾아내는 것이라고도 할 수 있습니다. 'A씨는 거짓말을 한 적이 있다. B씨도 거짓말을 한 적이 있다. C씨도 …… 그런 것을 보면 인간은 거짓말을 전혀 안하는 존재가 아니다' 'L씨는 남을 미워한 적이 있다. M씨도 남을 미워한 적이 있다. N씨도 …… 그런 것을 보면 인간은 남을 전혀 미워하지 않는 존재가 아니다.' 이 둘의 결론, '인간은 거짓말을 전혀 안하는 존재가 아니다' 와 '인간은 남을 전혀 미워하지 않는 존재가 아니다' 와 함께 인간을 관찰하여 다른 죄를 짓는 결론들을 유추해낸 후, 그런 중간 단계의 결론들을 모아 '이러저러한 것을 볼 때, 인간은 죄인이다' 라는 최종 결론을 내리는 것입니다.

이렇게 보면, 귀납적인 방법이라는 것이 기독교 진리를 증명하기 위해서도 훌륭하게 쓰일 수 있다는 것을 알 수 있습니다. 물론, 기독교의 모든 진리를 귀납적으로 증명할 수는 없지만요. 하나의 예를 들어보자면 다음과 같은 경우입니다.

때때로 '구원은 성화를 포함하는가 아닌가?' 라는 논쟁을 듣게 됩니다. 모든 경우가 그렇지는 않은데, 그리스도인들은 이에 대해 성경말씀을 근거로 연역적 방법으로 각자의 주장을 피력하는 가운데 계속 평행선을 그리게 되는 경우들을 가끔씩 보게 됩니다. 제 입장에서 보면 참 답답합니다. 이에 대해서는 굳이 성경말씀을 명제 삼아 연역적으로 접근하는 논쟁을 전개할 필요가 없습니다. 귀납적으로 접근하면 간단합니다. 즉, 우리 주위의 그리스도인들을 보면 됩니다. 제가 직접적으로 그리고 간접적으로 아는 그리스도인들 중에는 온전한 성화를 이룬 사람은 아무도 없습니다. 독자 여러분들도 그러한 관찰을 하실 것입니다. 그렇기 때문에 '구원은 성화를 포함한다' 라는 주장은 잘못되었다는 것을 쉽게 증명할 수 있습니다. 왜냐하면 성화를 포함한다면 구원을 받을 사람이 아무도 없게 될 것인데, 하나님께서 아무도 구원 받지 못하는 구속사역을 하실 리가 만무하기 때문입니다. (물론, 역사상에 나타난 모든 사람을 다 경험할 수 없는 한계는 인정합니다.)

바로 앞에서 귀신들려 정신이상을 보이는 사례를 성경에서 찾는다면 '거라사 걸인' 의 하나의 경우밖에 없음에 대해 그리고 그 본문은 예수님께서 하나님이심을 드러내주는데 목적이 있는 것임에 대해 지적하였습니다. (물론, 정신이상이 귀신들림에서 올 수도 있음에 대해 말해주는 참조문으로 쓰일 수 있다는 점에서 의미가 있습니다.)

그렇기 때문에 정신이상(대표적인 것으로 정신분열증)이 어떤 원인을 통해 일어나는가에 대해서는 사례 하나 하나를 검토하여 접근해가는 귀납적 방법을 사용하여야 합니다. 귀납적 방법을 사용하는 정신의학의 발전에 의해, 앞에서 이미 설명한 대로, 정신이상의 거의 대부분의 경우는 뇌를 포함한 신체적 부위에 이상이 있어 발생한다는 것이 증명되어 왔습니다.

(그 정확한 원인에 대해 얼마만큼 진전이 있는가에 대해서는 다음과 같은 비유로 설명할 수 있습니다. 한국에 대해 전혀 들어보지 못한 아프리카의 한 오지에 사는 사람에게 서울이 어디에 있는지를 설명한다고 생

각해보시기 바랍니다. 그 사람에게 먼저는 자신이 사는 지구에는 6대륙이 있다는 것을 설명해야 할 것입니다. 그런 다음에 서울은 아시아에 속했다는 것을, 그 다음엔 아시아 중에서도 동북아시아에 속해있고, 그 다음으로 동북아시아 중에서도 한국이라는 나라에 있고, 한국 중에서도 남한과 북한이 있는데, 남한에 속해있다는 것까지만 설명해 준 경우라 할 수 있습니다. 정확히 가르쳐주려면 그 큰 남한에서도 정확히 어디에 있는가를 얘기해주어야 하겠지만, 남한에 속해있는 것까지만 알려주어도 상당히 정확히 알려주었다고 할 수 있듯이, 정신이상의 원인에 대해서도 100% 정확하게 발견하지는 못하고 있지만, 거의 근처에 다가선 것으로 얘기할 수 있습니다.)

그럼 귀신들려서 정신이상을 보이는 경우는 얼마나 되는가 하는 질문이 당연히 생길 것입니다. 기독정신과의사 6명이 1987년부터 1991년까지 가칭 '기독정신과의사모임'으로 함께 공부했던 적이 있습니다. 한번 그 질문에 대해 서로의 경험을 나누기로 하였습니다. 그러나 귀신들려 정신이상을 보이는 사례를 경험한 사람은 아무도 없었습니다. 아마도 6명이 직접적으로 그리고 간접적으로 경험한 정신이상의 경우는 수천 명이 되었을 것입니다.(당시 저는 모 정신병원에 근무했는데, 제가 직접 담당한 환자만 200명이 넘었고, 그 병원의 전체 환자는 1500명 정도였습니다. 물론, 알콜중독 등 정신이상을 보이지 않는 환자도 소수 있었지만, 정신이상을 보이는 환자가 압도적으로 많았습니다.) 그 수천 명 중에서 귀신들림의 사례로 진단이 내려진 경우는 한 사례도 없었다는 것입니다. 물론 이에는 저희들이 귀신들림에 대해 모르기 때문에 놓친 경우가 있을 가능성은 있을 수 있겠습니다. 그래도 저는 직접 경험한 것이 아니지만, '귀신들림에 의해 정신 이상을 보이는 사례'를 만나 이 책에서 소개할 수 있음을 아주 다행스럽게 생각합니다.

전부를 얘기해주는 것은 아니겠지만, 그때 같이 공부했던 정신의사들의 경험을 바탕으로 생각하면, 귀신들림에 의한 정신이상은 아주 드물게 일어나는 경우일 것으로 생각되는데 우리 주위에는 귀신들려 정신이상을 보이는 사람을 보았다는 기독교인들이 왜 그리도 많은지요? 그들이 얘기하는 대부분의 경우는, 다른 정신질환도 있지만, 정신분열증 환자인 것으로 드러납니다. 물론 비기독교인들 중 무속적 사고를 하는 사람들도 그렇게 생각하는 경우가 있지만, 불교인, 천주교인, 기타 종교인 그리고 비종교인들 전체를 놓고 볼 때, 그렇게 생각하는 (개신교) 기독교인들의 비율이 압도적으로 높은데, 같은 기독교인으로서 안타까운 마음을 계속 느껴 오고 있습니다. (다행히 최근에 들어서는 어느 정도 교육이 되어서 그 비율이 줄어드는 바람직한 현상이 일어나고 있습니다.)

왜 특별히 (개신교) 기독교인들에게 이런 문제가 더 많은가에 대해 고민을 해오던 중에, 우리에게는 부적절한 연역적 사고가 너무도 익숙해져 있는 것이 상당히 중요한 영향을 미치고 있음을 깨닫게 되었습니다. 성경을 하나님의 말씀으로 믿는 것은 기독교 신앙의 근간을 이루는 것인데, 거기서 많은 일반 성도들은 성경의 본문을 문자적으로 받아들여 문자적 성경 본문을 자기 사고의 최고 권위의 명제로 삼아 단순하게 연역적인 결론을 내게 되는 경향을 발전시키는 것 같습니다. 물론, 그런 식의 연역적인 접근을 할 수밖에 없는, 인간의 창조, 타락 그리고 구속 등등을 비롯한 여러 주제들이 있습니다. 그러나 성경 본문을 그런 식으로 적용할 수는 없고, 그리스도인들의 경험들을 통해 귀납적으로 접근해야 하는 영역의 문제들도 많이 있는 것입니다.

성경을 바르게 해석하는 데에는 생각하여야 하는 것들이 많은데, 대부분의 그리스도인들은 성경을 바르게 해석하기 위해 노력해야 하는 사고에 대해 '열중쉬어'를 하는 것 같습니다. 사실 신학을 공부하지 않은 사람들에게는, 올바른 성경해석을 위해 뭔가 생각을 한다는 것이 불경스럽게까지 느껴지는 경향이 있는 것 같습니다. 나쁘게만 볼 수는 없지만 지나친 것이 문제라 생각됩니다. 이러한 경향은 자기 학문영역에서는 건강한 비판적 사고를 통해 학문적 성취를 일구는 기독 학자들 중 대부분에게도 해당이 되는 것 같습니다.

성경, 즉 하나님 말씀에 대한 태도가, 전부는 아니지만, 건강한 사고를 열중쉬어하게 만들어 부적절한 연역적 사고를 낳은 것과 바로 연결이 되는 것이 목회자에 대한 태도입니다. 많은 그리스도인들이 목회자의 설교를 마치 하나님의 말씀인양 받아들여 역시 사고에 대해 열중쉬어시키고, 목회자의 설교 내용-나아가 강단 밖에서의 목회자의 말을 명제 삼아 연역적인 결론을 내는 일들이 너무나 왕왕 일어나고 있습니다. 그래서 귀신들림에 대해서도 목회자가 얘기한 것을 절대 확실한 것인양 간주하여 아무런 생각없이 귀신들림과는 전혀 상관없는 사람들을 귀신들린 자로 판단하는 일들이 빈번하게 일어나고 있는 것이지요. (물론, 목회자들에게서 나오는 것들에는 존중하여 귀담아 들어야 할 것이 많지만, 일반 성도들은 자신의 수준에서 분별할 수 없는 것과 분별을 필요로 하는 것을 가려 접근하는 것이 필요하다고 하겠습니다.)

이 땅을 살아가노라면, 자기와 다른 사람들의 경험들을 근거로 귀납적으로 생각해야 하는 문제들이 많이 있는 것을 깨닫게 됩니다. 성경이 그것들에 대해 실제적인 해답을 모두 얘기해주고 있지 않습니다. 목회자가 모든 영역에서 전문가일 수 없습니다. 문제에 따라 우리의 사고를 길어내야 하는 경우가 있는 것입니다. 성경에서 답을 주지 않는 영역에 대해서는, 왜곡된 연역적 사고에 익숙해져 있는 안일한 자기를 깨워 책임있는 사고를 전개하도록 노력하면서 자기 능력의 한계 밖에 있는 것에 대해서는 그쪽 분야의 전문가의 의견을 참조하는 지혜를 발휘하여야 할 것입니다. 이러한 노력은, 다만 '정신병과 귀신들림'의 문제 뿐 아니라, 우리 삶의 많은 실제적인 문제에 대해 적절한 접근을 할 수 있게 해줄 것입니다.

4) 해석의 틀

- 해석의 틀을 넓혀야 한다.

역시 교회사를 통해 교훈을 얻게 되는 것으로, 중세기 때 교회가 간질병 환자와 정신병 환자들을 어떻게 다루었는지를 생각해보기 원합니다. 간질병환자의 경우 갑자기 의식을 잃으면서 팔다리에 힘을 주다가 심하게 경련을 일으키면서 입에 거품을 물다가 잠에 빠지게 되는 유형이 있습니다. 때로 엉뚱한 얘기와 행동을 보이기도 합니다. 정신병 환자는 연신 혼자 중얼거리면서 이해할 수 없는 자세를 취하거나 여러 이상한 언행을 보입니다. 당시로서는 의학의 수준이 아주 낮아서 그러한 현상을 설명할 수 있는 정확한 의학적 해석의 틀이 없었습니다. 그 현상을 설명할 수 있는 다른 관점에서의 해석의 틀을 갖고 있지 못했던 것입니다.

그러나 교회의 지도자들은 가르치는 권위자의 입장에 있기 때문에 어떻게든 설명을 해야 한다는 강박의식을 가질 수 있습니다. 답을 하지 못하고 넘어가는 자기를 참아내지 못할 수 있습니다. 그래서 자기 안에서 생각을 전개시킵니다.

그것은 이상한 것인데 인간에게 나쁜 현상입니다. 그 '이상하고 나쁜 것'에 대해 그 당시에 알고 있는 해석의 틀이라고는 소위 말하는 영적인 해석의 틀밖에 없었습니다. 결국 악한 영 즉 귀신 또는 사탄에 의한 현상으로 해석을 하게 됩니다. 그리스도인은 이해할 수 없고 인간에게 나쁜 것은 귀신들림으로 해석하게 되는 유혹을 받게 되어 있습니다. 실제로 당시간질병과 정신병 환자들 중 많은 수가 귀신들림으로 몰려 불에 타 죽는 어처구니없는 학대를 당하였습니다. 어떻게 해서 이런 일들이 일어날 수 있는 것인지요. 참으로 마음 아픈 일입니다. 나중에 하나님을 어떤 낯으로 뵈올려고!

그런데 그러한 일들은 이 땅 한국에서도 그리고 바로 오늘에도 비일비재하게 일어나고 있습니다. 아무리 설명해도 벽에다 얘기하는 이상의 소득조차 없는 경우가 너무 많습니다. 답답한, 정말이지 답답한 사람들이 있습니다. 그렇게 답답한 사람들 중에 교역자를 비롯해서 교회 지도자급에 있는 분들도 결코 적지 않다는 것이 답답함을 더 해줍니다.

그런데 우리의 실상은 그렇게 될 수밖에 없게끔 되어 있다고 생각합니다. 인간은 어떤 문제를 해석할 때 자기가 가진 해석의 틀을 가지고 해석할 수밖에 없기 때문입니다. 따져 보지요. 우리나라의 신학교 중에 정신의학적 인간이해를 위해 교육프로그램을 적절하게 가지고 있는 학교가 얼마나 될 것이라고 생각하십니까? 부끄럽지만, 아주 드뭅니다. 아주 앞선 몇몇 신학교 외에는 거의 전무하다 하겠습니다. 결국 한국의 신학교를 나와 목회를 하는 교역자들의 대부분이 정신이상에 대한 해석의 틀로 가지고 있는 것은 귀신들림이라는 틀밖에는 없는 것입니다.

(그보다 정신질환에 대해 정신의학자를 통해 적절한 양의 강의를 제공하는 신학교는 아주 극소수인 것이 우리나라의 현실입니다. 많은 목회자와 그리스도인들이 귀동냥으로 들은 것이 지식의 전부인 경우가 대부분이라 하겠습니다. 제가 1995년에 모 신학교에서 강의를 할 때, 신학생들에게 '정신병인가 귀신들림인가?'의 문제에 대해 아는 대로 써 보라고 하면서, 특별히 나름대로 귀신들림의 경우를 분별하는 기준점을 가지고 있으면 적어보라는 과제를 준 적이 있습니다. 그때 100명 가까이 되는 학생

들이 보고서를 제출하였는데, 거의 대부분이 선배교역자들에게서 들은 것, 자기 나름의 인상, 앞에서 언급한 거라사 걸인의 예의 일반화, 한국토속신앙의 귀신관 등등을 근거로 하는 기준점을 가지고 있는 것을 발견하게 되었습니다. 몇 명만이 정신과의사의 강의를 듣거나 글을 통해 얻은 짧은 지식을 적었습니다. 물론, 그 이후로 정신질환에 대해 학문적인 접근을 제대로 시도하려는 노력이 있어서, 지금은 그래도 이전에 비해 정신과적 문제를 가지고 있는 사람을 정신과 전문의에게 의뢰하는 경우가 많아져 다행스럽습니다.)

그렇습니다. 사실은 성경 어디서도 '귀신들려 정신이상을 보이는 사람의 특징은 이러이러하다.' 라고 얘기하지 않습니다. 그렇기 때문에 성경에서 모든 해답을 얻으려는 사람들은 '정신병인가 귀신들림인가?' 라는 문제에 대한 답을 얻기가 난망한 것입니다. 결국 해결의 길은 외길일 수밖에 없는 것입니다. '정신이상 = 귀신들림'이라는 등식을 쉽게 형성하게 되는 것입니다. 그러한 해석의 틀밖에 가지고 있지 못한 교역자들은 정신이상자를 만날 때 귀신들림으로 해석할 수밖에 없게 되어 있는 것입니다. 자기가 알고 있는 해석의 틀이 그것뿐인데 어찌 다른 가능성을 생각할 수 있는 여지가 있겠습니까?

의학의 발전으로 간질의 원인이 밝혀졌고, 그 치료약도 계속 개발되고 있습니다. 이제 간질은 약으로 거의 통제를 할 수 있게 되었습니다. 간질병이 있는 사람들은 거의 정상적인 생활을 누리게 되었습니다. 간질병은 더 이상 천벌로서 어쩔 수 없는 병으로 여겨지는 것이 아닙니다. 정신병의 경우도 비슷합니다. 다양한 경우가 있기 때문에 획일적으로 얘기할 수는 없지만, 조기에 치료를 적절하게 시작하면 많은 경우에 거의 정상에 가까운 수준의 회복을 보일 수 있습니다.

왜 그렇게 성경말씀을 잘못 해석하고 잘못 적용하게 되는 것인지요? 그것은 일면 인간에 대해 잘 몰랐기 때문입니다. 인간관이 부분적으로 잘못 되었기 때문입니다. 성경이 인간관의 가장 근본적이고 중요한 뼈대를 제공해 주고 있음은 어느 누구도 부인할 수 없는 사실입니다. 또 협의의 구원에 대한 인간관만을 언급한다면 성경의 인간만으로 충분합니다.

그렇지만 협의의 구원의 영역을 넘어서는 광의의 구원의 모습인 온전한 인간관을 위해서는 성경 이외의 지식이 덧붙여져야 합니다. 성경이 모든 구체적인 인간영역에 대해서까지 완벽하게 얘기해주는 것은 아니기 때문입니다. 간질인데 귀신들림으로 판단한 예에서 살펴본다면, 정확한 정신신경학적 지식이 있었다면 그런 오류의 판단을 하지 않았을 것입니다.

앞서 예를 든 천동설과 지동설에 대한 에피소드를 통해 살펴본 세계관과 성경해석의 관계에서와 같이, 잘못된 인간관은 잘못된 성경해석과 적용을 낳게 되어 있습니다. 겉으로 보기에 성경적인 것으로 보인다고 다 옳은 것은 아닙니다. 성경구절을 인용했다고 해서 다 성경적인 것은 결코 아닙니다. 때론 그와는 정반대가 될 수도 있는 것입니다. 성경적인 모습을 한 비성경적인 것을 분별한다는 것은 결코 쉬운 일이 아닙니다. 속아 넘어가지 않기가 쉽지 않습니다. 이를 위해서는 평소에 스스로 성경을 공부하는 것 외에, 하나님의 말씀을 바르게 가르치는 분으로부터 배우는 일을 게을리 하지 않아야 할 것입니다. 동시에 세계관, 인간관을 비롯한 여러 다른 중요한 주제들에 대해 그 분야의 전문가로부터 배우는 노력도 게을리 하지 않아야 할 것입니다.

다시 본론으로 들어가서, 우리는 정신이상에 대한 온전한 접근을 위해 해석의 틀을 넓혀 가야함에 대해 생각해 보았습니다. 정신이상이 귀신들림에서 올 수도 있지만 정신병이라는, 귀신들림이 아닌 병에서 올 수도 있다는 해석의 틀을 배워 가질 수 있어야 하겠습니다. 또 그리스도인이 자기를 주의시키지 않음으로써 범할 수 있는 잘못된 사고의 경향에 적절하게 저항할 수 있는 지식을 갖추도록 노력해야 할 것입니다. 그렇게 항시 잘못된 부분적 자기를 부인할 수 있는 의식성이 깊어져, 온전한 자기를 향한 발걸음을 신속하게 내디딜 수 있게 되기를 바라는 마음 간절합니다.

5) 정신이상을 다소 영적인 현상으로 보는 경향

- 정신질환도 다른 질병과 마찬가지로 병으로 보는 관점이 필요하다.

여러분은 만약 여러분의 가정에 눈이 먼 사람이 생기면 어떻게 하겠습니까? 또는 아이를 낳게 되었는데 말을 못한다면 어떻게 하겠습니까? 제가 여러 곳에서 강의를 하면서 똑같은 질문을 해보았습니다. 거의 모든 분들이 병원에 데려가겠다고 하였습니다. 아마도 이 책을 읽는 분도 같은 반응을 보일 것이라고 생각합니다. 물론, 먼저 하나님께 기도를 드린 후 병원을 찾는다고 대답하실 분이 있을 것이지만 기도만 하고 병원을 찾지 않는 사람들은 거의 없을 것입니다.

그럼, 만약 가족들 중에 간질을 하는 사람이 있으면 어떻게 하겠습니까? 다행히 이 경우에도 거의 대부분이 병원에 데려 가겠다는 반응을 보였습니다. 얼마나 다행스럽고 감사한 일인지 모르겠습니다. 제가 어렸을 적만 하더라도 간질은 천벌로 여겨 굿을 하고 천지신명께 빌고 절에 가서 빌고, 기독교인 경우는 하나님의 치유의 은사에만 기대하는 것이 대부분 사람들의 반응이었던 것 같은데 말입니다. 이제 간질에 대한 바른 지식이 홍보가 잘 되어 간질을 하는 경우는 꼭 병원을 찾게 되었습니다.

그러면 정신이상을 보이는 경우는 어떠한지요? 아직도 적지 않은 수의 사람들이 (기독교인인 경우) 정신의학의 도움을 먼저 찾지 않고 기도원,

안수집회, 신유집회, 소위 '능력자' 등등을 찾아가고 있습니다. 왜 그럴까요? 왜 꼭 영적인 현상-귀신들림- 으로 연결지어 생각하는 것일까요?

그러한 경향의 첫 번째 이유는 '정신병에 대한 무지'라 생각합니다. 시력상실과 간질병과 같은 질병의 원인은 의학적으로 비교적 정확하게 규명되어 일반인에게도 어느 정도 낯설지 않게 되었는데, 정신병의 원인에 대해서는 대략적인 기전은 밝혀졌고 점차 세밀한 차원에서의 원인이 규명되고 있긴 하나 그런 발견들이 최근에 이루어져 아직 일반인들에게는 익숙하지 않기 때문이라 생각됩니다. 원인뿐 아니라 그 증상들에 대해서도 체계적으로 홍보되지 않은 것이 중요하게 영향을 주었을 것으로 판단됩니다.

벙어리 된 자를 예수님이 귀신을 내쫓아 고치신 사례가 나옵니다마 9:32-33. 그 사례를 일반화하여 모든 벙어리 된 자는 귀신들렸다고 하여 병원에 데려오지 않고 축사만 하겠습니까? 성경에는 또한 귀신들려 눈멀고 말 못하는 자를 예수님께서 귀신을 내쫓아 고치신 사례마 12:22, 간질병으로 고생하는 자를 예수님께서 귀신을 내쫓음으로 고치시는 사례마 17:14-18 등을 만납니다. 어떻게 해야 하나요? 눈먼 자, 간질 하는 자를 보면 우선 병원에 데려가시지 않겠습니까?

성경에 실린 그러한 사례들은 대개 예수님의 신성을 나타내고자 하는 목적이 있습니다. 성경에 실렸다는 것이 신체적 원인에 의한 경우보다 귀신들림에 의한 질병이 더 많다는 것을 얘기해 주는 것은 결코 아닙니다. 이 점을 분명히 하여야 합니다. 통계적으로는 신체적 원인에 의한 질병이 압도적으로 많을 것입니다.

우리는 더 이상 말 못하는 모든 사람, 보지 못하는 사람, 간질하는 모든 사람들을 귀신들린 것으로 일반화시켜 의학을 거부하고 축사의 행위영역을 찾아 가지 않습니다. 의학의 발전을 통해 각각의 병들에 대한 원인을 알게 되었기 때문입니다. 그리고 의학이 발전하면 할수록 각각의 질환에 대한 원인이 더욱 정확히 규명되어, 지금은 의학의 도움을 받지 못하는 사람들도 각 질환으로부터 하나 둘씩 자유함을 얻게 될 것입니다.

이 책의 다른 곳에서 언급이 되고 있지만, 정신질환의 원인에 대해서 많은 것들이 밝혀지고 있습니다. 그에 따라 새로운 약들이 개발되어 정신질환자들도 과거에 비하면 굉장한 회복율을 보이고 있습니다. 정신질환 역시 다른 질환과 마찬가지로 의학이 발전함에 따라 하나둘씩 극복돼 갈 것입니다. 그러한 발전상이 일반인들에게도 알기 쉽게 전달될수록 정신질환을 영적인 것으로만 생각하는 데에서 조금 씩 벗어나게 될 것입니다.

두 번째 이유는 첫 번째 이유와 관련이 있는 것으로, 정신이상을 다소 기이한 현상으로 막연하게, 그러나 잘못 생각하는 우리의 잘못된 편견과 선입견이라 생각합니다. 물론, 다른 모든 질병도 귀신이 들려서 그러는 것이라고 주장하는 사람들이 간혹 있기는 하나, 정신이상을 귀신들림에 의한 것으로 주장하는 사람들이 상당히 많은 것이 오늘 우리가 사는 한국의 현실입니다.

성경에 어디 '정신이상을 보이는 사람들은 귀신들렸기 때문에 그런 것이다.'라고 얘기하는 곳이 있는지요? 그렇게 귀신들림과 정신이상을 특별히 연결하여 얘기하는 성경구절은 없습니다. 결단코 없습니다. 그런데 왜 그 불쌍한 분들에게 더 불행을 안겨주는 행위를 하는 것일까요? 답답한 마음 금할 수가 없습니다. 앞에서도 언급하였지만, 말 못하고 보지 못하고 또는 간질을 하는 사람을 예수님께서 귀신을 내쫓아 고치셨다고 그런 모든 사람들을 귀신들린 것으로 몰아서는 안 되듯이, 거라사 걸인의 한 사례를 통해 '정신이상을 보이는 자는 귀신들린 자이다.'라고 일반화시키는 어리석음을 범해서는 안 될 것입니다.

(앞에서도 언급하였지만, 예수님께서 귀신을 내쫓아 고치신 장님의 경우는 귀신에 의한 경우이고 의학으로 치료를 받은 장님의 경우는 병인에

의한 경우로, 이 두 질환은 앞 못 보는 현상은 같으나 원인과 치료책이 전혀 다른, 서로 다른 질환이라는 전제 하에 논의를 더하여 간다면) 현재 우리가 아는 앞을 못 보는 사람들의 거의 대부분은 귀신에 들려서가 아니라 어떤 신체적 원인에 의해 그렇게 된 것임을 압니다. 아마도 그러한 전제를 의식하여 얘기하면, 귀신들려 앞을 보지 못하는 사람들은 극소수일 것입니다. 그와 마찬가지로 정신이상 역시 거의 대부분 신체적인 원인에 의해 일어난다고 분명히 말씀드릴 수 있습니다. 귀신들림에 의해 정신이상을 보이는 경우는 극소수일 것입니다. 그렇기 때문에 자녀가 앞을 못 보면 우선 병원에 데려 가야 하듯이, 자녀가 정신이상을 보이면 우선 정신병원에 데려 가야 하는 것입니다. 정신이상을 보이는 경우의 대부분은 정신질환으로서 하나의 병 임을 명심하여야 합니다.

6) 하나님의 일반은총도 하나님의 은총이다 (일반은총도 은총이다)

– 은총을 너무 특별은총 일변도로 생각하는 경향

이는 꼭 정신병에 대해서만이 아니라, 모든 질병에 대해 적용되는 원리적 개념입니다. 정신병도 병이기 때문에 병에 대한 그리스도인의 일반적인 태도에 대해 이 개념을 가지고 살펴보는 것이, '정신병인가 귀신들림인가?' 의 문제를 다루어 가는 데 상당한 도움이 되리라 생각하기 때문에 여기서 함께 살펴보기로 하겠습니다.

인턴을 할 때였습니다. 목사의 사모가 입원을 하였습니다. 검사결과 대장암이라는 진단이 내려졌습니다. 그런데 다행히 조기에 발견이 되었고, 수술하기에 좋은 위치에 있어서 수술을 하면 완치될 가능성이 아주 높은 경우였습니다. 수술날짜가 잡혔습니다. 그런데 웬일입니까? 수술 당일 아침에 환자가 수술을 하지 않겠다는 것이었습니다. 그리고 기도원으로 들어가 하나님께 매달리겠다는 것이었습니다.

담당의사는 기분이 나빠 수술계획을 취소하라고 하였습니다. 제가 가서 알아보았습니다. 문제는 그 전날 일단의 '능력자'들이 방문하여 이 병은 수술해서 나을 병이 아니라, 하나님께 전적으로 의지해야 나을 병이라고 했다는 것입니다. 만약에 수술을 하면 하나님을 신뢰하지 않는 불신죄에 걸려 결코 낫지 않을 것이라는 극언까지 했다고 합니다.

사모는 그들의 위협적 설득에 마음을 빼앗겨 기도원행을 고집하였습니다. 저는 사모를 먼저 설득하기는 어렵다고 판단하여 목사인 남편을 설득하기로 하였습니다. 남편은 '능력자'들의 태도가 너무 자신 만만하고, 부인 역시 그들과 같은 생각을 하고 있어서 수술을 받자고 하면 목사인 자기가 하나님의 능력을 불신하는 것으로 판단될 것을 두려워하여 아무런 말도 하지 못하고 있었습니다. '하나님을 의지한다면 의학적 치료를 전혀 받지 않아야 한다.'는 아주 고전적인 이분법적 사고가 잘못된 것임을 지식적으로는 동의할 수 있었으나, 잘못된 무리들과 부딪혀 싸울 살아 있는 신앙으로 연결시키지는 못하였습니다. 다행히 제가 부인을 설득하는 데에는 반대를 하지 않았습니다.

저는 다시 부인을 만났습니다. 많은 말을 하였지만 특별히 강조한 내용이 있었는데, 그것은 바로 하나님께서는 특별은총뿐 아니라 일반은총을 통해서 인간에게 은총을 베푸신다는 것이었습니다. 설득이 되는 경우가 많지 않은데 그분은 다행히 신학적 설명이 도움이 되어 마음을 돌이켜 수술을 받게 되었습니다. 특별은총과 일반은총에 대해 신학적인 설명을 시도할 곳이 아니기 때문에 넘어 가되, 병에 대한 바른 태도를 갖게 되기를 바라는 마음에서 제한적으로만 함께 생각해 보기로 하겠습니다.

예수님의 생애에 대해 기록하고 있는 공관복음을 통해 우리는 예수님이 어떤 분이라는 것을 소개받습니다. 예수님께서 병자를 회복시키시는 사례들이 많이 나오는데 이를 통해 예수님께서는 사람들이 병든 상태에 있지 않고, 온전하게 회복하기를 원하시고 또 그렇게 하실 수 있는 분이라는 것을 알게 됩니다. 인간을 온전하게 창조하신 하나님은 인간이 온전한 건강상태에 있기를 원하시는 것입니다.

그렇기 때문에 예수님께서는 오는 병자들을 거절하지 않으셨습니다. 성경을 통해 하나님께서는 신유의 은사를 통해 병자들을 고치시는 것을 우리는 압니다. 이러한 하나님의 은총을 특별은총이라 합니다. 물론, 병을 낫게 하는 은총은 특별은총의 여러 모습들 중의 하나에 지나지 않습니다.

그러나 하나님께서는 특별은총만을 통해 일하시지는 않습니다. 하나님께서는 인간-그리스도인이든 비그리스도인이든-에게 의학을 발전시킬 수 있는 능력을 주셔서 의학의 발전을 통해 많은 병자들이 병으로부터 회복되게 하십니다. 이 역시 인간을 위한 하나님의 은총입니다. 이를 일반은총이라 합니다. 의학은 (하나님으로부터 온) 은총적인 것입니다. 은총입니다! (물론, 의학은 하나님께서 인간을 위해 베푸시는 일반은총의 한 부분에 지나지 않습니다.)

(하나님께서는 모든 병자들을 회복시키실 수 있는 능력이 있으신데, 왜 특별은총을 통해 모두를 회복시키시지 않으시는가?라는 문제는 '특별은총-일반은총'의 문제뿐 아니라, '하나님의 은총-인간의 자유의지·책임' 등과 같은 여러 영역의 문제들이 복합적으로 관계되어 있어서 여기서 간단히 다룰 수 있는 문제가 아니기 때문에 그냥 넘어가기로 하겠습니다.)

그런데 통계적으로 본다면 하나님의 특별한 은사를 통해 병에서 회복하는 사람들보다는 의학을 통해 회복하는 사람들이 압도적으로 많습니다. 특별과 일반을 적용범위를 가지고 생각한다면 일반은총을 통해 하나님의 은총을 받은 수혜자들이 훨씬 많다는 것입니다. 그렇게 일반은총은 중요합니다.

그런데 우리나라의 그리스도인들 중에는 특별은총만 하나님의 은총-하나님의 진짜 은총이라고 생각하는 사람들이 꽤 되는 것 같습니다. 특별은총을 강조해야만, 특별은총에 의해 회복된 사례를 강조해야만 하나님의 살아계심이 증명이 되어 신앙적인 행위로 인정받는 경향이 이 한국 땅에 강하게 자리 잡고 있는 것입니다. 그것은 자기의 조그마한 체험으로, 하나님을 그리고 하나님의 속성-전능, 사랑,……-을 제한하는 어리석은 모습입니다. 일반은총에 대해 잘 몰라 특별은총과 일반은총간의 관계를 제대로 정립하지 못하는 그리스도인들이 많습니다.

우리는 첫째로, 하나님의 은총으로서 일반은총이 존재함을 알아야 하겠습니다.

하나님께서는 특별은총과 함께 일반은총을 통해 은총을 베푸십니다. 그리고 (병의 회복에만 국한하여 생각한다면) 일반은총에 의한 회복의 수혜자들의 수가 특별은총에 의한 회복의 수혜자들의 수보다 압도적으로 많다는 것을 알아, 일반은총의 중요성에 대한 바른 깨달음이 있어야하겠습니다.

두 번째로는, 특별은총과 일반은총은 대립적인 즉 둘 중의 하나를 선택해야 하는 관계가 아니라 서로 보완적인 관계에 있다는 것을 알아야 하겠습니다.

불안장애로 고생하는 분이 있었습니다. 불면까지 겹쳐 일상생활을 하는 데도 상당한 지장을 받고 있었습니다. 저를 만나기까지는 오직 기도를 통해 하나님과의 관계 안에서만 그 문제를 다루어 왔습니다. 그러나 호전은 되지 않고 계속 악화되어 갔습니다. 그분은 자기의 문제를 영적인 문제로만 보았으나, 제가 보기엔 인간 자체가 영적인 존재이기 때문에 영적인 것과 연결이 안 될 수는 없겠으나, 기본적으로는 정신적인(심리적인) 원인에 의한 문제로 판단이 되었습니다.

그런 경우에는 정신의학- 정신치료와 약- 을 통해 치료에 상당한 도움을 받을 수 있습니다. 그래서 기도를 계속하면서 정신과치료를 받으라고 수차례 권유하였습니다. 그러나 마이동풍이었습니다. 그분은 자기는 약에 의지하지 않고 하나님을 의지하여 기도로 고쳐 보겠다는 것이었습니다. 제가 볼 때 그 분은 약과 기도를 같은 차원에 있으면서 서로 대립하는 것으로 보아, 하나를 선택하면 다른 하나는 버려야 한다고 생각하는 이분법적 사고를 아직 떨쳐 버리지 못하는 수준에 있었습니다.

많은 비그리스도인 정신과의사들은 기독교에 대해 상당한 불만을 가지고 있습니다. 정신병을 앓는 환자가 잘 치료가 되어 퇴원을 하면, 신앙의 지도자급에 있는 사람들을 포함하여 여러 신앙인들이 약을 끊고 하나님만을 의지하라고 강하게 권고를 하여 약을 끊어 재발이 되어 재입원하게 되는 경우가 적지 않기 때문입니다. 병을 앓고 있는 분의 입장에서는 약을 먹는 것이 다른 사람들에게 불신의 증거로 여겨지기 때문에 불신의 의혹을 받으며 약을 계속하여 먹기란 그리 쉬운 일이 아닌 것입니다.

이에 대해서는 정신분열병을 다루는 지면에서 사례를 통해 다루었기 때문에 넘어 가겠습니다. 다행스러운 것은 최근에 들어서는 정신병에 대한 인식이 많이 높아져 비교적 빨리 정신과의사를 먼저 찾는 경우가 증가하고 있다는 것입니다. 물론, 그리스도인 정신과의사들의 교육에 대한 책임이 먼저 강조되어야 할 것입니다.

그리스도인들에게서 왜 비그리스도인들보다도 더 무지한 잘못들이 범하여지는지 궁금합니다. 그리스도인들은 영적인 세계를 아는 자들이 아닌지요? 그런데 그것이 인간의 모든 영역에서 그리스도인들에게 우월한 자리를 제공해 주지는 않는 것이 확실합니다. 오히려 신앙인이기 때문에 어떤 종류의 잘못을 더 범할 수 있다는 주의의식을 키우는 것이 우리 그리스도인들 모두에게 요청되고 있음을 다시 환기시켜야 할 것입니다. 그리스도인들은 잘못의 인정에 정직하고 신속해야 할 것입니다. 그리고 그 이유를 찾아 나서는 데 진지해야 할 것입니다.

(하나님의) 특별은총과 (하나님의) 일반은총은 모두 하나님의 은총입니다. 둘 모두 하나님에게서 나온 것이기 때문에 이 둘은 결코 대립적인 것이 될 수 없습니다. 이 둘은 서로 협력하여 더 나은 선의 합을 지향하게 되어 있습니다. 하나님의 은총에 대해 전체적인 조명을 하여 더 균형 있고 지혜롭고 성숙하게 생각해가는 '점진적인' 발전이 우리에게 있어야 하겠습니다.

저 역시 어떤 소수의 특별한 경우에는 정말 약과 기도 중 하나를 선택해야 할 때가 있음을 인정합니다. '한 시점'의 관점에서 본다면 '어떤 사람'들에게 적용된다고 하겠고, '통시적' – 전 시간의 역사를 통한 – 관점에서는 한 사람의 '어떤 단계 그리고 어떤 상황'에서 적용되는 경우라 하겠습니다. 그런 경우에는 '약과 기도'가 같은 차원에 있어서 대립되는 것이 아니라, 다른 차원에 있어 우선순위의 – 우선해야 할 것에 대한 – 문제로 나타나기 때문입니다.

하나님의 은총에 대한 바른 이해를 가지는 것이 정신이상의 현상을 보이는 사람들을 대하는 우리들의 태도의 전체적인 방향지음orientation에 기본적으로 중요한 영향을 미친다고 판단하여 무리가 되는 줄 알면서도 다루어 보았습니다. 제가 생각하는 중요성이 여러분들에게도 잘 전달이 되기를 바랍니다.

모든 사람들이 건강한 가운데 거하기를 원하시는 하나님의 마음을 알아 건강을 위해 노력하는 것이 하나님의 기뻐하신 뜻을 이루는 것임을 알아야 할 것입니다. 한 걸음 더 나아가, 인간을 질병으로부터 자유롭게 하기 위하여 하나님께서 일반은총의 한 부분으로 의학(의 발전)을 주셨음을 알아, 의학을 통해 건강을 회복하고자 하는 마음은 기본적으로 하나님의 은총을 사모하고 간구하는 것임을 분명히 하여야 하겠습니다. 당연히 정신의학 역시 하나님의 (일반)은총 아래 있는 것으로, 정신의학의 도움을 구하는 것은 하나님(의 은총)을 의지하는 것입니다.

물론, 정신과영역에서는 의학의 다른 과들과는 달리 의사 개인적인 것 - 인생관, 가치관, 종교관 등등 - 들도 다루어지기 때문에 그리스도인들에게는 정신과의사가 그리스도인인가 아닌가 하는 것이 중요하게 느껴지지 않을 수 없습니다. 비그리스도인 정신과의사 중에는 반기독교적인 자세를 적극적으로 취하는 사람들이 있는 것도 사실입니다. 그러나 제가 여기서 언급하는 '정신의학의 도움'이란 당연히 의사의 개인적인 것이 배제된 것을 일컫는 것입니다. 즉, 가치중립적인 의미에서 말하는 것임을 꼭 기억하시기 바랍니다.

그러나 의술은 의술을 행하는 주체인 의사와 완전히 분리될 수 없기 때문에 완전히 가치중립적인 의학적 도움이란 당연히 불가능합니다. 그러한 것을 이 땅에서 기대한다는 것도 불가능한 것입니다. 다만, 치료과정에서 의사 개인적인 것이 묻어나는 것이 미미하여 전체적 치료에 별반 의미가 없다면, 그러한 비그리스도인 정신과의사에게서는 얼마든지 치료를 받을 수 있다고 말씀드릴 수 있겠습니다.

* 다음은 정신분열증 환자를 남편으로 두었던 분의 글을 소개하고자 합니다. 글의 내용을 일반화할 수는 없지만, 정신분열증 환자를 대할 때

적지 않은 수의 그리스도인들이 겪게 되는 내용들이 들어있다고 생각합니다. '정신병이냐 귀신들림이냐?'의 문제에 대해 일반 그리스도인들이 겪는 어려움을, 제한적이긴 하지만, 잘 보여주는 글입니다. 특히, 정신분열증 환자를 둔 보호자들에게는 자신을 돌아보는데 상당한 도움이 되리라 생각합니다. (이 글은 이 책의 초판이었던 '정신분열증에 대해 나누고 싶은 이야기'를 읽고 제출한 독후감의 일부입니다.)

<정신분열증 환자는 인간의 존엄한 삶을 위해 발병초기에 올바른 치료를 받아야 한다. 치료에 오랜 시일이 걸려도 환자의 보호자와 치료자는 인내를 가지고 임해야 한다. 정신분열증은 약물치료가 주된 치료이고 거기에 심리적 치료 입원치료와 통원치료, 약을 조절하며 써야 되는 등 기타 등등이 포함된다.>

이번에 책을 읽으면서 예전과 다르게 남편은 나를 괴롭히는 사람이 아니라 그 자신이 고통 받고 있으므로 환자의 고통을 덜어주기 위해서 그가 바른 치료를 받았어야 할 권리가 있었고 저는 그 역할을 제대로 감당했었어야 함이 마음에 다시 새겨집니다.

이 책 첫 페이지를 펴면서부터 제 눈에서 하염없는 눈물이 흐르고 있습니다. 이제는 눈물에서 좀 벗어나서 자유로운 줄 알았는데 책장을 넘겨갈수록 계속하여 흐르는 눈물 때문에 책을 읽다가 덮어 버리고 흐느끼다가 잠들어 버렸습니다. 다시 일어나서 읽을 때는 울지 않으려고 이를 악물어 가면서 읽었습니다. 스스로에게 이성을 가지고 병에 대한 바른 인식을 할 필요성이 더 크다는 것을 강조하면서. 제 자신은 과거의 상처에서 많이 벗어난 줄 알았는데 제 안에 아직도 해결되지 못한 아픔이 적지 않게 있음을 알았습니다.

작년에 남편이야기를 써낸 이후로는 선생님의 책들을 보면 자꾸 눈물이 나옵니다. 이런 사랑의 마음으로 환자들을 대했구나 하는 것이 마음에 각인되다시피 강하게 옵니다. 그전에는 제가 어떤 것에 부분적으로 몰입해서 듣기에 선생님께서 말씀하시던 것들이 전체적으로 들어오질 않았습니다. 어떤 부딪치는 것들이 가로막았었는데, 이제는 인간에 대한 사랑, 특히 '정신분열증환자들을 사랑하시는 것이 저토록 큰 것이구나'라고 깨달아지면서, 그런 사랑의 마음이 부족했던 저를 보면서 자신이 너무나 부끄러워집니다. '아 그들도 인간이었구나' 하는 생각이 들기도 했습니다.

'정신분열증환자들은 인간 존엄성 차원에서 치료받아야 한다'는 선생님의 말씀을, 남편이 살아 있을 때는 지금보다 바르게 인식하지 못했습니다. 제 속에 억울함과 분노가 많아서 그가 보호받고 치료받아야 하는 것을, 그가 살아있을 때는 그렇게 크게 느끼지 못했습니다. 그가 존중받아야 할 인간으로 보여지기 보다는 나를 괴롭히기 위해서 존재한다는 생각이 더 많았습니다. 인간 존엄성 차원에서 그를 바라보는 것은 거의 희박했습니다. 그가 고통당하는 것이 안쓰러웠지만, 저의 고통스런 삶이 그이 때문이라는 생각이 더 강했습니다.

이미 말씀드렸지만, 선생님과 공부하면서도 그런 아픔을 가진 채로 임했기에, 갈등 속에서 바른 인식을 하기가 어려웠습니다. 그러나 이번에는 환자에게 바른 치료를 받게 하지 못했다는 죄책감만을 가지고 바라보는 차원이 아니라, 선생님께서 환자들을 비롯하여 사람들을 사랑으로 대하는 것이 제 안에 깊이 와 닿았습니다. 환자들을 보살피는 가족들의 치료에 대한 올바른 대처방법이 중요함을 알게 되었습니다. 저는 환자가 존중되는 차원이 아니라 내가 편하기 위해서, 그 병이 치료되는 것을 더욱 원하는 것이 제 마음 깊은 곳에 있었습니다.

남편의 발병을 처음 알았을 때는 그를 치료하려고 나름대로 애를 써보았지만 차츰 장기화되자 그가 고통당하는 것보다 제가 괴로움 당하는 환경이 너무 싫어서 그의 병이 고쳐지기를 바랐는데, 그것에 맞는 올바른 치료방법을 전문가에게 지속적으로 강구하지 못한 것이 안타까움으로 남아있습니다. 하지만 그때도 의사선생님이 신신당부를 했습니다. 약을 꼭 먹게 하고 통원치료를 거르지 말고 받으라고, 약을 끊으면 6개월 안에 재발된다고 명심하라고 했으나 저는 그것을 철저히 지키지 못했습니다.

왜냐하면 병을 고치기 위해 시작된 교회생활이 나중에는 병에 대한 바른 인식을 하지 못한 채, 교회에서 하라고 하는 대로만 하면 나을 줄 알고 그를 방치해 둔 채 기도원 생활, 성경공부, 전도, 치유사역 등등, 교회에서 이루 말할 수 없는 훈련을 받는 것에 집중했지 그를 전문가에게 의뢰하여 치료하고자 하는 일에는 그 시간의 1/100도 할애하지 않았기 때문입니다.

바른 치료를 받게 하지 못하는 환자의 부모를 고발할 수만 있다면 고발하여 치료를 받게 하고 싶다는 구절을 읽으면서, 환자에게 올바른 치료를 적절히 받게 하지 못한 저를 고발하겠다고 느껴져서 마음이 아프기도 했습니다. 그러면서 이렇게 올바른 치료가 중요하구나 하고 다시 인식하는 계기가 되고 있습니다. 치료자와 보호자가 오랜 인내를 가지고 기다리는 것도 제게 많은 부분을 생각하게 했습니다. 빠른 치료를 기대했다가 그렇게 되질 않아서 조급해했던 적이 많았음도 기억납니다. 특히 이번에 책을 읽으면서 과거와는 다르게 이 부분이 더욱 부각 되고 있습니다.

최대한 그의 치료를 위해서 내가 할 수 있는 노력을 다 했다고 여겼는데 선생님과 공부하고 이 책을 읽으면서 느끼는 것은, 그가 살았을 때 저는 정신분열증에 대해서 바르게 아는 것이 거의 없었습니다. 그의 병이 오랜 세월동안 계속되자 그의 삶이 존중 받아야 할 한 인간으로서가 아니라, 우리 가족의 행복한 삶을 방해하려고 있는 자로 생각했었던 것들도 떠오릅니다. 정신분열증환자의 아내라는 사실을 인정하기 싫은 마음이 제 안에 있어서, 그의 병리적 현상을 인정하기 보다는 정상인으로서 간주하고 싶었습니다.

그럴수록 정신 차리지 못하고 어리석게 살아가는 그가 미웠습니다. 그가 살아있을 때 그의 삶이 인간존중의 차원에서 치료되어야 하기보다는, 정상인 남편과 살고 싶은 내 입장을 위하여 빠른 치료가 되기를 원해서 소위 치료에 좋다는 갖은 방법을 시도했다는 생각이 듭니다. 그러나 그러한 것들이 치료에 더욱 방해가 되는 것들이 많았습니다.

약을 끊으라는 어느 목사님의 말씀을 믿고 그대로 실행한 점, 통원치료를 받지 않으려는 환자를 설득하다 못해 그대로 내버려둔 점, 약을 먹지 않으려고 했을 때 입속을 벌려서 혀 밑에 숨겨둔 것을 발견하고 그를 심하게 대했던 점, 쓰레기통에 버린 약을 발견하고 분노하면서 그를 다그치며 그의 자존심을 상하게 한 점, 다시 재발되어 시달릴 때 병원에 강제 입원도 지긋지긋해서 이젠 맥이 빠져서 강제입원을 시키지 못하고, '하나님, 하고 싶은 대로 하세요. 죽이든지 살리든지, 저는 더 이상 이 사람을 돌볼 자신이 없어요.'라고 하면서 시일을 끌었던 점 등등이 생각납니다.

왜 이런 일이 이렇게 끝없이 반복되어야만 하냐며 절망감에 몸부림치는 가운데, 저와 초등학생들인 어린 아이들과 이 일을 감당하긴 너무 힘들고 주위에 도움을 요청할 방법이 없어서 112에 신고를 하였는데, 그에게 들켜 그가 도망쳤을 때 분노했던 점, 끝내 그렇게(자살로) 생을 마감해야 했던 점 등이 저를 더욱 아프게 하는 부분입니다.

약을 끊으라는 목사님의 말씀을 듣고 약을 끊으니, 며칠 동안 약의 부작용에서 벗어나서 그가 사람답게 되어간다고 간증하며 얼마나 좋아했는지 모릅니다. 어리석게도 말입니다. 그 후 6개월도 안되어 재발하여 그렇게 그는 갔습니다. 약을 끊으면 처음 얼마동안은 약 기운이 몸 안에 남아있어서 빨리 재발이 안되고 그런대로 지내다가 6개월쯤에는 다시 재발된다는 의사의 말을 들었음에도 불구하고 그렇게 바보 같은 일을 했습니다.

모든 목사님들이 다 약을 끊으라고 한 것도 아니고 몇 분만이 그런 말씀을 하셨습니다. 그 목사님들도 저희를 돕기 위해서 사랑으로 여러 가지 조언을 많이 해 주셨는데 신앙적인 다른 면에서는 많은 도움을 받았으나, 그 병의 전문가가 아니므로 이런 결과가 있을 수 있겠다는 생각이 듭니다. 그때는 쉽게 자주 대할 수 있는 분은 목사님이고 병원은 작정을 해야 갔고 자주 볼 수가 없었기에, 전문가보다는 목사님들의 방법을 더 믿고 따랐던 것입니다.

선생님께서도 인간에 대한 사랑으로 환자들의 회복에 안타까운 심정을 가지고 전문가의 입장에서 이런 책을 쓰셨는데, 저는 아직도 무엇이 옳고 그른지는 정확히는 모르겠습니다, 나름대로 주장하시는 것들이 너무나 많이 다르기에. 하지만 양쪽 다 필요하다고 믿고 잘 통합하려고 합니다. 그렇게 되기까지는 많은 혼란 속에서 고통을 겪어야 하겠지만 말입니다.

하지만 제가 선생님의 공부를 계속하는 이유는 아마도 목사님들의 방법으로 했지만 결과에서 열매가 없었으므로 이 분야의 전문가에게 바르게 알고 싶었던 것입니다. 그러나 이제는 그때 이렇게 저렇게 했더라면 하는 생각보다는 한 인간의 삶이 이렇게 비참하게 살다가 가지 않도록 바르게 알고 대처해야겠다는 마음이 더 앞섭니다. 무지가 사람의 기본적인 삶을 영위할 것까지도 빼앗는구나 하는 선생님의 의견에 저도 같은 생각이 뼈저리게 다가옵니다.

6. 실제적 접근을 위한 제안

1) 겸손한 태도와 열린 의식

비전문적 영역에 있어서 자신의 지식의 한계를 보고 인정할 수 있어야 할 것입니다. 자기가 아는 것으로 모든 것을 판단하려는 오류를 피할 수 있어야 하겠습니다. 자기에 대한 객관적 성찰을 통해 겸손한 태도가 깃들어 있어야 할 것입니다. 그러면서 그쪽의 전문가로부터 배우려고 하는 열린 의식이 있어야 할 것입니다.

'귀심들림으로 몰려 부끄러워하고, 죄책감을 갖게 되는 보호자와 환자 자신들'

저는 우선 교회 내에서 상담을 많이 하고 있는 교역자들을 비롯한 교회의 지도자급에 있는 분들에게 정신이상을 보이는 사람을 만나면 우선 판단 중지를 하실 수 있기를 간절히 요청합니다. 정신과의사인 그리스도인으로서 저는 그런 분들로부터 귀신들림이란 딱지를 받은 많은 정신과환자들이 정신병으로부터 회복된 뒤, 환자와 그 보호자들이 원래의 교회로 돌아가지 않는 경우를 많이 보아왔습니다. 심지어는 신앙의 세계에서 떠나는 분들도 보았습니다. "정신이상을 귀신들림으로 잘못 알아 돌이킬 수 없는 마음의 상처를 주는 사람이 지도자로 있는 종교를 어떻게 신뢰할 수 있겠습니까?"라는 반문을 하면서 말입니다. 그리스도인에게 귀신이 들렸다는 말보다 더 수치스럽고 욕되게 느껴지는 표현이 어디 있겠습니까? 그런데 그러한 무서운 말을 서슴없이 내뱉는 교회 지도자라 하는 분들이 적지 않은 것이 현실입니다. 교육이 조금씩 이루어지면서 점차 그 수가 줄어가고 있지만 말입니다.

어찌하여 자기가 잘 알지 못하고, 검증하지도 않은 것들을 그리 쉽게 내뱉을 수 있는 것인지요? 왜 그리도 무서운 판단을 쉽게 그리고 빠르게 할 수 있는 것인지요? 참으로 안타까운 마음입니다. 귀신들림으로 판단받아 부끄러워 교회 나가기를 꺼리는 환자와 그 보호자들의 가슴앓이를 한 번 들어볼 수 있는 기회들을 가졌으면 좋겠습니다.

제가 담당했던 한 정신분열병 환자의 아버지는 목사님이었습니다. 환자는 다행히 치료를 받아 환청과 망상이 다 없어졌고 사회생활을 어느 정도 할 수 있었습니다. 그러나 돌아갈 곳이 마땅하지 않았습니다. 목사인 아버지는 자기 집으로 데려가지 못하였는데, 교인들이 알면 '목사의 아들이 귀신들려 정신이상을 앓았다.' 라고 판단하여 자기의 영력에 회의를 품어 쫓아낼까봐 두려웠기 때문입니다. 그래서 결국 환자는 부모님의 집으로 돌아가지 못하고, 다른 도시에서 혼자 자취를 하게 되었습니다. 돌보아 주는 사람이 없어 어느 시간이 지나서는 약을 복용하는 것이 불규칙해지더니 결국은 약을 끊게 되어 곧 재발하고 말았습니다. 다시 입원을 시키려 오신 목사인 아버지를 뵙고 저간의 사정을 들을 때 정말 가슴이 답답하였습니다.

'기독교는 사람을 살려내야 하는 곳인데 사람을 죽이는 곳이 되기도 하다니! 그 일을 두고 하나님께 무어라 답변을 하려고들!'

정신과전문의로서 교역자들에게 바리는 것은, 교인들이 어떤 문제를 가지고 찾아 올 때 최소한의 교통정리를 할 수 있는 소양을 가지고 있었으면 합니다. 교인들은 신체적이 아닌 정신적 − 정신병적 그리고 신경증적 − 문제를 가지고 있는 경우, 우선 교회의 교역자를 찾는 것이 아직은 우리나라 기독교인들의 일반적인 경향이라 할 수 있습니다. 그렇기 때문에 교역자의 역할은 막중합니다.

교역자 자신이 다룰 수 있는 문제인지, 아니면 정신과전문의를 찾아 가도록 해야 하는 문제인지를 빨리, 정확하게 판단한다는 것은 매우 중요합니다. 왜냐하면 앞에서도 설명 드렸지만, 조기진단에 의한 조기치료는 회복율을 극대화시킬 수 있기 때문입니다. 물론, 그럴 수 있으려면 자기 능력의 한계를 알고 있다는 것이 전제가 됩니다. 그것을 위해서는 최소한의 교육을 받아야 합니다. 이 책이 부분적으로 도움을 줄 수는 있지만, 강의와 함께 사례를 함께 공부하는 프로그램이 꼭 필요하다고 하겠습니다.

정신과병원의 원목을 지망하는 전도사인 형제가 병실 내에서 실습생 겸 직원으로 근무한 적이 있었습니다. 정신병 환자에 대한 그의 인식의 변화가 궁금하여 두 달 정도가 지난 뒤 병원에 근무하기 전에 정신병을 앓는 사람에 대한 생각과 두 달 동안의 경험을 한 후의 생각에 변화가 있느냐고 물었습니다. 엄청난 변화가 있었다고 대답하였습니다.

병원에 근무하기 전에는, 병원에서 만난 정신병을 앓는 사람들을 사회에서 만났다면 모두 귀신들린 자들로 판단하였을 것이라고 하였습니다. 그런데 입원치료를 통해 대부분의 환자들이 많이 회복되어 퇴원하는 것이 신기했다고 합니다. 자기 생각에는 자기가 아는 교역자들의 대부분은 정신병을 앓는 사람들을 귀신들린 자들로 판단할 것이라고 하였습니다.

그에게 두 달 동안의 체험은 정신병에 대해 근거 없이 잘못 형성되었던 관점을 교정하는 데 많은 도움이 되었습니다. 정신병에 대해서는 병원에 실습을 나와서 치료과정에 참여하는 직접적 경험이 결정적으로 중요합니다. '정신병은 귀신들림이 아니고 병이다.'라고 하는 것은 단순한 이론적 지식이 아닙니다. 이는 아주 구체적이고 실제적인 경험을 바탕으로 하는 경험적 지식에서 나오는 것입니다. 와서 보십시오! 사실, 와서 보지 않은 분은 '정신병인가 귀신들림인가?'의 주제토론에 참석할 자격이 없습니다. 이 문제에 있어서 교역자의 역할이 얼마나 중요한지요! 각 신학교마다 최소 2주 이상의 정신병원 실습이 있었으면 하는 마음 간절합니다. 그러면 수많은 형제자매를 살릴 수 있을텐데요!

단순한 교통정리의 수준이 아니라, 자기 자신이 전문상담자의 역할을 하기 원한다면 그에 걸맞은 프로그램을 갖고 있는 교육기관에서 전문훈련을 받아야 할 것입니다. 훈련에 의해 자신의 전문성을 높여가는 만큼 다룰 수 있는 영역의 사람들이 많아질 것입니다. 그러나 교역자로서 우선 담당해야 하는 우선순위의 영역들이 있기 때문에 훈련을 받을 수 없다면, 교회 내에서 신망 있는 분들 중 상담자에 적합하다고 생각되는 후보자들을 선정하여 그들을 전문훈련기관에 보내 훈련을 받도록 한 후, 교회의 전문상담가로 일하도록 하는 것이 작금의 한국교회에 절실한 과제라 할 수 있겠습니다.

2) 정신이상자를 만나면 우선 정신과의사에게!

제가 지금까지 주치의로서 직접 담당한 환자의 수가 600명 이상이 되고 게다가 주치의로서 직접 담당하지는 않았지만 같은 병동 또는 병원에서 알았던 환자들까지 합하면 수천 명을 훨씬 넘게 됩니다. 그렇게 알았던 환자분들 중에서 앞서 언급한 분별점인 초능력의 행사나 영적인 특별한 능력을 보인 환자는 한명도 없었습니다. 저와 여러 기독정신과의사들의 경험을 종합해 볼 때, 통계적으로 정신이상자들의 거의 대다수는 정신병에 의한 경우라고 하겠습니다.

앞서 언급하였지만, 성경에서 귀신들림에 대한 많은 예들이 나오지만 귀신들려 정신이상을 보이는 확실한 사례는 거라사 걸인의 한 경우밖에 없습니다. 아마도 귀신이 들려 정신이상을 보이는 경우가 실제로 적어서 성경의 사례가 많지 않은 것은 아닌지 모르겠습니다.

그렇기 때문에 정신이상자를 만났을 경우, 우선 정신과적 진료를 받게 해야 한다고 생각합니다. 물론, 교역자와 상의하여 이러한 결정이 나는 경우가 가장 바람직하다 할 것입니다. 또 기독 정신과의사들은 귀신들림에 의한 정신이상의 존재에 대해 늘 주의하여 살피는 의식을 키우고, 그러한 가운데 그러한 사례라고 여겨지는 경우에는 지체 없이 교역자에게 자문을 구하여 상의한 후, 정확한 판단을 할 수 있어야 할 것입니다. 만약 귀신들림으로 판단이 된다면, 정신과의사는 믿을 수 있는 교역자에게 의뢰할 수 있어야 하겠습니다.

3) 정신병환자는 믿을 수 있는 정신과의사에게!

정신병은 병이기 때문에 꼭 기독 정신과의사를 찾기보다는 정신과적 실력이 있는 정신과의사를 찾는 것이 바람직하다 할 수 있습니다. 객관적으로 보아 정신과적인 실력은 좋지 않은데도 기독교인이라는 이름을 내걸고 병원을 하는 사람을 무조건 찾아가는 기독인들이 많은데, 잘못된 접근방법이라고 분명히 말씀드릴 수 있습니다.

물론, 실력은 똑같은 분으로 그리스도인이 있다면 그분에게 치료받게 하는 것이 좋겠지요. 그러나 기본적으로 고려해야 하는 사항은 전문적 실력과 환자에 대한 애정의 마음이라는 것을 잊지 않으시기를 바랍니다. 어떤 이익을 목적으로 기독교라는 이름을 내거는 사람들이 많은 세상입니다. 의학의 영역에도 마찬가지입니다. 기독교 또는 기독교와 관련 있는 용어들을 사용하는 사람과 단체들을 주의하여 살펴보아야 하는 것이 요청되는 참으로 불행한 시기입니다. 슬픈 일이지만 주의하십시오!

4) 공동연구, Team-Approach

'정신병인가 귀신들림인가?'의 문제는 단순히 정신의학적인 또는 신학적인 영역에만 관련된 것이 아니라, 양쪽 모두에 걸쳐 있는 문제라 할 수 있습니다. 그렇기 때문에 앞으로 신학을 전공하신 신학자, 실제 목회 일선에서 일하시는 목회자, 그리고 정신의학을 전공하신 분들이 팀을 이루어 연구하는 일이 일어나야 할 것입니다. 한쪽으로만 접근해서는 적절한 연구가 이루어질 수 없는 주제인 것입니다.

7. 앞으로의 과제

1) 귀신들림에 의한 정신이상과 정신병에 의한 정신이상은 다른 것인가?

- 병의 원인론에 대한 가설

성경에는 귀신을 내쫓음으로 인해 병이 낫게 되는 경우가 다수 기록되고 있습니다. 예를 들어, 예수님께서는 귀신을 내쫓으심으로 간질병을 고치셨습니다. 거기서 '그렇게 나은 간질병의 경우는 의학으로 고칠 수 있는 간질병과는 달라서 의학으로는 전혀 고칠 수 없는 것일까?'라는 물음을 한 번 가져봅니다. 그러면서 이러한 시험적인 가정을 해봅니다.

'예수님께서 귀신을 내쫓아 고치신 간질병도 의학으로 고칠 수 있을 것이다.'

그러면서 어떤 병인론을 전제할 때 이런 가정이 성립할 수 있을까를 생각하게 됩니다. 그런 경우는 다음과 같지 않을까 합니다.

인간에게 병이라는 현상이 나타나는 데에는 일차적 원인primary cause과 이차적 원인secondary cause이 결부되어 있는 체계가 존재할 것이라는 것입니다. 즉, 인간세계에 질병이 들어온 것은 하나님께서 맨 처음 인간을 창조하실 때 의도하지 않으신 것으로 볼 수 있습니다 이에 대해서는 인간이 병든 상태에 놓여 있기를 원하시지 않으시는 예수님의 마음을 통해 알 수 있습니다. 그렇다면, 죄에 의한 인간 타락 이후에 질병이 나타나게 되었을 것이라 생각할 수 있습니다.

그 질병은 죄에 의해 들어왔다고 볼 수 있습니다. 그리고 그 죄는 사탄에 의해 시작이 되었다고 볼 수 있습니다. 사탄이 인간에게 죄를 짓도록 꾀였기 때문입니다. 그래서 질병의 일차적 원인은 사탄이라고 할 수 있으며, 그로 인해 신체적 병인이 발생하게 되어 결국 질병이 생기게 되었다고 본다면 그 병인은 이차적 원인이라고 할 수 있을 것입니다.

그러므로 예수님은 일차적 원인인 사탄 또는 그의 졸개인 귀신을 제압하실 수 있기 때문에 그것을 제압하심으로 치료를 하셨는데, 보통의 인간은 하나님의 일반은총에 의해 이차적 원인인 병인을 제압함으로써 치료를 한다고 얘기할 수 있을 것입니다.

그러하다면 '귀신들림에 의한 정신이상'이 따로 있고, '정신병에 의한 정신이상'이 따로 있는 것이 아니게 됩니다. 같은 것이 되는 것이지요. 결과적으로 질병은 하나님의 특별은총에 의해서 치료될 수 있고, 그리고 하나님의 일반은총의 부분 영역인 의학을 통해 (아직 의학이 완전하지 않기 때문에 못 고치는 것이 많지만) 치료될 수 있다는 얘기가 되는 셈입니다.

그러나 생각하여야 할 문제가 하나 더 있습니다. 그것은 이 세상은 이미 죄로 인해 타락된 세계이기 때문에 인간의 온전함을 해치는 여러 과정들에 의해, 일차적 원인인 사탄의 직접적인 개입 없이도 이차적 원인이 일어날 수 있다는 가능성입니다. 그렇다면 어떤 종류의 정신이상은 귀신들림이라는 일차적 원인과 귀신과는 전혀 상관없는 이차적 원인 각각에 의해서도 일어날 수 있게 되고, 다른 종류의 정신이상은 이차적 원인에 의해서만 일어나게 된다고 얘기할 수 있습니다.

질병에는 귀신들림에 의한 것과 정신병에 의한 것이 서로 다르게 존재하는 것으로 생각하는 것이 옳은 것인데, 제가 괜스레 아무런 유익함도 없는 사고를 전개하지는 않았는지 아주 조심스럽습니다. 아니, 두려운 마음도 있습니다. 다만, 이러한 시험적 가정에 대한 사고가 바른 신앙적 사고를 하는 데 방해가 되지 않고 도움이 되기를 바라는 간절함이 저의 마음의 전부라고 말씀드릴 수 있습니다. 저의 이러한 사고의 내용만 보지 마시고, 저의 전체를 보아 넉넉한 마음을 가지고 이 글을 읽어 주실 수 있으면 좋겠습니다.

신학적으로 성경의 귀신들림에 대한 이해를 문자적으로 이해하지 않는 해석이 있으나, 여기서는 그러한 신학적 이슈까지 다룰 수 있는 자리가 아니기 때문에 그러한 관점을 기초로 하는 접근에 대해서는 다루지 않도록 하겠습니다.

2) 영분별력의 은사를 받은 사람에 의해 일반사람들도 구분할 수 있는 분별점의 계발이 가능한가?

혹시 진짜 영분별력의 은사를 받은 분이 있어서 '정신병인가 귀신들림인가?'의 경우를 분별할 수 있다면, 그분뿐 아니라 일반인들도 도움을 받을 수 있는 분별점들이 그분에 의해 가르쳐질 수 있는지 알아봐야 하리라 생각합니다. 아니면 그것은 불가능하고 오직 그러한 은사자만이 가질 수 있는 것인지 모르겠습니다.

그런데 조심하여야 합니다. 우리에게는 영분별력의 은사를 받은 사람에 대한 분별의 문제가 남아 있기 때문입니다. 그러한 은사를 받았다고 주장한다고 하여 다 그러한 사람들로 간주할 수 없는 가짜 능력자들이 있기 때문입니다.

제 자신과 여러 믿음의 선배, 동료, 후배 정신과의사들의 경험을 종합하여 '정신병인가 귀신들림인가?'에 대해 결론적으로 말씀을 드린다면, 이 문제는 실상 거의 '정신병'에 대한 문제라 하더라도 과언이 아니라는 것입니다. 이렇게 말씀드릴 수 있는 것은 귀신들림에 의한 정신 이상의 수는 아주 미미할 것이기 때문입니다. 정신이상자를 만나면 우선 정신병을 생각할 수 있어야 하겠습니다.

이렇게 글을 끝내면서 저의 마음을 무겁게 하는 것이 있습니다. 제게 귀신들림에 의해 정신이상을 보이는 사람에 대한 직접경험이 없어 이에 대한 사례를 풍부하게 제공하지 못하고, 결과적으로 이에 대한 적절한 강조를 하지 못하는 점입니다. 따라서 어떤 분들에게는 저의 글이 상당한 분노를 낳을 수도 있을 것이라고 예상합니다. 귀신들림에 의한 정신이상이 얼마나 있을런지 모르겠는데, 저의 글은 그런 한계를 가지고 있다는 것을 이해하여 주기를 바랍니다.

저는 (성경의 말씀에 따라) 귀신과 귀신들림에 의한 정신이상의 존재를 믿지만, 귀신들림에 의한 정신이상에 대해서는 현재로서는 직접적인 경험이 없다는 것을 인정합니다. 어쩌면 귀신들린 사람을 만났으나 모르고 지나갔을 가능성도 있다고 하겠습니다.

앞으로도 저는 마음의 문을 열어 놓고 저의 무지의 세계를 밝혀가고자 하는 마음이 있습니다. 앞에서 언급된 것들은 제가 전체를 보았다고 주장하고자 하는 마음에서 나온 것이 결코 아닙니다. 제가 알고 있다고 생각하는 것을 내놓았을 뿐입니다. 제가 모르는 것을 어떻게 얘기할 수 있겠습니까? 그렇게 한계 지어진 사람의 글로 읽어 주시고, 정말로 귀신들려 정신이상을 보이는 사람을 경험하게 되는 경우, 함께 연구할 수 있는 마당이 있었으면 하는 마음 간절합니다.

제 7 장

귀신들림 또는 사탄의 역사에 의해 정신적 이상을 보이는 것으로 판단되는 사례의 보고

　다음은 저의 정신의학적 경험과 지식으로는 정신과적 장애로 분류하기에 상당한 어려움이 있는 경우로, 귀신들림 또는 사탄의 역사에 의한 사례일 가능성이 높다고 보아 소개하고자 합니다. 당사자는 저의 졸저 '그리스도인과 함께 나누고 싶은 이야기'를 통해 알게 된 분으로, 석사학위를 가지시고 전문직에 종사하는 분으로 신앙이 독실하시고 마음이 참 깨끗한 분입니다. 짧은 기간 동안이었지만 만날 때마다 시간 가는 줄 모르고 깊은 대화가 가능했던 분이었습니다.

　교제 중에 그분은 자신이 겪었던 경우가 정신병에 속하는지 귀신들림에 속하는지가 궁금하여, 부끄럽게 생각할 수 있음에도 불구하고 마음속에 묻어 둘 수 있었던 경험을 자발적으로 애기하게 되었으며, 저는 의미 있는 중요한 경험이라 판단하여 기록을 해놓게 되었습니다. 본서를 구상하면서 귀신들림이라 할 수 있는 사례로 소개할 수 있기를 희망하는 가운데 그분께 말씀드렸고 그분은 흔쾌히 승낙해 주셨습니다. 그리고 자신은 다소 혼란된 상태에 있었으므로 정확히 기억하지 못하는 부분이 있을 것이라며 옆에서 사실적으로 본 이모님이 잘 아실 것이라며 소개해 주셔서 좀 더 정확한 내용들을 들을 수 있었습니다.

전문적으로 살펴보려면 그 분의 개인력과 가족력 등등을 실어야하지만, 그러한 목적이 아니기 때문에 A(이후 그 형제님을 A라고 표기하겠습니다)씨의 사례를 비정상적이라 할 수 있는 내용 위주로 구성하였음을 양해해 주시기 바랍니다. 또 A씨는 약물복용을 하지 않았으며, 당시 다른 질환을 앓지도 않았음을 알아 두시기 바랍니다.

1. A씨의 사례

A씨가 대학원을 마친 후 모 대기업에서 일하던 때였습니다. 일을 하는데 상사가 A씨의 일하는 방식이 잘못 되었다며 핀잔을 주어 자신감을 상실하면서 우울을 심하게 겪었습니다. 집밖으로 잘 나오지 못하고 커튼을 치고 방안에서만 지낸다거나 혹은 나오더라도 지하철역에서 다시 집으로 들어올 정도였습니다. '나는 아무것도 못한다.', '교통사고가 나서 죽었으면 좋겠다.'라는 생각도 했다고 합니다. A씨는 당시 치루수술을 받았으며, 요양을 위해 고향으로 내려가 3개월 정도를 지내게 되었는데 부모님으로부터 구박을 많이 받았습니다.

A씨는 이후로 다시 직장에 복귀했는데 속해 있는 파트의 일이 전혀 진척되어 있지 않아서 '내게 맡겨 달라.'고 하면서 자기 방식으로 일을 추진하였습니다. 다행히 일을 잘 마치게 되었으며 이후로 전에는 다소 내성

적이었던 성격이 외향적인 쪽으로 바뀌게 되었습니다.

당시에 다니던 교회가 너무 거리가 멀어 A씨는 교회를 옮기게 되었는데, 그 교회는 목사님의 독재가 심한 곳이었습니다. 자신이 하라는 것은 마치 하나님이 하라고 하는 것으로 받아들여야 한다는 식이었습니다. 그 목사님은 설교 중에 A씨에게 지휘자를 하라고 말하였는데, A씨는 충성해야 한다는 생각에 지휘자를 맡게 되었습니다.

목사님이 교회 증축을 위해 부흥회를 하려 했으나 교회에서 중요한 인물인 P집사님이 반대를 하였고, A씨 역시 시기상조라고 생각했습니다. 그래서 사모에게 부흥회를 하지 말자고 하니, 목사님이 충격(?)을 받아 입원하게 되었습니다. 문병을 가서 부흥회를 연기하자고 하니 목사님은 전혀 받아들이지 않았는데, 그때 A씨는 목이 뻣뻣해지는 것을 느끼게 되었습니다.

결국 부흥회는 열리게 되었고, 강사는 어느 기도원의 원장으로 여자였습니다. A씨는 참석하지 않다가 이모님의 권유로 수요예배에 참석하게 되었는데, 부흥강사가 의도적으로 P집사와 자기를 지적하면서 주의 종에게 반대하는 사람이라며 비난했습니다. P집사님이 예배 중간에 나왔고, A씨는 다 마치고 나오는데 마음이 무척 아프고 슬펐습니다. 집에 들어와 방에서 30분 정도 대성통곡을 하며 기도를 했는데 그렇게 울어본 적도 없고, 기도해 본 적도 없었던 경험이었습니다. 마치 영이 인도하는 듯했고, 말을 하는 것이 아니라 입술이 뻣뻣해지면서 마치 통소를 부는 듯한 소리를 한참 동안 내게 되었습니다. 본인의 의사와는 전혀 다르게 움직여진 것이었습니다.

바로 그 주일에 교회를 떠날 생각을 하고 예배에 참석하였는데, 목사님이 봉고차를 사야겠다는 얘기를 하며 기도를 시켰습니다. 목사님의 기대와는 다르게 A씨는 하나님의 뜻이면 사고 아니면 사지 않게 해달라고 (하나님의 뜻대로 되게 해달라고) 기도를 하였으며, 예배를 마치고 나오면서 교회를 떠나기로 결정하였습니다.

그날 저녁예배는 P집사와 함께 교인의 수가 10명 미만인 다른 교회에 나가게 되었고, 그 교회 목사님, P집사님과 함께 셋이서 목요일 저녁에 기도를 같이 하기로 하였습니다. 목요일에 어느 산꼭대기에 있는 기도원으로 가게 되었는데, 장로인 원장은 시편을 하나님의 말씀으로 인정하지 않고 신비주의적인 신앙을 갖고 있었습니다. 예를 들어, 자기의 맹장염이 영으로 수술되었고 당시 신학교에 다니고 있었는데 논문도 영이 다 써준다는 식이었습니다. 그런데 그때는 그 말이 다 믿어지면서 하나님께 절대적으로 순종해야겠다는 생각을 하게 되었습니다. 그러한 분위기에서 방언기도로 철야를 하고 내려왔습니다.

며칠 뒤 추석연휴가 되었는데 A씨는 고향에 내려가지 않고 집에 있으면서 기도에 힘썼는데 우리나라 말을 하다가 방언기도를 하곤 했으며 신기하게도 손이 저절로 움직여지는 경험이 있었습니다.

새로 나가게 된 교회는 가지 않기로 하고 이모가 나가는 교회에 나가게 되었는데, 어느 날 새벽 2시경 쯤 하나님께서 깨우시는 듯한(당시 그렇게 생각함) 음성을 듣고 깨게 되었습니다. 생각이 마음에 떠올랐고, 그 생각의 지시대로 기도를 하기 위해 교회로 가 기도를 하는데, 하나님께서 쇠붙이는 떼어 놓고 방바닥에 무릎 꿇고 기도하라고 하셔서 안경과 반지 등을 벗어 놓고 기도를 하게 되었습니다. 이런 일이 며칠 동안 반복되었습니다. 그러던 중 방언기도를 옷이 땀에 흠뻑 젖을 정도로 소리 높여 통성으로 한 시간 정도 하였는데, 그때 교회 안에 70세 정도되시는 할머니 한 분이 함께 기도하고 계셨습니다.

그런데 그 할머니의 모습이 아주 희한하였습니다. 혼자 중얼거리면서 춤을 추듯 하였는데, 당시에는 영으로 대화를 하는 것으로 생각되어 부러운 마음을 가지고 할머니께 갔는데 천상의 얘기를 듣게 되었습니다. 그때부터 할머니처럼 은사를 받았으면 좋겠다는 소원을 가지게 되었습니다. 한 번은 할머니댁을 방문하였는데 당시 사귀고 있는 여자에 대해 물으시면서, 여자를 나무에 비유하였고 귀신얘기를 하면서 사귀지 말라고 하였습니다. 그 얘기를 듣자 A씨에게 '사귀지 말라, 절제하라……' 라는 식의 생각이 들었는데, 마치 다른 존재가 말하는 듯하였습니다. 본인에게는 영적 전투를 하는 것으로 생각되었습니다.

이모는 할머니가 영적으로 온전한 상태에 있지 않은 것 같으니 만나지 말라고 얘기했으며, 이모가 볼 때는 그 할머니를 만난 이후로 A씨의 변화의 정도가 심각해졌다고 합니다.

(다음은 그 뒤 일주일 동안에 일어났던 사건을 시간적으로 재구성한 것입니다. 이 기간이 A씨가 이상현상을 가장 심하게 보였던 때라 합니다.)

주일

목사님 딸이 간질을 앓고 있었는데, 저녁예배 후 개인기도 시간 중에 A씨는 계시를 받았다며 "연합해서 기도를 해야 하는데 딸의 이름을 '반석'이라고 고치고 안수하면 낫는다."라고 얘기했습니다.

월요일

월요일 새벽 예배가 끝난 후, 같이 간 이모와 동생과 서로 다른 장소에서 기도를 하는데 기도 중에 '영적 전투'가 생각되면서 '전투하는 사람이 소리가 이렇게 적어서 되겠는가?' 하는 생각이 들어, 에베소서 6장에 나오는 영적 전투에 관한 본문을 점점 크게 소리 내어 얘기하는 식으로 기도하였습니다. 나중에는 일어나서 더 크게 기도하게 하면서, 떨어져 있는 이모에게 "이정희, 기도 크게 해. 크게 해.", 또 사찰집사를 향해 "불 꺼."라고 반말로 명령하였습니다. 그런 후 "이렇게 기도해서는 안 된다, 전신갑주를 입어야 한다."고 하면서 목사님을 향해 "목사는 회개하라."고 외치면서 단 위로 올라간 후 "이제는 됐다. 그만 내려가라."라는(자기의 생각인지 다른 누구의 말인지 구분이 안 되었다고 합니다.) 지시를 받아 중지하고 예배당 밖으로 나왔습니다. 사람들은 귀신이 들렸다고 웅성거렸습니다.

집으로 걸어오면서 '이렇게 아름답지 못한 일을 왜 해야 합니까?'라는 질문을 하나님께 하였습니다. 집에 도착해 보니 아파트 열쇠가 없어서 계단에 앉아 묵상기도를 하는데 '요한계시록 몇 장 몇 절을 보라.'는 계시가 와서 그 말씀을 찾아보았습니다. 성경말씀을 묵상하는 가운데 이모와 동생이 와서 집으로 들어갔는데, 이모에게 "이정희, 이리 들어와 봐."라고 말했으며 동생에게도 아주 강압적으로 그리고 마치 굉장한 권위자같이 반말투의 명령조로 얘기를 하였습니다. 이모는 A씨에게 심한 책망을 받고 분위기가 너무 무서워 무릎을 꿇고 듣게 되었습니다. A씨는 "성경은 이런 식으로 풀어야 한다."라고 하며 요한계시록을 푸는 강의를 하였습니다. 그때 A씨의 언행은 마치 사이비 교주 같았고 말도 상당히 거칠었다고 합니다. 듣는 두 사람은 A씨가 달라진 모습으로 얘기하는 것을 보고 깊이 있는 것같이 느껴지기도 하고 진짜 능력을 받은 것같이 느껴질 정도로 혼란스러웠고, 분위기도 강압적이어서 화장실 가는 것조차 참으면서까지 경청하였다고 합니다. 그러나 이모는 "이것은 하나님의 역사가 아니다. 가짜다. 귀신이 들려서 그렇다."라고 얘기하였습니다.

A씨는 이모에게 손을 얹으면서. "너는 나으리라."라고 얘기했는가 하면 투시적으로 알듯이 모 집사의 남편이 병이 나서 출근하지 못했다고 얘기를 했는데, 전화로 알아보니 그렇지 않았다고 합니다.

또 "하나님의 아들이 여럿 있다", "구원의 문은 닫혔으니 전도할 필요가 없다."라는 말을 하였다고 합니다.

밤에 잠을 자려고 하면, '성경 어디 어디를 보면 어떤 내용이 있을 것이라'는 지시를 받아 일어나 찾아보면 내용이 틀리고, 자려 하면 또 지시가 있어서 찾아보고 하기를 밤새도록 했습니다.

화요일

아침에 목사님과 장로님이 심방을 왔는데, 주일 밤 설교를 생각하면서 "야이로의 딸이 살아나듯 지금도 살아나는 기적이 있을 수 있느냐?"라고 물으니, 목사님은 '모형'이라고 대답을 하였으며, A씨는 "오늘날도 가능한 것으로 믿어야 하지 않느냐"고 얘기하였습니다. 그 때 이상하게도 목사님이 얘기를 할 때 맞다고 생각되면 저절로 목이 끄덕여지거나 아니면 목이 뻣뻣해지게 되었습니다. 이때 장로님이 A씨의 눈을 보면서 눈이 풀려 있다며 양신이 역사한다는 얘기를 하였습니다.

밤에 A씨는 아무래도 자기에게 무엇인가 잘못된 것 같아, 축사를 위한 기도문이 나와 있는 책을 가져다가 축사기도를 받아야 하는 사람란에 자기 이름을 적어 넣고 이모에게 축사기도를 해 줄 것을 요청하여 밤새 내내 거의 자지 못하고 축사기도를 계속 받았습니다. 이모가 기도문대로 하는데 희한한 일이 일어났습니다.

이모가 "너 누구냐?" 물으면 나는 "00이다."라는 식으로 물음에 대답을 하게 되었는데, "나가라"고 명령하면 "어디로 가란 말이냐?" 하고 답하고 성경의 사례대로 "돼지떼로 들어가라." 또 "미시시피로 가라." 하니 "구역이 있으니 맘대로 못 간다."라고 대답하는데, 자신이 말하는 것이 아니라 마치 다른 존재가 얘기하듯 얘기를 하게 되는 현상이 일어났습니다.

그런데 그 중에서도 아주 희한한 것은 "왜 못 가느냐?"라는 질문에 A씨는 누구라고는 전혀 얘기를 못하고 엄지를 세우면서 '이것이 못 나가게 한다.'라는 식의 표현을 하였습니다. 그러나 A씨의 머리 속에서는 우두머리인 사탄 때문이라는 것을 알았는데 '내가 아는데 왜 말을 못하지?'라고 의아스럽게 생각하였습니다. 그런 식으로 자기를 빌어서 얘기하는 존재가 말을 못하게 하는 것이 두 가지 있었는데, 그것은 '예수'와 그들의 우두머리인 '사탄'이라는 용어였습니다.

밤새 축사기도를 받는 동안 자기도 모르게 말이 나오고 혀가 움직여지려고 하는데, 이를 악물고 참으면 그렇게 되지 않았습니다. 그러나 조금이라도 긴장을 풀게 되면 다른 존재가 말을 하게 되었습니다.

수요일

새벽예배 후 목사님과 성도들에게 공개적으로 사과를 하였습니다.

밤새 내내 축사기도를 받아 거의 탈진된 상태였지만 오전에 안암동에 강의가 있어서 택시를 타고 가면서 강의를 잘 하게 해달라고 기도하는데, 속에서 '염려 말라. 너는 내 말대로 하면 된다.'라는 생각이 일어났다고 합니다. 비몽사몽간에 강의를 했지만 어떻게 했는지 기억이 통 나지 않았다고 합니다.

강의를 마치고 회사가 마련해준 렌트카를 타고 오면서 묵상을 하고 있는데, 갑자기 운전사에게 반말로 "00살이지. 아들이 하나지. 아프네. 다 알지. 당신 날 잘 만났다고 생각해. 구원을 받을 거야. (아들이) 어렸을 때 버섯을 먹였구먼. 당신도 아프구먼. 내가 치료해주고 내릴게. 손만 닿으면 나아." 내리면서 손을 잡아 주면서 "나았다."라고 얘기를 하였습니다.

회사에 들어가 컴퓨터 앞에 앉았는데 '네가 아무렇게 두드려라. 말이 될 것이다.'라는 생각이 들어 (다른 존재가 얘기하듯) 그대로 했는데 말이 되지는 않았습니다. 당시 함께 일하던 팀의 상사에게 원래의 모습과는 전혀 다르게 반말로, "걱정마라. 걱정마라. 내가 누구냐?"라고 얘기를 했습니다.

집에 전화를 걸어 이모와 동생에게 "휴거가 곧 있을 것이니 아무것도 먹지 말고 있으라."고 하면서 "밥 대신 만나를 먹으면 된다. 밥을 안 먹고 있지?"라고 얘기를 하였습니다. 이모가 "너 어쩌려고 그러냐, (귀신들려) 눈이 풀려 있을 테니 당장 거울을 봐라." 해서 화장실에 가서 눈을 보니 눈이 풀려 있는 것 같았는데, 갑자기 손이 저절로 명치 부위로 올라가게 되었습니다. A씨는 '나는 귀신을 쫓아내야 돼.'라고 말하면서 회사를 나와 가까이 있는 OO교회를 찾아 갔습니다. 교회에 가면서 사무실에 전화를 걸어 여직원에게 "너 입술 주위가 왜 부르텄는지 다 알아."라고 얘기를 하기도 하였습니다.

교회에서 기도를 하는데 앉아서 머리를 움켜쥐고 혼자 싸움을 하는 식이었습니다. 마음에 무엇이 들어온 것 같아 '너 누구냐?'라고 묻는 식으로 시작해서 축사기도를 마음속으로 수십 번을 반복하였습니다. 이때 무엇인가가 머리 속에서 빠져 나가는 듯 했는데, 귀신이 떼거리로 있는 것 같아서 군대귀신같이 생각되었습니다. 마침 옆에 기도하는 사람이 있어 축사기도를 부탁하였는데, 그 분은 무서워하면서 손은 못 대고 기도만 해주겠다며 기도를 한 후 도망치듯 나갔습니다.

저녁에 집에 들어가 이모에게 자기가 미국에 있을 때 이모가 한국에서 무엇을 했는지 다 안다며 이야기를 했는데 사실이 아니었습니다. 이때 이모가 뺨을 치면서 "예수 이름으로 명하노니 귀신아 나가라."고 하였고, 계속 엉뚱하게 얘기를 하자 두 번째 뺨을 때렸습니다. 다소 정신이 돌아온 것 같았는데, 이모가 마음속에서 올라오는 말을 뱉지 말라 하여 말하지 않고 '음음' 거리며 참았고, 말할 것이 있으면 글을 써서 표현하였는데 글은 정상적이었습니다.

목요일

오후에 어제 일에 대해 여직원에게 잊으라고 하면서 다른 실수는 하지 않았는지 물어보고, 안암동 회사에 전화하여 어제 강의가 어땠냐고 물어보니 강의는 괜찮았는데 말이 거칠었다는 얘기를 들었습니다. 오후에 안암동의 다른 곳에 강의를 하고 돌아오는데 전날과 같은 렌트카 기사분이어서, 미안하다고 사과한 뒤 다른 것은 다 잘못됐는데 예수 믿으면 구원받는다는 것은 맞는 얘기라고 하였습니다.

금요일

이천에서 강의를 마치고 올라오는 차 안에서 눈을 감고 있는데 '여기가 어디일 것이다.' 라는 생각이 들고, 내-가 말-한 것-이-맞-지 않-느-냐? (마치 따따따 따따따 하는 식으로 생각됨)고 생각이 되면서 머리가 저절로 끄덕여졌습니다. 속으로 '여기는 퇴계원일 것이다.' 생각하고 눈을 떠 보면 맞았습니다. 오후에 집에 돌아오니까 이모가 금요철야예배에 참석하기 위해 집을 나서면서 세탁기에 빨래를 넣어달라고 하였는데, 이모가 교회에 갔다 오길래 "하나님께서 넣으라 해서 넣었다."며 이모를 반갑게 맞이하였다고 합니다. 또 "하나님께서 이모가 화장품이 없다고 가르쳐 주어서 사왔다."고 하자 이모가 다시 뺨을 때렸습니다.

토요일

새벽 두시가 되어 들어왔는데 이모는 여러 교회의 아는 분들에게 기도를 요청하였고, A씨에게 기도할 때 방언으로 하지 말고 한국말로 하라고 했으나 방언기도를 하였다고 합니다.

주일

주일 낮예배 성경구절이 월요일에 A씨가 풀었던 요한계시록의 그 구절과 똑같이 일치하였습니다. 이층에서 예배를 드리고 있는데 정신이 좀 돌아온 것 같았습니다. 예배 중 찬송을 함께 부르지 못하고 눈물만 흘리게 되었습니다. 다른 존재에게 지배를 받아 농락당했다는 것이 분하고 슬프게 느껴져서 그랬습니다. 그리고 그 교회를 떠나게 되었습니다.

그 이후 약 3개월

(본인도 어느 정도 기억하였으나 이모의 기억자료가 많았습니다)

<이 기간 동안에도 '결혼하지 마라.', '교회에 가지 마라.'라는 지시를 받았고 '저기에 무엇이 있다.'라고 해서 가보면 아니고, 그렇게 여러 번 속았습니다. 심신이 탈진될 정도였습니다. 속지 않으려고 노력하였고, 주위 사람들이 기도를 하면 귀신이 틈을 타고 들어올 수 있으니 기도를 하지 말라고 하여 기도를 의도적으로 하지 않았습니다.> - 본인 기억

<A는 얼굴이 핼쑥해지고 탈진된 상태로 지냈으며 쉬 피곤을 느끼고 잠을 많이 잤습니다. 그러면서 식사 중에 "이모는 왜 기도

안 하세요. 빨리 기도하러 가세요."라는 식으로 순간순간 엉뚱한 얘기를 하는 일이 있었습니다. '하나님'이나 '예수님'이라는 용어를 거의 사용하지 않았습니다. (역시 A씨는 기억 못함) 내가 '예수님'을 따라 하라 하는데 전혀 따라 하지 못했습니다. 기도내용 중에도 잘못된 것들이 많았습니다. 언젠가는 여동생을 방으로 부른 뒤 문을 잠그고 성경말씀을 풀어 주겠다고 하길래, 옛날 일을 생각하여 내가 베란다를 통해 들어가 막은 일이 있기도 하였습니다.>-이모 기억

A씨는 3개월 이후에야 비로소 완전히 회복이 되었습니다.

(다음은 자기경험에 대한 A씨의 소감을 들은 대로 옮겨 놓은 것입니다)

의지로 싸우지 않았다면 넘어갔을 것이다. 의지적으로 그런 생각이 들 때 저항을 하면 어느 정도 막을 수 있었다. 예를 들어, 누구와 약속을 해서 가려고 하면 이미 있는 장소가 약속장소라고 하여, 그 자리에 앉아 있는데 시간이 훨씬 지났는데도 사람이 오지 않아 원래 약속장소로 가려고 하면 다시 맞는 자리라고 하나, 의지적으로 무시하고 갈 수는 있었다. 그렇게 속은 적이 몇 번 있었다.

너무 힘들었다. 울화통이 치밀고. 내가 나를 주장하지 못하고 누군가의 부하가 된다는 것이 힘들게 하였다. 누구에게 지배당하고, 아찔하다. 고삐가 조금만 풀렸으면 어떻게 되었을까 라고 생각한다. 의지를 풀면 이용될 것 같았다. 00교회에서 무엇인가가

빠져 나오는 느낌이 있었는데 그때 귀신이 나간 것이 아닌가 한다. 축사를 안 했으면 어떻게 되었을까 하는 생각이 든다.

이단이 이해가 된다. 신들렸다는 사람들, 무당의 행위를 이해할 수 있다. 건전한 상식에 비춰 보려고 노력했다. 이것이 굉장히 중요한 것 같다. 성경말씀에도 비추어 보고, 그렇게 함으로써 어쩔 수 없이 들게 되는 생각에서 많이 빠져 나올 수 있었다. 그러한 노력을 놓치면 자기도 모르게 막 가게 될 것 같다.
사탄의 세계에도 위계질서가 있어서 명령에 의해 이루어지는 것 같다. 구역이 있는 것 같다.
(나의 경험에서) 유일하게 긍정적인 것으로 생각되는 것은 선교회에 나가고 있는데, 그곳에서 간증을 하면서 귀신의 존재에 대해 분명하게 얘기할 수 있었다는 것이다.

지금도 깊게 기도하려고 하면 가끔 손이 움직여진다. 그러면 생각을 하면서 제어한다. 상식적으로 생각하려고 한다. 상식적으로 생각하려고 하는 것이 크게 도움이 된다.
방언을 할 때 쓰게 된다는 영서를 써보기도 하였고, 또 이를 해독한다는 권사에게 가 보기도 하였으나, 엉터리인 것 같아 다시 가지는 않았다. 영서 중 하나가 거꾸로 놓여 있었는데 바로 놓여 있는 것으로 읽어서 이상하다는 생각을 하였다.

방언을 하더라도 뜻을 알 수가 없어서 좋은 줄을 모르겠고……, 가능하면 하지 않으려고 했다.
전반적으로 어느 정도의 일상생활이 가능했다. 때때로 굴곡은 있었지만.

2. 귀신들림 또는 사탄의 역사에 의한 정신이상일 가능성이 높은 것으로 평가하는 근거

위의 사례를 기존의 정신의학적 진단체계에 따른 정신병보다는 귀신들림이나 들림은 아니더라도 사탄을 비롯한 악령에 의한 경우로 볼 수 있는 근거에 대해 대략적으로 살펴보기로 하겠습니다.

(저는 악령의 세계는 사탄을 그 우두머리로 위계질서가 있으면서 그 밑에 귀신 등의 졸개들이 있는 것으로 알고 있습니다. 그러한 의미에서 귀신들림 대신에 더 포괄적인 악령 또는 사탄의 세력에 의한이라는 문구를 문맥에 따라 사용하고 있음을 기억하시기 바랍니다.)

1) 약물의 복용 없이 완전한 회복을 보인 점

A씨는 그 정도가 특별히 심했던 1주일을 포함하여 약 3개월이 넘는 기간 동안 정신이상현상(병이라면 증상이라 하겠으나, 영적인 현상으로 간주하여 현상이라는 용어를 사용하였습니다.)을 보였으나, 전혀 약물을 복용하지 않은 채 완전 회복을 보였습니다. 물론, 정신병 중에 약물의 복용 없이 완전한 회복을 보일 수 있는 병이 있기도 하나, 주기성을 가진 기분장애가 아닌 것으로는 아주 희귀하다고 볼 수 있겠습니다. 또 단기반응성 정신장애가 그런 예에 속한다고 볼 수 있으나, 진단기준상 증상이 1개월 이내에 회복되어야 하는데, A씨의 경우는 3개월을 초과했으므로 그 진단기준을 벗어나는 경우가 되겠습니다.

악령에 의한 경우라면, 악령이 떠나면 당연히 자연스럽게 그로 인한 현상들이 사라지게 될 것입니다.

2) 말을 하면 이상한 내용이 나오는데 글로 표현하면 정상적인 점

이모가 말을 뱉지 말라 하여 뱉지 않고 글로 자기 의사를 나타내면 정상적으로 의사소통을 할 수 있었다는 점은, A씨에게 나타난 현상이 정신병과 근본적으로 다르다는 점을 증명해 주는 귀한 단서가 될 수 있습니다. 정신병은 사고에 이상이 있으면서 그 이상이 있는 사고를 실은 말과 글도 역시 이상한 내용을 담게 됩니다. 그런데 말을 하지 않고 글로 표현할 때는 이상한 내용이 나오지 않았다는 것은 정신병이 아니라, 정말 어떤 영적 존재에 의한 현상임을 결정지어 주는 단서가 된다고 할 수 있습니다.

3) 의지적 노력이 정신이상현상을 극복하는 데 유효한 점

앞서 정신분열증을 설명하는 부분에서 설명했지만, 정신병은 기본적으로 생물학적 요소에 기인하면서도 심리적 영향을 부분적으로 받기 때문에, 의지적 노력에 의해 어느 정도 증상의 완화가 일시적으로 일어날 수 있습니다. 그러나 A씨의 경우와 같이 약물의 복용이 없는 가운데 그것도 완전한 회복을 보였다는 것은 보통의 정신병의 경과와는 사뭇 다른 특징이라 할 수 있습니다.(그 이후로 지금까지 약물 복용없이 수 년 동안 예전의 정상적인 생활을 완전히 수행해 오고 있다는 점도 고려되어야 할 점입니다.)

또 자기에게서 나온 것이 아니라, 어쩔 수 없이 떠오르는 생각들에 대해 건전한 상식에 비추어 보려고 노력한 것이 이상현상을 극복하는 데 상당한 도움이 되었다는 것 역시 정신병환자에서는 보기 드문 현상이라 할 수 있습니다. 만약 악한 영적 존재에 의한 경우라 가정한다면, 그 영적 존재에 의해 인간이 전혀 무력한 것이 아니라 자신의 의지로 어느 정도

대응할 가능성에 대해 생각해 봅니다. 만약 자기의 의지로 그런 존재의 영향을 받아들인다면, 이상현상이 더 강하게 나타나게 될 것입니다.

4) 사탄, 예수 그리고 하나님이라는 용어를 말할 수 없었다는 점

정신병을 앓는 환자의 경우 특정한 것들에 대한 콤플렉스에 의해 전혀 말을 하지 못하는 현상이 나타날 수 있습니다. 그러나 A씨와 같이 머리 속에서는 알고 있는데 말을 못하고 있는, 자기 자신을 의식하는 경험은 환자들의 경우와는 성격상 많은 차이를 보인다고 할 수 있습니다. 특히, 다른 용어가 아닌 그러한 용어들만 말할 수 없었다는 것은 영적인 현상이라는 것을 강하게 암시해 주는 것이라 할 수 있겠습니다.

5) 정신이상현상이 나타난 3개월 이상의 전 기간 동안 강의와 세미나를 주로 하는 고도의 전문직 업무를 큰 탈 없이 수행해 왔다는 점

보통의 경우 A씨가 보여준 정도의 이상현상을 보이는 정신병환자라면 거의 대부분 다른 영역들에서도 정상적인 기능수행이 파괴되었을 가능성이 높습니다. 그러나 한편으로는, 특히 신앙적인 측면에서 현실검증력이 심각하게 파괴된 언행을 보이면서, 자기의 업무에 관계되어서는 원래 건강했던 자신을 견지할 수 있었다는 것은 정신병 환자에게는 찾아보기 힘든 양상이라 할 수 있습니다.

6) 정신이상현상이 다른 존재에 의해 일어나고, 주로 지시를 당하는

식이고 피동적으로 그렇게 되어진다는 것을 당사자가 느꼈다는 점

'나를 지키려고 긴장을 하면 괜찮은데 긴장을 풀게 되면 다른 존재가 말을 한다.', '다른 존재에게 지배를 받아 농락을 당하고 있다는 것이 분하고 슬펐다.', '내가 나를 주장하지 못하고 다른 존재의 부하가 된다는 것이 울화통이 터졌다.' 라는 얘기를 통해 마치 어떤 다른 영적존재에 의해 영향을 받아 일어난 현상이라는 추론이 가능하다 하겠습니다.

물론 정신병환자 중에서도 마치 다른 존재에 의한 것인 양 주로 지시를 받는 망상을 나타낼 수는 있지만, 그런 정도가 되면 사고의 다른 영역들도 크게 손상을 받아 일상적인 일에서부터 상당한 문제가 발생한다고 할 수 있습니다.

7) 잘못된 신앙적 내용을 말하게 된 점

'하나님의 아들이 여럿이다.', '구원의 문이 닫혔다.' 라는 식의 엉뚱한 얘기들이 정신병에서도 가능하지만, 악한 영에 의한 현상이라 생각한다면 그런 내용이 필연적으로 나올 수밖에 없을 것이라 생각할 수 있겠습니다.

A씨의 사례를 전문적으로 다룬다면 논의돼야 하는 사항들이 많이 있습니다. 또 사탄의 세력에 의한 현상을 전문적으로 다루는 사람들에 의해 지적되어야 할 점도 많이 있을 것으로 생각됩니다. 그러나 이 책은 전문인들을 위한 것이 아니라, 일반인들을 위해 구성된 것임을 기억하여 주시기 바랍니다. 그런 취지에서 알기 쉽도록 비교적 간단하게 평가 작업을 하였습니다. 이런 점을 감안하여 읽어 주셨으면 하는 마음 간절합니다. 앞에서 언급한 시험적 분별점에 대한 내용을 참고하여 읽으신다면 이해

하시는 데 많은 도움을 받으실 수 있을 것입니다.

위에서 든 7가지 항목은 사탄 세력에 의한 정신이상을 진단할 수 있는 기준점으로 제시되고 있지 않다는 점을 꼭 유념하셨으면 합니다. 그것은 일반 정신병에서 나타나지 않거나 아주 드물게 나타나는 양상으로 안타까운 것은 사탄 세력에 의한 정신이상에 대한 분명한 기준이 성경에 나와 있지 않고 또 제가 신뢰할 수 있는 기준을 얘기하는 사람이나 글을 만나지 못했고, 저 자신 역시 경험적으로 그러한 기준을 갖고 있지 못하다는 점입니다. 즉 '귀신들린 자들은 이러저러한 특징을 나타내는데, A씨의 사례에서 나타난 이러저러한 면들을 보면 귀신들림에 의한 것이라 할 수 있다.'라는 식으로 구체적인 기준을 가지고 A씨의 사례를 분석하지 못한다는 것입니다. 정신병과 비교하여 배제적인 진단적 접근을 하고 있다는 것이지요. 앞으로 구체적인 기준을 가질 수 있는 경험들이 충분히 있었으면 하는 바람이 있습니다.

그렇기 때문에 분명히 짚고 넘어가야 할 점은, 위의 사례를 귀신 들림 또는 사탄의 역사에 의한 사례라고 확정적으로 선언하지 않는다는 것입니다. 다만 저의 지식과 경험상 그 긍정적 가능성이 훨씬 높다고 보지만, 그렇지 않을 부정적 가능성의 여지도 남겨 두고 싶습니다. 예를 들어, 지금까지 알려지지 않은 다른 형태의 정신병일 가능성에 대해서도 생각해 보아야 할 것이기 때문입니다.

A씨는 자신의 경험에 대해 비교적 잘 정리되고 통합된 작업을 해놓고 있었습니다. 그리스도인으로서 사탄의 세력에 의해 지배를 당했다는 것이 수치스럽게 여겨져 마음속에만 담아 두고 살아갈 수도 있으나, 그러한 자기 경험이 바른 세계관과 인간관을 갖는 데 다른 사람들에게 도움이 된다면 감사한 일이라고 하시면서 기뻐하셨습니다. 다시 한번 심심한 감사의 마음을 전하고 싶습니다.

정신병인가 귀신들림인가

닫는말

  목회자들을 중심으로 하는 모임에서 '정신병인가 귀신들림인가?'에 대한 주제로 강의를 한 적이 있습니다. 크게 두 가지 반응이 있었습니다. 목사인 한 분은 다소 극단적이셨는데, 연구도 제대로 하지 않고 거창한 제목으로 강의를 한다며, 저를 향해 '기독인이라는 이름을 내걸고 다시는 이런 제목으로 강의를 하지 말라.'며 아주 신랄한 비판을 하셨습니다. 영적인 세계에 대해 아는 바가 없는 사람은 그런 주제를 다룰 수 없다는 의미였던 것 같습니다. 역시 목사인 다른 한 분은 정신병원에서 근무를 하셨던 분이셨는데, 저의 발표내용에 전적으로 공감한다며 목회자모임을 주선할테니 똑같은 내용의 강의를 해주기를 간곡히 요청하셨습니다. 아마도 나머지 분들은 두 분의 입장 사이에 있을 것입니다.
  이러한 상이한 반응을 대하면서 마음이 착잡했습니다. 한편으로 제가 이 문제에 대해 얼마나 연구를 했는지 생각해 보았습니다. 많이 하지는 못했지만, 그래도 이 주제에 대해 전공의 시절(1986년)부터 지금까지 관심을 가지고 논문이나 책들을 보아왔습니다. 1987년부터 1991년까지 6명의 정신과 전문의 선생님들(오병훈, 이기연, 이만홍, 전우택, 차준구, 최영민)과 함께 '기독정신의학'이라는 연구모임을 하면서 각자의 지식과 경험을 나누는 시간들을 가져왔습니다. 미국정신의학회의 기독정신과의사들의 분과 모임의 발표에 대해서 토론을 하기도 하였습니다.

　이 주제에 대해 신학을 공부한 사람들이 쓴 책들도 많이는 읽지 못했지만, 적지 않게 읽어 왔습니다. 그런데 솔직히 저는 신학을 하신 대부분의 사람들이 얘기하는 귀신들려 정신이상을 보이는 사례에 대한 보고를 신뢰하기 어렵다는 것을 점차 강하게 느껴 왔습니다. 그 결정적인 원인은 그 분들이 정신병에 대한 전문적 지식이 없기 때문입니다. 본문에서 2개월 동안 정신병원에서 환자들을 경험한 적이 있는 전도사님이나 바로 앞에서 언급한 목사님처럼 정신병원에서 근무한 경험이 있는 분의 얘기들을 통해 그 차이를 분명하게 느끼실 수 있을 것입니다. 신학교에서 모든 학생들에게 정신병원에서의 2주 정도의 실습을 하게 하면 얼마나 좋을까 하는 생각을 해 봅니다. '정신병이냐 귀신들림이냐?'의 문제는 정신병에 대해 직접적인 경험이 없이 책상에 앉아서 토론하여 합의를 이끌어 낼 수 있는 성질의 것이 아닙니다. 연역적인 접근으로는 그 본질에 전혀 접근할 수 없는 문제인 것입니다.

　서울대학교 정신과교실의 한 선배는 귀신론으로 유명한 목사께서 정신이상자에게 축사기도를 하는 현장에 직접 참여한 뒤 두 사람에 대해 추적조사를 한 결과를 논문으로 발표하기도 하였습니다. 저의 병원의 원장이신 신상철 선생님은 귀신을 내쫓아 병을 고친다는 영력이 있다는 분에게 정신병동에서 축사기도를 허락한 경험을 말씀해 주시기도 하였습니다. 그분의 요청대로 약도 끊고 원하는 대로 와서 기도하도록 하셨다고 합니다. 그 결과들에 대해서는 여기서 언급할 것이 못되기 때문에 생략합니다. 다만 정신의학계에서 이 문제에 대해 이론으로 끝나는 것이 아니라, 실험적인 실제적 접근을 하고 있다는 점을 말씀드리고 싶습니다.

신학을 하신 어떤 분들은 저의 견해에 대해 정신과의사의 관점에서 애기한다는 식으로 부분화시키시기도 할 것입니다. 그런 측면이 있음을 인정합니다. 그러나 그 '부분'이라는 것이, 전체 정신이상 중 귀신들림보다 그 수가 압도적으로 더 많은 정신병이라는 것을 자신할 수 있습니다.

기독정신과의사가 이 주제를 다룬다니 귀신들려 정신이상을 보이는 사례를 발표하여 영적인 세계의 존재에 대해 증거하는 식이 아닐까 하는 기대감을 가지고 읽으신 분이 많으실 줄 압니다. 그런 분들에게는 저의 글이 상당한 분노를 일으키게 되는지 모르겠습니다. 사실 저도 할 수만 있다면 그럴 수 있었으면 참 좋겠습니다. 그러나 서두에서도 말씀드렸지만 그런 목적보다는 오히려 정신병을 귀신들림으로 잘못 판단하는 불행한 오류를 바로 잡기 위한 것이 아주 중요한 목적입니다.

정신과병동에서는 정신과의사와 간호사들을 비롯한 직원들에 의해 하나님과 예수님의 이름이 얼마나 망령되이 일컬어지고 있는지 모릅니다. 귀신들렸다고 하여 여기저기에서 축사기도를 받는 가운데, 결국 심하게 악화된 후에야 어쩔 수 없이 정신병원에 보내지는 정신병 환자들을 보고 사람들이 기독교에 대해 도대체 뭐라 할 것으로 생각합니까? 정말이지 목사라 하는 사람들 운운하면서 기독교는 심심풀이 땅콩 정도도 안 되는 모욕을 당하고 있습니다.

어떤 때는 기독정신과의사도 함께 분을 토해 냅니다. 저는 아무 말도 하지 못합니다. 낯이 후끈거립니다. 얼마나 마음이 쓰린지 모르겠습니다. 사실은 저도 진리의 세계에 속하는 사람들에 의해 그런 엄청난 오류가 행해진다는 것이 믿어지지 않으니까요. 그런 사람들에게 기독교가 어떻게 구원의 종교로 전도될 수 있겠습니까? 환자나 보호자들에게는 말할 것도 없습니다. 그런 일로 인하여 기독교는 아주 냉소적인 조소를 당하고 있는 것입니다.

그렇기 때문에 '정신병인가 귀신들림인가?'를 다룸에 있어, 기독교를 보호하고 싶은 마음에서 저는 우선 기독교라는 이름 아래 행해지는 잘못된 경우를 교정하는 식의 부정적인 방법으로 접근하고 있습니다. 그것은 그 해독이 너무 심각하고 직·간접적으로 너무 많은 사례들을 경험하였기 때문입니다. 귀신들림에 대해 긍정적으로 얘기하지 않는다는 식으로 판단하여 기독교를 해하는 사람으로 피상적으로 판단하지 않기를 바랍니다. 앞으로는 귀신들림 또는 사탄의 세력에 의한 정신이상의 사례를 경험하고 또 발표하여 영적 세계가 있음을 증명하여 긍정적인 방법으로 기독교가 진리임을 증거하게 되기를 간절히 소원합니다.

그러나 정신이상 중에서 귀신들림에 의한 경우가 정신병에 의한 경우보다 더 많아야 영적인 세계의 존재를 증명하는 것이라고는 생각하지도 않습니다. 그래야만 기독교의 진리성을 드러내는 것이라고 생각하지 않습니다. 그리스도인은 사실에 충실해야 한다고 생각합니다. 있는 그대로의 사실을 얘기하면 될 것입니다. 사실보다 우리의 마음이 앞서서 오류를 범한 예들이 얼마나 많습니까? 그런 가운데 A씨의 사례를 실을 수 있게 된 것이 얼마나 감사한지 모르겠습니다. 그 분을 만날 수 있었던 것은 구체적으로 확인할 수 없지만, 하나님의 은총적 간섭일 가능성이 높다고 할 수 있습니다. 제 경험상 귀신들린 사례를 만날 기회는 그리 많지 않겠지만, 만나게 되어 확실하다고 판단되는 경우는 또 다른 지면을 통해 발표하도록 할 것입니다.

환자와 보호자들을 만나면서 중요한 내용이라고 생각해서 반복적으로 설명하게 되는 것들, 좀더 높은 회복율을 위해 그리고 재발을 방지하는데 도움이 될 것이라고 생각하는 것들, 환자나 보호자들이 궁금하여 자주 물었던 질문들을 나름대로 모아 두었는데, 이제 그러한 것들을 종합하여 한 권의 책으로 내게 되었습니다. 직장에 근무하면서 책을 쓴다는 것이 정신적으로나 육체적으로 몹시 고된 일이었지만, 책이라는 것이 시간과 공간을 건너 뛰어 많은 사람들과 귀한 만남을 가질 수 있게 해준다는 것에 대해 첫 번째 책을 내고 나서 알게 된 것이 힘이 되었습니다.

이제 저의 전공을 통해 나누어야 하는 두 번째 내용을 나누게 되었습니다. 정말이지 정신분열증에 대한 것은 꼭 나누어야 하는 것이라 생각합니다. '정신병인가 귀신들림인가?'도 마찬가지고요. 그 첫 번째 대상은 환자와 보호자들이지만, 그 못지않게 중요한 대상은 교역자들입니다. 왜냐하면 그리스도인들은 문제가 있으면 교역자를 먼저 찾아가는 비율이 높기 때문입니다. 정말이지 그 분들이 바른 치료의 길로 잘 인도하면 많은 사람들을 살릴 수 있을 것입니다.

그렇습니다. 세계는 분업화와 전문화가 급속도로 진행돼가고 있습니다. 지식의 세계가 일천했던 과거와 달리 현대는 교역자가 모든 분야에 있어서 앞선 사람이 될 수 없게 되었습니다. 이것은 교역자의 역할이 재조정되어야 함을 말하는 것입니다. 예를 들면 교역자는 말씀연구에 전문가가 되어야 할 것입니다. 그러나 다른 전문영역들에 있어서는 각각의 전문가들이 그리스도의 몸인 교회를 잘 섬길 수 있도록 적절한 역할을 나누어야 할 것입니다. 때로는 전문가들로부터 기본적으로 필요한 내용들은 배워야 할 것입니다. 결국 각 영역의 전문가들이 말씀 안에서 잘 훈련되도록 이끌면서, 어떤 영역도 소홀함이 없는 가운데 잘 조화를 이루어 전체사역이 통합적이 되도록 '조정하고 통합하는' 역할이 현대 교역자들의 중요한 자질로 요청된다고 할 수 있을 것입니다.

모든 그리스도인들은 목사직을 맡은 사람만이 아니라 믿는 모두가 제사장이라는 만인제사장설의 진정한 의미를 바로 깨우쳐야 할 것입니다. 물론, 만인제사장설은 천주교에서 '신부만 제사장이다.' 라는 식으로 구약시대와 같이 제사장직을 감당하는 그룹이 따로 있는 것이 아니라, 신약시대에 들어서서는 믿는 모든 성도들이 제사장이라는 것을 종교개혁자들이 성경을 바르게 깨달아 선언된 것입니다. 그런데 어떻게 해서 개신교 일부 그리스도인들에게 '목사만 제사장'인 것으로 생각하는 경향들이 들어서게 되었는지 모르겠습니다. 그러한 경향은 목사직을 맡은 사람에게만 '종' 또는 '사자'라는 호칭을 쓰는 데서도 찾아볼 수 있습니다. 신학교를 '선지학교'라 하는 데서도 선지자가 하나님께 점지되듯 점지되는 집단으로 성도들과 구분되는 것으로 생각하는 경향을 볼 수 있습니다. 그 경향은 한국에서 특히 심각하다고 볼 수 있는데, 수직적 인간관계에 익숙한 한국의 그리스도인들에게 그러한 경향이 쉽게 자리 잡게 되었으리라는 것은 어렵지 않게 분석할 수 있을 것입니다.

물론, 목사는 교회에서 영적인 지도자입니다. 그러나 그것이 구약의 경우와 같이 일반성도들과 제사장, 선지자가 구분이 되는, 다른 그리스도인들과 질적으로 차이가 있는 그리스도인들은 결코 아닙니다. 기능적으로만 차이가 있는 것입니다. 우리들은 그러한 잘못된 경향 뒤에서 교회의 일은 목사나 장로의 일 인양 나 몰라라 하지는 않았는지 자신들을 살펴보아야 할 것입니다. 만인제사장설은 지적인 구호로만 주장되는 것이 아닙니다. 그것은 실질적인 역할을 감당하여야 함을 말하고 있습니다. 우리 모두가 제사장인 것입니다. 목사·장로뿐 아니라 그리스도인 모두가 똑같이 하나님의 나라를 위해 실질적인 제사장의 책무를 감당해야 하는 것입니다. 우리 모두가 하나님께 받은 제사장직을 본업으로 알아 그리스도의 몸인 교회를 섬기는데 헌신하여야 성경의 만인제사장설을 올바로 구현하는 것이 될 것입니다.

　저는 제가 있는 영역에서 나눌 수 있는 것을 더 많이 퍼내도록 노력할 것입니다. 우리 모두 각자의 영역에서 나눌 수 있는 것을 나누어 이 땅에 진정한 그리스도의 문화가 정착이 되도록 함께 노력하지요. 비록 시들어 버렸거나 지금도 시들어 가고 있다고는 하나, 유럽과 미국에서는 문화적인 꽃을 피웠습니다. 그런데 한국에서 기독교는 문화적인 꽃은 전혀 피우지 못하고 그저 반짝하다가 시들어 버렸다고 기독교역사에 적혀질까봐 두렵습니다. 정말 두려운 마음입니다. 이제는 예수 천당의 구호적 수준을 넘어서서 기독교의 그 깊고 넓은 진리성이 이 땅에 문화적 꽃을 피우게 되기를 애절하게 바라는 마음입니다. 그때야 비로소 하나님께서 온전한 영광을 받으실 것을 믿기 때문입니다.

　본론과 동떨어져 본문에서는 할 수 없었던 나누고 싶은 얘기를 후기를 핑계로 좀 늘어놓았습니다. 이 책이 단순히 책으로가 아니라 제한되지만 가능한 범위 내에서 김 진이라는 한 그리스도인과 자그마한 인격적인 만남을 가능하게 해주기를 바라는 마음에서, 주절주절 저의 마음에 있는 것을 내어 놓았음을 이해해 주시기 바랍니다.

　마음에 걸리는 것 하나는, 교역자들의 잘못된 사례들만을 주로 소개하는 측면이 있는데, 이것이 저뿐만 아니라 많은 신실한 그리스도인들로부터 존경받는 목사님들에게 누가 되지 않을까 하는 것입니다. 용서하시기 바랍니다.

　하나님 아버지시여, 이제 저는 마칩니다. 이 책을 열어 아버지께서 원하시는 사람들에게 필요한 내용이 전달되게 하시옵소서!

　홀로 영광 받으옵소서!

사명선언문

너희가 흠이 없고 순전하여……세상에서 그들 가운데 빛들로
나타내며 생명의 말씀을 밝혀 _ 빌 2:15-16

1. 생명을 담겠습니다
만드는 책에 주님 주신 생명을 담겠습니다.
그 책으로 복음을 선포하겠습니다.

2. 말씀을 밝히겠습니다
생명의 근본은 말씀입니다.
말씀을 밝혀 성도와 교회의 성장을 돕겠습니다.

3. 빛이 되겠습니다
시대와 영혼의 어두움을 밝혀 주님 앞으로 이끄는
빛이 되는 책을 만들겠습니다.

4. 순전히 행하겠습니다
책을 만들고 전하는 일과 경영하는 일에 부끄러움이 없는
정직함으로 행하겠습니다.

5. 끝까지 전파하겠습니다
모든 사람에게, 땅 끝까지, 주님 오시는 그날까지
복음을 전하는 사명을 다하겠습니다.

서점 안내

광화문점 서울시 종로구 새문안로 69 구세군회관 1층
 02)737-2288 / 02)737-4623(F)

강남점 서울시 서초구 신반포로 177 반포쇼핑타운 3동 2층
 02)595-1211 / 02)595-3549(F)

구로점 서울시 동작구 시흥대로 602, 3층 302호
 02)858-8744 / 02)838-0653(F)

노원점 서울시 노원구 동일로 1366 삼봉빌딩 지하 1층
 02)938-7979 / 02)3391-6169(F)

일산점 경기도 고양시 일산서구 중앙로 1391 레이크타운 지하 1층
 031)916-8787 / 031)916-8788(F)

의정부점 경기도 의정부시 청사로47번길 12 성산타워 3층
 031)845-0600 / 031)852-8930(F)

인터넷서점 www.lifebook.co.kr